JOSEF LINDAUER

Lateinische Wortkunde

Bildung, Bestand und Weiterleben
des lateinischen Grundwortschatzes

C. C. BUCHNER · LINDAUER · OLDENBOURG

2. Auflage 2 8 7 6 2006 05 04
Die letzte Zahl bedeutet das Jahr dieses Druckes. Alle Drucke dieser Auflage sind, weil unverändert, nebeneinander benutzbar.

Dieses Werk folgt der reformierten Rechtschreibung und Zeichensetzung. Ausnahmen bilden Texte, bei denen künstlerische, philologische oder lizenzrechtliche Gründe einer Änderung entgegenstehen.

www.ccbuchner.de
www.oldenbourg-bsv.de

Gesamtherstellung: Graph. Großbetrieb Friedrich Pustet, Regensburg

C.C. Buchner ISBN 3 7661 **5636** 5
Lindauer ISBN 3 87488 **636** 0
Oldenbourg ISBN 3 486 **15201** 7

Vorwort

Eine Wortkunde muss wohl – anders als ein Vokabular – über den gebrachten Wortbestand hinaus auch über die Bildungsweise, die Verwandtschaft und das Weiterleben vergleichsweise häufiger Wörter informieren. Vorliegende 'Lateinische Wortkunde' versucht dies in drei Teilen:

Das Kernstück (Abschnitt 20) bildet ein statistisch ermittelter und gesicherter Standardwortschatz von 2800 lateinischen Wörtern[1]. Er wurde gewonnen aus den meistgelesenen Kontexten (insgesamt über 100000 Wörter) von Werken folgender Autoren:

Cicero:	pro S. Roscio Amerino, de imperio Cn. Pompei, in Catilinam I, pro Archia poeta und orator sowie de re publica I–VI, de legibus I, de natura deorum I u. II, Tusculanae disputationes I u. V, Cato, de officiis I
Caesar:	commentarii de bello Gallico I, IV, VI, VII
Sallust:	Catilinae coniuratio
Livius:	ab urbe condita (1. u. 3. Dekade)
Seneca:	epistulae morales, de vita beata, prologus der naturales quaestiones
Tacitus:	Agricola, Germania, dialogus de oratoribus, historiae I, annales I u. XV
Plinius:	epistulae
Catull:	carmina
Vergil:	bucolica, georgica II u. IV, Aeneis I–VI
Horaz:	carmina, epodi, sermones
Ovid:	metamorphoses, tristia
Martial:	epigrammata.

Dazu kamen kleinere Stücke aus den Projektlisten für die Lateinkurse der Oberstufe (Kollegstufe).

Der aus der ganzen Textmasse erstellte Wortschatz ist zu etymologischen Gruppen zusammengestellt, nach Sippenleitwörtern alphabetisch aufgereiht und nach Worthäufigkeiten graphisch differenziert: Wörter mit der Häufigkeit 5 und höher sind in Normaldruck gesetzt, Wörter in Häufigkeitsband 3 bis 4 – sie machen etwa ein Viertel des gesamten Wortschatzes aus – sind kleiner gedruckt, so dass eine Scheidung zwischen Wichtigem und weniger Wichtigem möglich ist. Wörter von geringerer Häufigkeit wurden nur bei großer etymologischer, semantischer oder kulturgeschichtlicher Relevanz aufgenommen. 100 Lehn- und Fremdwörter aus der griechischen oder einer anderen Sprache sind gesondert aufgelistet (Abschnitt 21).

---

[1] Die eingerückten Wörter (auf Seite 30–140), meist substantivierte Partizipien und Adjektive z. B. patiens (*zu* pati), factum (*zu* facere), bonum (*zu* bonus) und bedeutungsverschiedene Pluralia, z. B. copiae (*zu* copia) sind nicht mitgezählt. Einige bedeutungsähnliche Komposita sind aus lerntechnischen Gründen zu einem Stichwort zusammengefasst und ebenfalls nicht mitgezählt.

Mit diesem Wortschatz dürften im Durchschnitt etwa 95% des Wortgutes eines jeden nicht zu speziellen Textes abgedeckt sein.

Die Bedeutungsangaben zu den einzelnen Wörtern wollen die Ausgangsbedeutungen hervorheben und weite Bedeutungsbereiche gegeneinander abgrenzen, bei alledem aber aus lerntechnischen Gründen die Zahl von 2–3 Angaben nicht ohne Not überschreiten.

Die Hinweise auf Fremdwörter können vielleicht die Assoziation erleichtern und die beigefügten Redewendungen und Grammatikkonstruktionen die rasche Texterfassung und das flüssige Übersetzen fördern.

Einen integrierenden Teil bildet die vorgeschaltete Wortbildungslehre (Abschnitt 1–19). Sie soll in die Laut- und Bedeutungsgeschichte sowie in die Bildungs- und Ableitungsregeln lateinischer Wörter einführen und zur Sprachreflexion anregen. Deshalb ist auch im Wortschatzteil immer wieder auf diese Wortbildungslehre und auf die Lautregeln (L) in Abschnitt 5 verwiesen.

Ferner ist durch Übungen (Abschnitt 22) die Möglichkeit geboten, bekannte Wörter zu wiederholen und unbekannte selbst abzuleiten; die hier aufgeführten Wörter entstammen ebenfalls den verzettelten Texten, kommen aber nur selten vor.

Latein lebt in den romanischen Sprachen in gewandelter Form weiter und hat zahllose Wörter an die germanischen Sprachen abgegeben. In diese Vorgänge will ein Anhang (Abschnitt 23–27) am Beispiel der französischen, englischen und deutschen Sprache in einer neuen Art Einblick gewähren. Damit auch hier das Wesentliche heraustritt, ist nur der gegenwärtige Grundwortschatz des Französischen und des Englischen (jeweils etwa 2000 Wörter) berücksichtigt worden.

Die Wortkunde möchte für einen entlasteten, aber noch anspruchsvollen Lateinunterricht (insbesondere im Anschluss an das Unterrichtswerk ROMA und in der Oberstufe) ein knapp gefasster Grundriss sein und zum weiteren eigenen Ausbau anleiten.

Vielen Dank schulde ich Herrn Dr. Adalbert Brießmann für die Mitauswahl der zugrunde gelegten Texte, dann meinem Sohn Gerhard Lindauer für die mühsame Verzettelung der Nomina und nicht zuletzt den über hundert alt- und neusprachlichen Fachkollegen für ihre praxisnahen, wertvollen Vorschläge bei der 1973 durchgeführten Umfrage zum lateinischen Wortschatz.

München, im August 1977 — Josef Lindauer

Inhalt

DIE LATEINISCHE WORTBILDUNG

WEITERLEBEN LATEINISCHER WÖRTER

Zeichenliste

L	Lautregel (S. 12–14)
<	entstanden aus ...
>	geworden zu ...
▷	Hinweis
*	erschlossenes Wort
°	nicht Pflichtwortschatz für Latein 2

Verzeichnis der Abkürzungen

Abl.	Ablativ	gebr.	gebraucht	od.	oder
Aci.	Akkusativ mit Infinitiv	Gen.	Genitiv	Part.	Partizip
Adj.	Adjektiv	gew.	gewöhnlich	Perf.	Perfekt
Adv.	Adverb	gr.	griechisch	Pers.	Person
ahd.	althochdeutsch	Inf.	Infinitiv	Pl.	Plural
Akk.	Akkusativ	intrans.	intransitiv	Präp.	Präposition
Dat.	Dativ	it.	italienisch	Pron.	Pronomen
dicht.	dichterisch	jem.	jemand	S.	Seite
dt.	deutsch	Jhdt.	Jahrhundert	Sing.	Singular
ei.	einem/n	Konj.	Konjunktion	Subst.	Substantiv
eigtl.	eigentlich	L	Lautregel (S. 12–14)	trans.	transitiv
engl.	englisch	lat.	lateinisch	u.	und
enklit.	enklitisch	m.	maskulin	urspr.	ursprünglich
etw.	etwas	n.	neutrum	vgl.	vergleiche
euph.	euphemistisch	nhd.	neuhochdeutsch	vl.	volkslateinisch
f.	feminin	Obj.	Objekt	Vok.	Vokativ
frz.	französisch				

DIE LATEINISCHE WORTBILDUNG

Bedeutung und Funktion lautlicher Zeichen

1 Wortbedeutungen

Innerhalb einer Sprachgemeinschaft ist jedes Lautgebilde (Wort) willkürlich mit einer Vorstellung verknüpft, und jede Sprache hat ihre eigene Weise der Wirklichkeitserfassung.

1 Fast alle lateinischen Wörter (z.B. pater, filius) tragen Bedeutungen (z.B. Vater, Sohn), einige aber (z.B. et, at, nē[1], sī) erfüllen nur logisch-syntaktische Funktionen (z.B. Verbindung, Verneinung, Bedingung).
Die Fragen der Wortbedeutungen werden in der Semantik oder Semasiologie behandelt, die der Funktionen in der Syntax der Grammatik.

2 Die Bedeutungen der einzelnen Wörter sind fast nie durch scharfe Konturen gegeneinander abgegrenzt, sondern zeigen vielfache Überlappungen; manche unterliegen sogar zeitlichen und örtlichen, ja persönlichen Schwankungen.
Deshalb ist bei einem lateinischen Wort oft erst aus dem Kontext klar, welche Bedeutung vom Sprecher oder Schreiber beabsichtigt ist, z.B. litterās scrībō 'ich schreibe einen Brief' gegenüber litterīs studeō 'ich mühe mich um die Wissenschaft'.

3 In einer Wortkunde lassen sich nur vergleichsweise wenige Wörter (z.B. Zahlen, Naturdinge) durch eine einzige deutsche Entsprechung (ein sog. Äquivalent) abdecken. Meist müssen mehrere Angaben gemacht werden, um den Bedeutungsumfang eines Wortes annähernd vollständig zu erfassen. Dabei ist es aber aus lerntechnischen Gründen am günstigsten, beim einzelnen Wort möglichst weite Bedeutungsbereiche durch möglichst wenige deutsche Entsprechungen abzudecken.[2]

Weit auseinander liegende Bedeutungen sind durch 1..., 2... gegeneinander abgegrenzt, z.B. vindicāre 1. beanspruchen 2. befreien 3. bestrafen.[3]

---

1 Mit Balken versehene Vokale sind lang zu sprechen.
2 In der Praxis würde eine Aufzählung der Bedeutungsmerkmale nach der Komponentenanalyse der Linguistik nichts helfen.
3 Es gibt im Lat. nur wenige Wörter, deren auseinander klaffende Bedeutungen dadurch zustande kamen, dass zwei ursprünglich getrennte Lautgebilde schließlich zusammenfielen (z.B. ruere 'stürzen' und ruere 'wühlen'); solche Wörter nennt man Homonyme.

2 Wortarten

In sprachlichen Äußerungen sind gewöhnlich Laut- und Bedeutungseinheiten (Wörter) durch Struktur- und Formelemente (Morpheme)[1] zu Sinneinheiten (Sätzen) zusammengeschlossen.

Bei den Wörtern der lateinischen Sprache unterscheidet man hinsichtlich ihrer Funktion in einem Satz:

1. Wörter, deren Funktion gekennzeichnet ist durch verschiedene Endungen (Flexion oder Beugung),
2. Wörter, deren Funktion gekennzeichnet ist durch eine unveränderliche Form.

Im Einzelnen gibt es hier folgende **Wortarten:**

<table>
<tr><td>1. Nomina
Substantive
Adjektive
Pronomina
Numeralia[2]</td><td>(Nennwörter)
(Hauptwörter)
(Eigenschaftswörter)
(Fürwörter)
(Zahlwörter)</td><td rowspan="2">Nomina
und
Verba
werden
flektiert
(gebeugt).</td><td>Nomina
werden
meist
dekliniert.</td></tr>
<tr><td>2. Verba</td><td>(Zeitwörter)</td><td>Verba werden
konjugiert.</td></tr>
<tr><td>3. Partikeln
Adverbien
Präpositionen
Konjunktionen</td><td>
(Umstandswörter)
(Verhältniswörter)
(Bindewörter)</td><td rowspan="2" colspan="2">Partikeln
und
Interjektionen
werden
nicht flektiert.</td></tr>
<tr><td>4. Interjektionen</td><td></td></tr>
</table>

Die Adverbien werden zumeist aus Adjektiven, Pronomina und Numeralia gebildet. Die meisten Präpositionen und viele Konjunktionen waren ursprünglich Adverbien.

---

[1] Die wichtigsten Struktur- und Formelemente zum Ausdruck von Genus, Numerus, Kasus, Tempus, Modus usw. werden in der Grammatik behandelt und als bekannt vorausgesetzt.
[2] Die Numeralia, die eigentlich eine Gruppe für sich bilden, werden im Lateinischen nur zum Teil flektiert; sie sind (außer 1–3, 100 und 1000) nicht in die Wortkunde aufgenommen.

3 Wortfelder

1 Beim Wortschatz einer Sprache ist außer einer alphabetischen Aufreihung eine dreifache Aufgliederung möglich:

a) Die morphologische Gliederung führt den Wortschatz nach Wortarten und Beugeklassen auf.

b) Die semantische Gliederung ordnet die Wörter nach verschiedenen Bedeutungsgruppen.

c) Die etymologische Gliederung stellt die jeweils aus gleichen Wurzeln (vgl. 7.1) erwachsenen Wörter zusammen.

Die erste Gliederung berücksichtigt fast nur grammatische Belange, die zweite ist schwierig, weil es kein allgemein angenommenes Gruppierungssystem der Dinge gibt und die Bedeutungsüberschneidungen der Wörter keine genauen Abgrenzungen ermöglichen; trotzdem ist sie nützlich, weil sie zeigt, wie dicht die einzelnen Bedeutungsfelder (etwa: Nahrung, Kleidung, Wohnung; Denken, Wollen, Affekte) mit Wörtern besetzt sind und durch welche Bedeutungsschattierungen die einzelnen Wörter voneinander abgehoben sind.
Die dritte Gliederung ist in dieser Wortkunde verwendet.

2 Wörter, deren Bedeutungen in einem Sinnbezirk eng beieinander liegen, nennt man S y n o n y m a, z. B.

Gesellschaft: societās, coetus, comitia, conventus, cōntiō, concilium, collēgium
Macht: potentia, potestās, imperium, diciō, opēs, facultās, vīs

gütig: benīgnus, clēmēns, mītis, lēnis, placidus, cōmis, facilis
schrecklich: terribilis, horribilis, immānis, atrōx, ferōx, dīrus, saevus

meinen: aestimāre, exīstimāre, iūdicāre, putāre, arbitrārī, opīnārī, rērī, cēnsēre, sentīre, crēdere
sehen, anschauen: vidēre, vīsere, intuērī, cernere, aspicere, conspicere, conspicārī, spectāre, contemplārī.

Wortgeschichtliche Veränderungen

4 Bedeutungswandel

Die Bedeutung der einzelnen Wörter kann sich, verursacht durch kulturelle, wirtschaftliche und soziale Entwicklungen, wandeln.

1 Zumeist haben die Wörter ihre ursprüngliche Bedeutung (Grundbedeutung) erweitert, d.h. das lautliche Zeichen wurde auf mehr Sachverhalte angewendet als ursprünglich. So wurden z.B. schon früh Wörter aus dem bäuerlichen Lebenskreis auf andere Bereiche übertragen und die Bedeutungsfelder dadurch größer:

cultus	'Anbau' → Pflege, Ausstattung, Lebensweise, Verehrung
ēmolumentum	'Ausgemahlenes' → Nutzen, Vorteil
cohors	'eingehegter Hof' → (geschlossene) Schar, Kohorte
frūctus	'Nutzung' → Ertrag, Erlös, Frucht
fēlīx	'nährend' → fruchtbar, erfolgreich, glücklich
ēgregius	'aus der Herde ausgelesen' → ausgezeichnet, hervorragend
locuplēs	'voll Ländereien' → begütert, wohlhabend, reich
affīnis	'angrenzend' → benachbart, nahestehend, verschwägert
rīvālis	'am Wasserkanal angrenzend' → Nebenbuhler
incohāre	'anschirren' → anfangen, beginnen
cernere	'sieben' → sichten, sehen, entscheiden
putāre	'einkerben' → aufrechnen, einschätzen, halten für, meinen.

Bedeutungserweiterungen ergeben sich vor allem durch die sog. Metapher (μεταφορά Übertragung). Dabei wird der ursprüngliche Anwendungsbereich auf Grund von äußeren und inneren Ähnlichkeiten auf andere Dinge, meist abstrakte Sachverhalte, übertragen:

caput	'Haupt' → Person (rechtlich), Spitze (eines Berges), Quelle (eines Flusses), Hauptsache, Hauptstadt
lingua	'Zunge' → Redegabe, Stimme, Sprache
iugum	'Verbindungsstück' → Querbalken, Joch, Gespann, Bergrücken
lūmen	'Leuchtkörper' → Augenlicht, Lebenslicht, Helligkeit, Glanzpunkt
capere	'fassen' → erfassen, aufnehmen, übernehmen, erobern, gewinnen
cēdere	'gehen' → vonstatten gehen, weichen, verlassen, überlassen, nachgeben, sich fügen
tenēre	'gespannt halten' → festhalten, besitzen, beherrschen, (geistig) kennen, verpflichten, hemmen
dēlīberāre	'abwägen' → erwägen, überlegen, beschließen

▷ Mit der Metapher verwandt ist die Metonymie (μετωνυμία Umbenennung). Hier wird für ein erwartetes Wort ein in einem sachlichen Zusammenhang stehendes anderes gesetzt, z. B.

ferrum 'Eisen'	für	gladius 'Schwert'	taeda 'Fackel'	für	nuptiae 'Hochzeit'
arma 'Waffen'	für	pūgna 'Kampf'	fascēs 'Rutenbündel'	für	potestās 'Macht'

Besonders gern verwendet man Euphemismen (beschönigende Ausdrücke), z. B. fātum 'Schicksal', lētum 'Erschlaffung', fīnis 'Ende', excessus 'Weggang', quiēs 'Ruhe' für mors 'Tod'.

2 Manche Wörter haben ihren Bedeutungsspielraum verengert, d.h. das lautliche Zeichen wird auf weniger Sachverhalte angewendet als ursprünglich:

familia	'arbeitende Hausgemeinschaft' → (blutsverwandte) Familie
hostis	'Fremder' → Feind
classis	'Vermögensklasse' → Abteilung, Flotte
arma	'Gerätschaften' → Kriegsgerät, Waffen
frūmentum	'Lebensmittel(versorgung)' → Getreide
ōrāre	sprechen → bitten → beten

3 Bei einer Bedeutungsverschiebung ist nach Änderung eines Sachverhaltes die ursprüngliche Bedeutung veraltet oder vergessen worden:

pecūnia	'Viehbesitz' → Vermögen, Geld
praetor	'(vorangehender) Feldherr' → Gerichtspräsident, Statthalter
quaestor	'Untersuchungsrichter' → Finanzbeamter
templum	'Beobachtungsraum des Augurs' → weiter Raum, heilige Stätte
aedēs	'Feuerstelle' → Gemach, Tempel, *Pl.* Haus
percontārī	'mit einer Stange sondieren' → untersuchen, sich erkundigen

▷ Zugleich mit einer Bedeutungserweiterung, -verengerung oder -verschiebung kann ein Wort auch eine semantische Aufwertung oder Abwertung erfahren.

4 Der Wortschatz dieser Wortkunde spiegelt im Ganzen die Verhältnisse der beiden Jahrhunderte vor und nach Chr. wider.

5 Lautwandel

Während der Entwicklung der lateinischen Sprache (archaisches, altes, klassisches, sog. silbernes und spätes Latein) erlitten nicht nur Wortbedeutungen, sondern auch viele Laute verschiedene Veränderungen[1].

So würde z.B. die altlateinische Grabinschrift (für einen Konsul des Jahres 259 v.Chr.) 'Honc oino(m) ploirumē cōsentiont Rōmāi duonōro(m) optumo(m) fuise viro(m)' in der Sprache der klassischen Zeit lauten:

Hunc ūnum plūrimī cōnsentiunt Rōmae bonōrum optimum fuisse virum.

Solche Veränderungen liefen unter gleichen Bedingungen mit so großer Regelmäßigkeit ab, dass man von Lautregeln oder Lautgesetzen sprechen kann.

▷ Die Zeichen > bzw. < geben in den folgenden Beispielen die Richtung eines Lautwandels an. Dabei sind unbelegte, aber sicher erschlossene ältere Formen nicht eigens gekennzeichnet.

Unter den vielen Lautregeln sind bei der Entwicklung lateinischer Worte wichtig:

Vokalschwächung und Klangfarbenänderung:

Bis zum 3. Jahrhundert v.Chr. wurde im Lateinischen stets die erste Silbe eines Wortes betont. Dadurch wurden die meisten Vokale in den tonschwachen Mittelsilben klanglich verändert und abgeschwächt:

L 1 In offenen (d.h. auf einen Vokal auslautenden) Mittelsilben wurden die kurzen Vokale **ă, ĕ, ŏ, ŭ** zu **ĭ**:

h**a**bēre	—	adh**i**bēre	**a**gere	—	ex**i**gere
t**e**nēre	—	cont**i**nēre	m**e**dius	—	dīm**i**dius
l**o**cus	—	īl**i**cō	cap**u**t	—	praecip**i**tāre

▷ **e** blieb vor **r** erhalten:

op**e**ra	—	op**u**s	fac**e**re	—	fac**i**lis

L 2 In geschlossenen (d.h. mit einem Konsonanten schließenden) Mittelsilben wurde **ă** zu **ĕ**:

s**a**cer	—	cons**e**crāre	l**a**cessere	—	dēl**e**ctāre
f**a**ctum	—	perf**e**ctum	**a**nnus	—	tri**e**nnium

▷ vor **ng** erscheint **i**: t**a**ngere — att**i**ngere

L 3 In allen Mittelsilben wurden die Diphthonge **ae** (aus ai) zu **ī** und **au** zu **ū**:

qu**ae**rere	—	exqu**ī**rere	**ae**quus	—	in**ī**quus
cl**au**dere	—	incl**ū**dere	c**au**sa	—	acc**ū**sāre

[1] Gründe für lautliche Veränderungen können sein: Einflüsse anderer Sprachlandschaften, Streben nach spannungsarmer Artikulation, Verschiebungen in der Silbenbetonung.

L 4 In allen Silben wurden die Diphthonge **ei, oi** schon im 2. Jahrhundert zu **ī**, die Diphthonge **eu, ou** zu **ū**:

d**ei**cō	>	d**ī**cō	**oi**nos	>	**ū**nus
d**eu**cō	>	d**ū**cō	**iou**(x)mentum	>	**iū**mentum

L 5 In Endsilben wurde **ŏ** schon im 3. Jahrhundert vor den Endungen s und m zu **ŭ**:

fīli**o**s	>	fīli**u**s	meli**o**r	—	meli**u**s
dōn**o**m	>	dōn**u**m	qu**o**m	>	c**u**m (Konj.)

L 6 Ein kurzer Vokal ist manchmal an den folgenden Vokal angeglichen (Assimilation):

n**e**sī	>	n**i**si	s**e**mel	—	s**i**milis
n**e**hīl(um)	>	n**i**hil	ben**e**	—	b**o**nus

L 7 **ĕl** wurde zu **ŏl**, wenn l am hinteren Gaumen gesprochen wurde und zu **ŭl**, wenn ein weiterer Konsonant (außer l) folgte:

v**e**lle	—	v**o**luntās	p**e**llere	—	p**ul**sāre
c**o**lere	—	c**ul**tūra	c**e**lla	—	occ**ul**tus

Vokalschwund

L 8 Ein kurzer Vokal zwischen zwei Konsonanten wird gelegentlich ausgestoßen (Sýnkope):

post**e**rior	—	postrīdiē	īnf**e**rior	—	īnfrā
op**i**fex	—	officīna	discip**u**lus	—	disciplīna

L 9 Zwei zusammenstoßende (oder nur durch **h** und **v** getrennte) Vokale werden oft in einen langen Vokal zusammengezogen (Kontraktion):

d**ēe**mere	>	d**ē**mere	d**ēha**bēre	>	d**ē**bēre
c**oa**gere	>	c**ō**gere	r**evo**rsus	>	r**ū**rsus

Konsonantenänderung

L 10 **dt** und **tt** wurden schon sehr früh zu **ss** (und später meist zu **s** vereinfacht):

fo**d-t**a	>	fo**ss**a	ca**d-t**us	> ca**ss**us	>	cā**s**us
pa**t-t**os	>	pa**ss**us	sen**t-t**us	> sen**ss**us	>	sē**n**sus

L 11 **s** zwischen 2 Vokalen wurde schon früh zu **r** (Rhotazismus):

e**s**se	—	laudā**r**e	vetu**s**	—	vete**r**ānus
quae**s**tiō	—	quae**r**ere	plū**s**	—	plū**r**imī

L 12 Ein Konsonant ist oft an den folgenden angeglichen (Assimilation[1]):

ad: accūsō, affirmō, alligō, appellō, assīgnō, attingō
in: illūstrō, immūtō, irrumpō
ob: occupō, offendō, oppōnō

▷ Sehr früh erfolgte die Angleichung beim s-Perfekt der **d/t**-Stämme:

concutsī	>	concussī		suādsī	>	suāssī > suāsī	

L 13 Die stimmhaften Verschlusslaute **b, g** werden vor einem stimmlosen Konsonanten auch stimmlos:

scrībere	—	scrīptor	agere	—	āctiō
lābī	—	lāpsus	regere	—	rēx (*statt* rēc-s)

L 14 **m** und **n** werden meist der Artikulationsstelle des folgenden Konsonanten angenähert:

prīmus	—	prīncipium	integer	—	improbus
amplectī	—	anceps	vincere	—	rumpere

▷ Manchmal findet sich der Einschub eines Übergangslautes: sum(p)tus, prom(p)tus, exem(p)lum.

Konsonantenschwund

L 15 Bei Konsonantenhäufung wurde meist ein Konsonant ausgestoßen (bes. am Wortende):

fulgēre	—	ful⟨g⟩men	quīnque	—	quīn⟨qu⟩tus
lūcēre	—	lū⟨cs⟩men	scandere	—	scā⟨nds⟩lae
peds	>	pēs (*aber* pedis)	aetāts	>	aetās (*aber* aetātis)

L 16 **s** vor einem stimmhaften Konsonanten ist schon früh geschwunden (unter Ersatzdehnung eines vorausgehenden kurzen Vokals):

distrahere	—	dīdūcere	is	—	īdem
prīscus	—	prīmus	trēs	—	trēdecim

---

[1] Schwer sprechbare Konsonantenfolgen werden gelegentlich auch unähnlich gemacht (Dissimilation): singulāris (*statt* singulālis) caeruleus (*statt* caeluleus), merīdiēs (*statt* medīdiēs).

Arten der lateinischen Wortbildung

6 Wortursprung und Wortbildung

Die lateinische Sprache gehört mit den keltischen, germanischen und slawischen Sprachen sowie dem Griechischen und dem Iranisch-Indischen zur sog. indoeuropäischen Sprachenfamilie, die sich über Europa und große Teile Asiens ausgebreitet hat.
Diese Sprachen besitzen bei aller Verschiedenheit doch häufige Entsprechungen in den Wörtern und Wortformen, z. B.

lateinisch:	pater	ager	decem	est
griechisch:	πατήρ	ἀγρός	δέκα	ἐστί
deutsch:	Vater	Acker	zehn	ist

Deshalb zeigen viele lateinischen Wörter noch Bauelemente und Bildungsweisen, die aus der indoeuropäischen Grundsprache ererbt sind, andere Wörter wieder zeigen Bauelemente und Bildungsweisen, die sich erst viel später entwickelt haben.

Man unterscheidet bei der Wortbildung:
Wortwurzeln, Wortstämme, Wortableitungen und Wortzusammensetzungen.

7 Wortwurzeln

1 Als letzte Bedeutung tragende Einheiten in lateinischen Wörtern lassen sich durch Abstraktion sogenannte **Wortwurzeln**[1] erschließen. So gewinnt man z. B. aus den Wörtern legere 'lesen', legiō 'ausgehobene Mannschaft', ēlegāns 'wählerisch', neglegere 'vernachlässigen', lignum 'aufgelesenes Holz' die Wurzel **leg** 'auflesen, Sammlung'
und aus den Wörtern armāre 'ausrüsten', arma 'Geräte', armentum 'Zugtier', ars 'Fertigkeit', artus 'Gelenk', artus 'eng' die Wurzel **ar** 'zusammenfügen, Verfugung'.

Die Menge derjenigen Wörter, die der gleichen Wurzel entstammen, nennt man Wortfamilie.

Die ursprünglichen Bedeutungen der einzelnen Wurzeln und der dazu gehörenden Wortfamilien werden durch die Etymologie[2] erschlossen.

2 Bei zahlreichen Wortwurzeln zeigen die Vokale einen aus der Grundsprache ererbten Wechsel (Abstufung) der Sprechdauer (Quantität) oder der Klangfarbe (Qualität). Dieser wohl von der Betonung (Akzent) abhängige Wechsel heißt (quantitativer bzw. qualitativer) **Ablaut**.

---

[1] Der Fachausdruck 'Wurzel' ist aus der Grammatik der semitischen Sprache übernommen.
[2] Der Fachausdruck 'Etymologie' ist gebildet aus ἔτυμος 'wahr' und λόγος 'Sinn, Bedeutung'.

Hinsichtlich der Sprechdauer ergeben sich 3 Abstufungen, hinsichtlich der Klangfarbe verschiedene Tönungen, z. B. in folgenden Wörtern:

Grund- oder Vollstufe		Dehnstufe	Schwundstufe
normal	abgetönt		
f**e**r-ō	f**o**r-s	f**ū**r (*aus* f**ō**r)	probrum (*aus* pro-**fr**-om?)
d**e**c-us	d**o**c-eō	—	discō (*aus* di-**dc**-scō)
r**e**g-ō	r**o**g-ō	r**ē**g-ius	—
f**ī**d-ō (*aus* f**ei**d-ō)	f**oe**d-us (*aus* f**oi**d-os)	—	f**i**d-ēs
d**a**-tus	—	d**ō**-num	—

▷ Bei einigen Wurzeln scheint der Vokal umgestellt zu sein, z. B. cer-tus / dē-crē-tum, fir-mus / frē-tus. In Wirklichkeit liegen zweisilbige Wurzeln vor, bei denen entweder der erste oder der zweite Vokal in der Schwundstufe steht.

3 Wortwurzeln als selbständige Wörter (sog. Wurzelwörter), bei denen die Flexionsendungen unmittelbar folgen, sind vergleichsweise selten, z. B.

sāl	Salz	vī-s (mit Nom.-Endung)	Kraft	ī	geh!
mūs	Maus	pēs (< ped-s)	Fuß	es	sei!

8 Wortstämme

1 Die Wurzeln sind meist durch lautliche Elemente zu sog. **Stämmen**[1] erweitert, an die dann die Flexionsendungen antreten können. Wortstämme sind letztlich Wortwurzeln in beugbarer Form.

Meist werden aus den Wurzeln Nominalstämme und Verbalstämme gebildet, z. B.

Wurzel (erschlossen)	Nominalstamm (teilweise mit Nominativendung)	Verbalstamm (mit Infinitivendung), meist dem Präsensstamm gleich
teg/tog	toga	tege-re
gen/gn	genus (*aus* genes)	gi-gne-re
sed/sēd	sēdē-s	sedē-re, sedā-re
fīd/fid	fīdu-s (*aus* feido-s), fidē-s	fīde-re
lūc (*aus* louc)	lūx (*aus* louc-s)	lūcē-re

[1] Der Fachausdruck ‘Stamm’ ist aus der indischen Grammatik übernommen. Die Grenzen zwischen Wurzel und Stammbildungselement sind oft fließend.

2 Insbesondere dienen die (zum Teil mit Nominativendung versehenen) Elemente **-a, -us** (*aus* -os), **-er, -or, -o** (*aus* -on), **-is, -us** (*aus* **-es**), **-us, -ēs** zur Stammbildung von Nomina und weisen diese damit jeweils einer bestimmten Abwandlungsklasse (Deklination) zu:

fug-a	Flucht	tim-or	Furcht	gen-us	Geschlecht
son-us	Ton	ord-ō	Ordnung	dom-us	Haus
imb-er	Regen	aed-is	Tempel	fid-ēs	Treue

Für die Behandlung der Flexion der Nomina in der Grammatik ist es meist günstiger, nicht in 'Stamm + Endung', sondern in 'Wortstock + Ausgang' zu teilen, z. B.

Wortstamm		Endung
TERR	A	RUM
Wortstock	Ausgang	

3 Die Elemente **-ā, -ē, -ī, -ĕ** dienen vor allem zur Stammbildung von Verben und weisen diese einer bestimmten Abwandlungsklasse (Konjugation) zu:

voc-ā-re	rufen	ven-ī-re	kommen
man-ē-re	bleiben	dūc-e-re	führen

4 Einige Wurzeln werden durch ein sog. **n**-Infix zu Präsensstämmen erweitert, z. B. die Wurzel iug (vgl. iug-um 'Joch') zu iu-n-g-ō 'ich verbinde'.

9 Wortableitung

1 Die aus den Wortwurzeln gebildeten Stämme reichten zur Bezeichnung der vielen Begriffe, die mit dem Fortschritt der äußeren und inneren Kultur neu auftraten, nicht aus.
Deshalb wurden von den bereits vorhandenen Stämmen durch Anfügung von **Suffixen**[1] neue Stämme mit neuen Bedeutungen abgleitet. Die auf diese Weise gewonnenen Stämme sind im Lateinischen sehr zahlreich, z. B.

sta-tiō	Standort	sta-tūra	Gestalt	
sta-tus	Zustand	sta-bulum	Stadel, Stall	
sta-tua	Standbild	sta-bilis	beständig	oder
reg-iō	Richtung, Landstrich	rēg-num	Herrschaft	
reg-imen	Leitung	rēg-īna	Herrscherin	
rēg-ula	Richtmaß	rēg-ālis	königlich	

[1] Suffix zu suffīgere 'anfügen'; wahrscheinlich waren viele Suffixe urspr. selbständige Wörter.

2 Ein Wort, das durch Anfügung eines oder mehrerer Suffixe gebildet wird, nennt man abgeleitetes Wort oder **Ableitung**.

Die Kenntnis der Ableitungsregeln ist eine wertvolle Hilfe bei der Erschließung der lexikalischen Bedeutung unbekannter Wörter (s. Übungen Seite 141–146).

10 Wortzusammensetzung

Viele lateinische Wörter entstanden dadurch, dass Stämme oder Wörter mit anderen Stämmen oder Wörtern zusammengesetzt oder zusammengerückt wurden.

1 Bei der **Zusammensetzung** wuchsen selbständige Stämme zu einer engen Verbindung zusammen.

Dabei umgrenzt ein sog. Vorderglied (Bestimmungswort) das nachfolgende Grundwort (Hauptbegriff), z. B.

in-cola	Ein-wohner	patē-facere	auf-machen
iū-dex	Recht-sprecher	circum-venīre	um-zingeln
parti-ceps	teil-haftig	ob-stāre	entgegen-stehen

2 Bei der **Zusammenrückung** ging eine flektierte Wortform (oder auch ein Adverb) mit dem nachfolgenden Grundwort eine Verbindung ein, z. B.

aquae-ductus	Wasser-leitung	vērī-similis	wahr-scheinlich
rēs-pūblica	Gemein-wesen	ūnus-quisque	ein jeder
senātūs-cōnsultum	Senats-beschluss	satis-facere	Genüge tun

Solche Zusammenrückungen werden manchmal auch getrennt geschrieben.

3 Eine scharfe Unterscheidung zwischen Zusammensetzung und Zusammenrückung ist nicht immer möglich und auch nicht nötig.

Ein Wort, das durch Zusammensetzung gebildet wird, heißt zusammengesetztes Wort oder **Kompositum**[1].

[1] Kompositum zu compōnere ‘zusammensetzen’.

Bildung der verschiedenen Wortarten

11 Abgeleitete Substantive

Die aus Wortstämmen (auch Wortstöcken) durch Anfügung von Suffixen abgeleiteten Substantive lassen sich in Bedeutungsgruppen einteilen.

1 Zumeist bezeichnen die an Nominalstämme gefügten Suffixe **-ulus, a, um**[1] und **-culus, a, um** eine Verkleinerung (Deminutiv):

puerulus	Knäblein	fōrmula	Formel (eigtl. Kleinform)
homunculus	Menschlein	corpusculum	Körperchen

-ia[2] und **-itia** einen Zustand oder ein Verhalten:

miseria	Notlage	inopia	Mittellosigkeit
amīcitia	Freundschaft	laetitia	Fröhlichkeit

-tās, **-tūs** (*Gen.* -ūtis), **-tūdō** eine Eigenschaft oder einen Zustand:

lībertās	Freiheit	hūmānitās	Menschlichkeit
iūventūs	Jugend	senectūs	Greisenalter
magnitūdō	Größe	sōlitūdō	Einsamkeit

-ātus (*Gen.* -ūs) ein Amt oder einen Tätigkeitsbereich:

cōnsulātus	Amt eines Konsuls	equitātus	Reiterei

2 Gewöhnlich bezeichnen die meist an Verbalstämme gefügten Suffixe **-tor**[3] (*f.* -trīx) eine in einem bestimmten Bereich tätige Person:

doctor	Lehrer	imperātor	Befehlshaber

-iō, -tiō[3] eine Handlung oder Handlungsweise:

obsidiō	Belagerung	suspiciō	Verdächtigung, Verdacht
ratiō	Rechnung, Vernunft	cognitiō	Erkenntnis

---

[1] Das Suffix **-ulus** erscheint nach **i** in der Lautform **-olus** (z. B. filiolus, bestiola, solaciolum); mit dem Stammauslaut -(**e**)**r** wird es verschmolzen zu **-ellus** (z. B. libellus, puella, castellum). Das Suffix **-ulus** kann (an Verbalstämme gefügt) auch ein Gerät bezeichnen, z. B. oculus 'Sehwerkzeug, Auge', tēgula 'Deckplatte, Ziegel', iaculum 'Wurfspeer' (vgl. 11.2).

[2] Das Suffix **-ia** hängt zusammen mit dem Ableitungssuffix **-ius**, -a, -um für Adjektive und **-ium** für Neutra. Es wird oft auch an Verbalstämme (bes. Partizipien) gefügt.

[3] Bei den **d/t**-Stämmen erscheinen (nach L 12) die Lautformen **-sor, -siō,** z. B. dēfēnsor (*aus* dēfend-tor), dēfēnsiō (*aus* dēfend-tiō).

-(t)ūra[1] und **-tus**[1] (*Gen.* -ūs) eine Handlung oder ihr Ergebnis:

cultūra	Bebauung	nātūra	Beschaffenheit, Wesen
adventus	Ankunft	reditus	Rückkehr

-ium[2] eine Handlung oder ein Ergebnis:

colloquium	Unterredung, Gespräch	iūdicium	Gerichtsverfahren, Urteil
incendium	Brandstiftung, Brand	studium	Bemühung, Eifer

-bulum, -culum (*nach* **l**: **-crum**), **-trum** ein Mittel (Gerät), manchmal einen Ort:

vocābulum	Benennung	pābulum	Nahrung
vehiculum	Fahrzeug	spectāculum	Schauspiel
simulācrum	Abbildung, Bild	sepulcrum	Grabstätte
arātrum	Pflug	rōstrum	Schnabel (Nagewerkzeug)

-men (*Gen.* -inis), **-mentum** ein Mittel oder etwas Gemachtes:

certāmen	Wettstreit, Kampf	lūmen	Leuchte, Licht
īnstrumentum	Werkzeug, Hilfsmittel	monumentum	Denkmal

3 Manchmal finden sich die Elemente m, n, l, sn, sl zwischen Wurzel und Stammbildungsvokal, z.B.

fā-m-a (*zu* fā-rī)	Gerücht	spū-m-a (*zu* spu-ere)	Schaum
dō-n-um (*zu* da-re)	Gabe	lig-n-um (*zu* leg-ere)	Holz
rēg-n-um (*zu* reg-ere)	Herrschaft	lū-n-a (*zu* lūc-ere) (*aus* louc-sn-a)	Mond
stēl-l-a (*aus* stēr-l-a) (vgl. gr. ἀστήρ)	Stern	scā-l-ae (*zu* scand-ere) (*aus* scand-sl-ai)	Stiege, Leiter

12 Abgeleitete Adjektive

Die aus Wortstämmen (auch Wortstöcken) durch Anfügung von Suffixen gebildeten Adjektive lassen sich ebenfalls in Bedeutungsgruppen einteilen.

1 Zumeist bezeichnen die an Nominalstämme gefügten Suffixe

-eus eine Stoff- oder Farbart:

aureus	golden	sanguineus	blutig, blutrot

[1] Bei den **d/t**-Stämmen erscheinen (nach L 12) die Lautformen **-sūra, -sus,** z.B. ūsūra (*zu* ūtī), cāsus (*aus* cad-tus).

[2] Weiterbildungen sind die seltenen Suffixe **-tōrium,** z.B. audī-tōrium, und **-mōnium,** z.B. mātrimōnium.

-ius (*davon* **-ārius, -tōrius**), **-icus, -nus** (*davon* **-ānus, -īnus**) eine Herkunft, Zugehörigkeit oder ein Merkmal:

patrius[1]	väterlich, ererbt	rēgius	königlich
adversārius[2]	gegnerisch	voluntārius	freiwillig
senātōrius	zum Senat gehörend	ōrātōrius	rednerisch
bellicus	zum Krieg gehörend	modicus	maßvoll
māternus	mütterlicherseits	externus	ausländisch, fremd
Rōmānus	römisch	urbānus	städtisch
Latīnus[3]	lateinisch	vīcīnus	benachbart

-tus eine Ausstattung[4]:

fortūnātus	beglückt	honestus	ehrenvoll

-ōsus eine Fülle:

fōrmōsus	gestaltvoll, schön	studiōsus	voll Eifer, eifrig

-ālis (*nach* **l**: **-āris**) und **-īlis, -ēlis** eine Bezogenheit oder Eigenschaft:

nātūrālis	natürlich	mortālis	sterblich
populāris	auf das Volk bezogen	mīlitāris	soldatisch
cīvīlis	bürgerlich	hostīlis	feindlich
crūdēlis	grausam	fidēlis	treu, verlässlich

2 Gewöhnlich bezeichnen die meist an Verbalstämme gefügten Suffixe **-idus** und **-uus**[5] eine Eigenschaft:

cupidus	begierig	validus	gesund, kräftig
ingenuus	frei geboren, edel	perpetuus	immer während

-ilis, -bilis eine Möglichkeit oder Fähigkeit:

facilis	machbar, leicht	ūtilis	brauchbar, nützlich
mīrābilis	erstaunlich, wunderbar	amābilis	liebenswürdig

-āx[6] eine Neigung:

audāx	wagemutig	fallāx	trügerisch

---

[1] Vgl. die Eigennamen auf **-ius**: Flāvius, Līvius.
[2] Ableitungen auf **-ārius** werden oft als Substantive gebraucht: legiōnārius 'Legionssoldat'.
[3] Mehrere Ableitungen auf **-īna** sind zu Substantiven geworden: medicīna 'heilendes Mittel', rēgīna 'Herrscherin'.
[4] Das Suffix **-tus** dient auch zur Mengenangabe: quantus (*aus* quam-tus) 'wie groß', quartus 'der vierte'.
[5] Das Suffix **-īvus** gehört zu **-uus** und ist ursprünglich Erweiterung eines Partizips Perfekt, z.B. capt-īvus 'gefangen'; schließlich tritt es auch an Nominalstämme, z.B. tempestīvus 'zeitig'.
[6] Vergleichbare Suffixe sind **-ōx, -īx**, z.B. atrōx, ferōx, fēlīx, victrīx.

3 Hierher stellen lassen sich auch die Suffixe

-ns (*aus* -nt-s)	für das Partizip Präsens im Aktiv: laudāns, monēns, audiēns, regēns
-tūrus	für das Partizip Futur im Aktiv: laudātūrus, monitūrus, audītūrus, rēctūrus
-tus	für das Partizip Perfekt im Passiv: laudātus, monitus, audītus, rēctus
-ndus	für das Gerundiv: laudandus, monendus, audiendus, regendus

▷ **-cundus** (eine Fähigkeit bezeichnend) ist wohl aus dem Gerundiv secundus 'folgend' durch falsche Trennung entstanden, z. B. fē-cundus 'fruchtbar', iū-cundus 'erfreulich'. **-bundus** (einen Vorgang bezeichnend) ist auch aus einem Gerundiv entstanden, z. B. fūri-bundus 'rasend', mori-bundus 'sterbend'.

13 Zusammengesetzte Nomina

In zusammengesetzten Nomina umgrenzt ein Vorderglied ein nachfolgendes Grundwort (Hauptbegriff).
In der Wortfuge erscheint oft (statt des gewöhnlichen Stammbildungsvokals) der Vokal **i**; ein Konsonant wird dem folgenden meist angeglichen.

1 Das Vorderglied ist ein Nomen:

agri-cola	Ackerbauer	frūgi-fer	fruchtbar
aedi-ficium	Bauwerk	omni-potēns	allmächtig

2 Das Vorderglied ist ein Präfix, das eine Verneinung oder eine Trennung ausdrückt:

in-certus	unentschieden, unsicher	ne-fās	unrecht, unerlaubt
ā-mēns dē-mēns	} unsinnig, von Sinnen	dis-crētus sē-crētus	} gesondert

3 Das Vorderglied ist ein steigerndes Präfix:

per-magnus	sehr groß	prae-altus	sehr hoch
per-multī	sehr viele	prae-clārus	vortrefflich, glänzend

4 Das Vorderglied ist eine Präposition:

ad-vena	Ankömmling	ē-gregius	auserlesen, hervorragend
in-cola	Einwohner	con-cors	einmütig, einig

14 Bildung von Pronomina

Die Bildung der Pronomina ist von der der Substantive und Adjektive sehr verschieden und recht verwickelt.

1 Alte Stämme liegen vor

a) in den Personalpronomina:

ego ich	*Akk./Abl.*	mē	*Dat.*	mihi	(*aus* me-hei *nach L 4*)
tū du	*Akk./Abl.*	tē	*Dat.*	tibi	(*vgl.* mihi)
nōs wir	*Akk.*	nōs	*Dat./Abl.*	nōbīs	(*wohl aus* nōs-bīs)
vōs ihr	*Akk.*	vōs	*Dat./Abl.*	vōbīs	(*vgl.* nōbīs)

b) in den Possessivpronomina (Possessivadjektiva):

meus, -a, -um: Adjektivbildung zum Stamm **me-** des Personalpronomens (davon auch Gen. des Personalpronomens: meī)

tuus, -a, -um: Ablautende Adjektivbildung zum Stamm **te-** des Personalpronomens (davon auch Gen. des Personalpronomens: tuī)

suus (*altlat.* sovos) ihm (ihr, ihnen) gehörend, sein, ihr (dazu auch Reflexiva des Personalpronomens: suī, sibi, sē).

c) in den Demonstrativpronomina:

hic (*aus* he-ce[1]), haec, hoc (*aus* hod-ce)

ille (*altlat.* ollus), illa, illud

is, ea, id

▷ Weiterbildungen von is, ea, id sind

idem (*aus* id-em) und **īdem** (*aus* is-dem)

ipse (*aus* is-pse)

is-te (mit dem alten Demonstrativstamm **to-/tā-**, erhalten in: tum, tam, tantus, tālis, tot)

d) im Interrogativ- und Relativpronomen:

quis, quid und **qui**, quae, quod

▷ Durch Verdoppelung wurde das Indefinitpronomen quisquis, quidquid gewonnen.

---

[1] ce (ci) ist ursprünglich selbst ein Pronominalstamm gewesen (*vgl.* ci-tra, ci-terior); hic, haec, hoc zeigt ihn als Hinweispartikel.

2 Indefinitpronomina wurden meist durch Zusammensetzung gebildet:

quis-**que**, qui-**cumque** *usw.*	neuter (*aus* **ne**-uter 'nicht irgendwer')
quis-**quam** *usw.* (*eigtl.* 'einer irgendwie')	nēmō (*aus* **ne**-hemō 'kein Mensch')
quis-**pi-am** *usw.* (*aus* quis-pe-iam)	nihil (*aus* **ne**-hilum 'nicht etwas')
ali-quis *usw.*	

3 Manche Pronominalstämme wurden erweitert durch das Suffix der Gegenüberstellung **-ter**:[1]
nos-ter, ves-ter (*altlat.* vos-ter), u-ter (*aus* quo-ter-os).

15 Abgeleitete Verba

1 Viele Verba werden von Nominalstämmen durch Anfügung eines verbalen Stammbildungsvokales (vgl. 8.3) abgeleitet. Die Bedeutung eines abgeleiteten Verbums entspricht der des zu Grunde liegenden Nomens:

labōr-ā-re	arbeiten	flōr-ē-re	blühen
laud-ā-re	loben	custōd-ī-re	bewachen
merc-ā-rī	kaufen	ment-ī-rī	ausdenken
līber-ā-re	befreien	moll-ī-re	weichmachen
nov-ā-re	erneuern	saev-ī-re	wüten

▷ Manche Verba der 2. Konjugation haben ursprünglich kausative Bedeutung:

decet: docēre	'aufnehmen lassen', lehren	terra: torrēre	'dürsten lassen', dörren

2 Viele Verba werden von Verbalstämmen (einige auch von Nominalstämmen) durch Anfügung von Suffixen abgeleitet. Dabei bezeichnen die Suffixe

-sc-ere meist den Anfang einer Tätigkeit oder eines Vorganges:

per-timē-sc-ere	in Furcht geraten	cōn-sen-ē-sc-ere	altern
con-valē-sc-ere	erstarken	īrā-sc-ī	erzürnen

-tā-re (**-sā**-re *nach L 10*), **-itā**-re eine Verstärkung oder Wiederholung einer Handlung (Verba intensiva bzw. iterativa):

iacēre:	iactāre	schleudern	trahere:	tractāre	schleppen
vertere:	versāre	hin- und herwenden	pendere:	pēnsāre	abwägen
habēre:	habitāre	bewohnen	agere:	agitāre	treiben, hetzen

▷ Die intensive oder iterative Bedeutung ist manchmal verblasst:

canere:	cantāre	singen	clāmāre:	clāmitāre	rufen

[1] Vgl. magis-ter 'der Höhere' (*zu* magis 'mehr'), minis-ter 'Diener' (*zu* minus 'weniger'), dex-ter 'rechts', sinis-ter 'links', al-ter 'der andere', cē-ter-ī 'die übrigen' (eigtl. 'die da').

16 Zusammengesetzte Verba

Bei einem zusammengesetzten Verbum geht ein Vorderglied (Bestimmungswort) dem einfachen Verbum voraus.

1 Das Vorderglied ist meist eine Präposition (vgl. 18). Deren Hauptbedeutungen und häufigste lautlichen Veränderungen (vgl. 5) sind aus folgenden Beispielen ersichtlich:

ab-esse	**ab**wesend sein	**ā**-vertere	abwenden
ab-īre	weg-, fortgehen	**abs**-trahere	wegziehen
ad-venīre	**an**kommen	**ac**-cēdere	heranrücken
ad-dūcere	hinführen	**af**-ferre	herbeibringen
ad-icere	hinzufügen	**as**-sequī	erreichen
		a-spicere	ansehen

▷ ad- verstärkt manchmal nur das einfache Verbum: (ad)monēre, (ad)iuvāre

ante-cēdere	**voran**gehen	ante-pōnere	vorziehen
circum-īre	**herum**gehen	circum-venīre	umzingeln
com-pōnere	**zusammen**stellen	**con**-currere	zusammenlaufen
com-pellere	zusammentreiben	**col**-ligere	sammeln
		cor-ruere	zusammenstürzen
		co-īre	sich vereinen

▷ com- verstärkt oft nur das einfache Verbum: (com)mūtāre, (cōn)firmāre

dē-scendere	**herab**steigen	dē-fīnīre	abgrenzen
ex-pōnere	**aus**setzen	**ē**-rigere	aufrichten
ex-cēdere	hinaus-, herausgehen	**ef**-fugere	entfliehen
in-cidere	**hinein**fallen	**im**-pellere	antreiben
in-esse	darin sein	**ir**-rumpere	einbrechen
inter-cēdere	**dazwischen**treten	inter-dīcere	untersagen
ob-stāre	**entgegen**stehen	**oc**-currere	begegnen
ob-icere	entgegenwerfen	**of**-ferre	anbieten
		op-pōnere	gegenüberstellen
per-spicere	**durch**schauen	per-ficere	vollenden

▷ per- verstärkt oft nur das einfache Verbum: (per)movēre, (per)turbāre
▷ por- ist Ablautform zu per:

por-rigere	**hin**strecken	**pol**-licērī	versprechen
praeter-īre	**vorbei**gehen	praetermittere	vorüberlassen
prae-stāre	**voran**stehen	prae-scrībere	vorschreiben

prō-gredī	**vor**rücken	**pro**-ficīscī	sich fortmachen
prō-ferre	hervorbringen	**prōd**-esse	nützlich sein
sub-īre	**darunter**gehen	**suc**-currere	zu Hilfe eilen
sub-igere	unterwerfen	**sup**-plēre	auffüllen
sub-trahere	entziehen	**sus**-tinēre	aushalten
trāns-portāre	**hinüber**bringen	**trā**-dūcere	hinüberführen

2 Das Vorderglied ist eine nicht als Präposition verwendete Vorsilbe:

amb-īre[1]	**herum**gehen	**am**-plectī	umfassen
dis-serere[2]	**auseinander**setzen	**dif**-fundere	zerstreuen
dis-pōnere	verteilen, ordnen	**dī**-mittere	entlassen
dis-plicēre	missfallen	dī-stāre	entfernt, verschieden sein
sē-parāre[3]	**ab**sondern, trennen	sē-cēdere	beiseite gehen
re-petere	**zurück**fordern	**red**-īre	zurückkehren
re-sistere	widerstehen	red-dere	zurückgeben

▷ re- verstärkt manchmal nur das einfache Verbum: (re)servāre, (re)scindere

3 Das Vorderglied ist selten eine andere Wortart:

pate-facere	aufmachen	iū-dicāre	richten, urteilen
aedi-ficāre	erbauen	pos-se (*aus* pot-esse)	im Stande sein

17 Bildung von Adverbien

Adverbien können sein:

1 Prägungen aus sehr früher Zeit, z. B. nē, nĕ (*in* ne-fās, ne-sciō, ne-que *usw.*) und die in 18.1 aufgeführten Präpositionen

2 Kasusreste von (teilweise verlorenen) Substantiven und Adjektiven, z. B

Nom.	*Akk.*	*Abl./Instr.*	*Lok.*
rūrsus	parum	frūstrā	vesperī
secus	statim	fortuītō, forte	temere
satis	saepe	grātīs	noctū

[1] **amb-** ist verwandt mit gr. ἀμφί (*vgl.* amphi-theātrum).
[2] **dis** bedeutet ursprünglich 'entzwei' (*vgl.* duo).
[3] **se(d)** bedeutet ursprünglich 'für sich, gesondert' (*vgl.* suus).

3 Kasusformen von Pronominalstämmen, z. B.

Lok.	*Abl./Instr.*	*Akk.*
hīc (*aus* hei-ce)	hūc (*altlat.* hō-c)	hinc (*aus* him-ce)
illīc	illūc (*altlat.* illō-c)	illinc, ōlim
ibi (*zu* is)	eō	inde (*aus* im-de), iam
ubi (*aus* quubi)	quō	unde (*aus* quum-de[1])
		quandō (*aus* quam-dō[1])

▷ Vom Pronominalstamm **to-/tā-** ist gebildet: tum, tam

4 Ableitungen von Adjektiven durch die Endungen **-ē** und **-ter**, z. B.

longē	vēre (mit Ablaut: vērō)	fēlīciter
plānē	benĕ (mit Kürzung)	sapienter

5 Zusammensetzungen aus verschiedenen Wortarten, z. B.

quon-dam (*aus* quom-dam)	ad-hūc	inter-eā
nē-quī-quam	ad-eō	inter-dum
n-um-quam	ant-eā	per-inde
nōn (*aus* ne-oinom)	post-eā	sem-per

18 Bildung von Präpositionen

Die Präpositionen – ursprünglich verdeutlichende Wörter mit freier Stellung im Satz – sind ihrer Form nach:

1 schon aus frühester Zeit ererbt:

ab	dē	per	post
ad	ex	prae	sine
ante	in	prō	sub
cum (*aus* com)	ob	prope	super

2 erweitert durch das Suffix der Gegenüberstellung -ter[2]:

in-ter	prae-ter	prop-ter (*zu* prope)

zumeist in der Form erstarrter Ablative:

ex-trā	ci-trā	con-trā (*zu* cum)
in-trā	ul-trā	

---

[1] **de/do** sind Ablautformen eines verlorenen Pronominalstammes, der noch erhalten ist in dum (*aus* dom), quon-dam, qui-dam.

[2] Vgl. die Komparativbildungen in-ter-ior, ex-ter-ior, ci-ter-ior, ul-ter-ior, ferner Adverbbildungen wie circiter, pariter.

3 verdunkelte Bildungen oder Formen von Nominal- oder Verbalstämmen, z. B.

circum:	urspr. adverbialer Akkusativ 'im Kreis'
iūxtā:	eigtl. Superlativ zur Wurzel iug- 'verbinden'
apud:	eigtl. Partizip von der Wurzel ap- 'erreichen'
trāns:	wohl Partizip zu einer verlorenen Wurzel ter- 'überschreiten'
secundum:	eigtl. Gerundiv zum Verbum sequī 'folgen'

19 Bildung von Konjunktionen

Konjunktionen dienten ursprünglich zur Verbindung (Parataxe) selbständiger Sätze, erst später zur Unterordnung (Hypotaxe) von abhängigen Sätzen. Ihrer Form nach können sie sein

1 sehr frühe Prägungen, z. B.

et	an	-que (enklitisch)
at	aut[1]	-ve (enklitisch)

2 ursprünglich als Adverbien gebrauchte Wörter, z. B.

uti, ut	wie
sī	wenn (urspr. 'so', vgl. sī-c)
num	Fragepartikel (eigtl. 'nun')

3 erstarrte Kasus von Pronominalstämmen, z. B.

cum	(*altlat.* quom, *vgl.* quam)
quod, quia	(Neutr. Sing. bzw. Plural)
dum	(Akk. des verlorenen Stammes do-)
nam	(Akk. des erschlossenen Stammes no-)
sed	(*aus* sued 'für sich, gesondert')

4 Zusammensetzungen, z. B.

at-que	(*aus* ad-que)	tam-et-sī
ne-que	(*und* nec)	uti-nam
dō-nec		et-iam
nē-ve	(*und* neu)	quon-iam (*aus* quom-iam)
ni-si	(*aus* ne-sī)	quam-quam, tam-quam
sī-n	(*aus* sī-ne)	ante-quam, post-quam
qua-si	(*aus* quam-si)	quo-ad

[1] Erweiterung durch das Suffix **-em** ergab: autem (*vgl.* quid-em, tam-en).

WORTSCHATZ DER LATEINISCHEN SPRACHE

20 Lateinische Wörter und Wortfamilien

Die Wörter des folgenden lateinischen Wortschatzes sind nach Familien etymologisch zusammengestellt; aus dem Griechischen stammende Wörter finden sich alphabetisch geordnet auf Seite 138ff.

In der Lektüre vergleichsweise häufig begegnende Wörter sind in Normaldruck, etwas seltener vorkommende in Kleindruck gesetzt.[1]
Beigefügt sind vielfach Verweise auf wichtige Erscheinungen der Wortbildung (z.B. 7.1) und des Lautwandels (z.B. L 3).

Nicht angegeben sind zwecks größerer Übersichtlichkeit jeweils:
a) die Wortarten (außer bei zahlreichen Partikeln),
b) die Genera (außer bei den meisten Wörtern der 3. Deklination und bei Besonderheiten),
c) die Genitivformen der Substantiva der 1. und 2. Deklination (außer bei den Pluralia),
d) die Perfekt- und Partizipialstämme bei den regelmäßigen Verben der 1. und der 4. Konjugation.

Aufgenommene Phrasen wollen die semantische, idiomatische oder grammatische Verwendung verschiedener Wörter verdeutlichen und Übersetzungshilfen bieten.

A

ab, ā[2] *Präp. mit Abl.*	von, von – her, von – an	
ab oppidō abesse	*von der Stadt entfernt sein*	
ā pueritiā, ā puerīs	*von Kindheit an*	
ab aliquō laudārī	*von jemand gelobt werden*	
esse, stāre ab aliquō	*auf jemands Seite stehen*	
ā fronte – ā tergō – ā latere	*vorn – im Rücken – in der Flanke*	
ācer, ācris, ācre	scharf, heftig	
aciēs, -ēī	1. Schärfe 2. Kampflinie, Schlacht	
acerbus	bitter, herb, hart	
acūtus	spitz, scharf, scharfsinnig	*(akut)*
∘ ōcius *Adv. (dicht.)*	rascher	

[1] Wörter, die für Latein als 2. Fremdsprache nicht zum Pflichtwortschatz gehören, sind durch einen Kreis (o) gekennzeichnet.
[2] *ā* steht nur vor Konsonanten außer *h*. Manchmal findet sich auch *abs tē* 'von dir' und *absque* 'ohne'.

ad *Präp. mit Akk.*	1. zu (hin), an, bei 2. bis (zu)	
ad oppidum	*zur Stadt, bei der Stadt*	
ad id tempus	*bis zu dieser Zeit*	
ad ducentōs	*an die 200 Mann, etwa 200 Mann*	
ad ūnum omnēs	*alle ohne Ausnahme*	
atque, ac[1] *(L 13)*	1. und (dazu) 2. wie, als (zur Bezeichnung der Gleichheit, Ähnlichkeit, Verschiedenheit)	
īdem – atque, ac	*der nämliche – wie*	
aliter – atque, ac	*anders – als*	
aedēs, -is *f.*	Gemach, Tempel, *Pl.:* Haus (eigtl. Feuerstätte)	
aedificium *(vgl.* facere*)*	Gebäude	
aedificāre	erbauen	
aedīlis, -is	Ädil (Aufsichtsbeamter)	
aestās, -ātis *f.*	Sommer, heiße Zeit	
aestus, -ūs	Hitze, Brandung, Flut	
aestuāre	erhitzt sein, aufwallen	
aeger, aegra, aegrum	krank, vergrämt	
aegrē *Adv.*	mit Mühe, kaum, ungern	
aemulus	1. Nacheiferer 2. Rivale	
imāgō, -inis *f.*	Bild, Schein	*(imaginär)*
imitārī	nachbilden, nachahmen	*(imitieren)*
aequus	gleich, gerecht, günstig	
aequē ac tū	*in gleicher Weise wie du*	
inīquus *(L 3)*	ungleich, ungerecht, ungünstig	
aequāre, adaequāre	1. gleichmachen 2. erreichen	*(Äquator)*
aliquid solō aequāre	*etwas dem Erdboden gleichmachen*	
aliquem aequāre cursū	*jem. im Lauf erreichen*	
aequitās, -ātis *f.*	Gleichheit, Billigkeit, Gelassenheit	
aequālis, -e	gleichaltrig, gleichmäßig *Subst.:* Gleichaltriger, Zeitgenosse	
aequor, -ŏris *n.*	Fläche (bes. des Meeres), Meer	
aes, aeris *n.* *(L 11)*	Erz, Kupfer(geld), Geld	
aes aliēnum contrāhere, conflāre	*Geldschulden machen*	
∘ aerārium	Staatskasse	
aestimāre	einschätzen, beurteilen (eigtl. d. Geldwert bestimmen)	
exīstimāre	schätzen, beurteilen, meinen	
magnī, plūris aestimāre	*hoch, höher einschätzen*	

[1] *ac* steht nur vor Konsonanten.

aevum	Ewigkeit, Zeitalter, Alter	
aetās, -ātis *f.*	Leben, Lebensalter, Zeit(alter)	
omnēs aetātēs	*alle Altersstufen*	
aurea aetās	*das goldene Zeitalter*	
aeternus	ewig	
ager, agrī	Acker, Feld, Gebiet	*(Agrar-Politik)*
agrestis, -e	ländlich, bäuerlich, *Subst.:* Bauer	
peregrīnus	fremd, ausländisch	*(Pilger)*
agricola *(vgl.* colere*)*	Bauer	
agere, ēgī, āctum	treiben, handeln, verhandeln	*(Agent, Akt)*
(aetātem, vītam) agere	*das Leben verbringen, leben*	
age dīc!	*sag doch! (Aufforderung)*	
age, iam videō	*ja, ich sehe schon (Zustimmung)*	
igitur *(aus* agitur*)*	also (eigtl. es handelt sich darum)	
peragere	vollenden	
cōgere, coēgī, coāctum	zusammenbringen, zwingen	
dēgere *(L 9)*	(das Leben) verbringen, leben	
adigere	1. hintreiben, drängen 2. vereidigen	
exigere	1. (ein)fordern 2. vollenden	*(exakt)*
exiguus	klein, gering (eigtl. knapp bemessen)	
redigere	in einen Zustand bringen	*(Redaktion)*
subigere	unterwerfen, bezwingen, zwingen	
āctiō, -ōnis *f.*	1. Tätigkeit 2. Gerichtsverhandlung	*(Aktion)*
agmen, -inis *n.*	Zug, Heereszug	
agmen prīmum	*die Vorhut*	
agmen novissimum	*die Nachhut*	
exāmen, -inis *n. (L 15)*	1. Schwarm 2. Wägung, Prüfung[1]	*(Examen)*
agitāre	treiben, betreiben, verhandeln	*(Agitation)*
exagitāre	aufhetzen, aufregen	
cōgitāre *(L 9)*	denken, bedenken, beabsichtigen	
cōgitātiō, -ōnis *f.*	Denken, Gedanke, Erwägung	
◦ indāgāre *(altlat.* indu = in*)*	aufspüren (eigtl. ins Fangnetz hineintreiben)	
◦ axis, -is *m.*	Achse, Himmelspol (eigtl. Bewegungsmittelpunkt)	
āla[2]	1. Flügel 2. Reiterabteilung	
agnus	Lamm	
āiō, ais, ait *usw.*	ich sage usw.	
prōdigium	1. Wunderzeichen 2. Ungeheuer (eigtl. Voraussage)	

---

[1] *exāmen* bedeutet ursprünglich das 'Hinaustreiben' eines Bienenschwarms und das 'Hinausschieben' eines Gewichtes auf dem Waagebalken.

[2] *āla* entstand wohl (nach L 15 u. 16) aus *ag-sl-a* (11.3).

alacer, -cris, -cre	lebhaft, munter	
albus	weiß	*(Album)*
alere, aluī, al(i)tum	nähren, fördern	*(Alumnus)*
altus	1. hoch (eigtl. hochgewachsen) 2. tief	*(Alt-Stimme)*
altum	Höhe, hohe See	
altitūdō, -inis *f.*	1. Höhe, Erhabenheit 2. Tiefe	
◦ alimentum	Nahrung	*(Alimente)*
adolēscere, -ēvī	heranwachsen	
adulēscēns, -entis	Jugendlicher	
adulēscentia	Jugendzeit, Jugend	
adultus *(L 7)*	erwachsen, erstarkt	
◦ indolēs, -is *f.*	Veranlagung, Begabung	
prōlēs, -is *f.* *(dicht.)*	Sprössling, Nachkommenschaft	*(Proletarier)*
alius, alia, aliud	ein anderer	
aliī – aliī	die einen – die andern	
aliā ratiōne atque anteā	*in anderer Weise als früher*	
Alius aliō mōre vīvit.	*Der eine lebt auf diese, der andere auf jene Art; jeder lebt auf eine andere Art.*	
aliās *Adv.*	ein andermal, zu einer anderen Zeit	
alibī *Adv.*	anderswo	*(Alibi)*
aliēnus	fremd, abgeneigt, unpassend	
aliter *Adv.*	anders, sonst	
alter, altera, alterum *(14.3)*	der eine (von zweien), der zweite *Subst.:* der Nächste, der Mitmensch	*(Altruismus)*
alter – alter	der eine – der andere	
◦ saltem[1]	wenigstens	
◦ adulterium *(L 7)*	Ehebruch, Untreue	
amāre	lieben	
amor, -ōris *m.*	Liebe	
amīcus	befreundet, *Subst.:* Freund	
inimīcus *(L 1)*	feindlich, *Subst.:* Feind	
amīcitia	Freundschaft	
inimīcitiae, -ārum	Feindschaft	
◦ amoenus	lieblich, reizend	
ambō, -ae, -ō	beide (zusammen)	*(ambivalent)*
◦ ambiguus *(vgl.* agere*)*	strittig, schwankend (eigtl. zweideutig)	
ambulāre	umhergehen, spazieren gehen	*(ambulant)*

[1] *saltem* ist wohl gebildet aus *sī alitem* 'wenn anders'.

amnis, -is *m.*	Strom	
amplus	weit, geräumig, bedeutend	
amplius *adv. Akk.*	weiter, mehr	
Quid vīs amplius?	*Was willst du noch mehr?*	
amplius (quam) centum	*mehr als 100*	
amplitūdō, -inis *f.*	1. Weite, Größe 2. Ansehen	*(Amplitude)*
an *Konj.*	1. oder (in Alternativfragen) 2. etwa (in 'Alternativfragen' mit fehlendem 1. Glied) 3. ob nicht, vielleicht (nach Ausdrücken des Nichtwissens)	
Haec vēra an falsa sunt?	*Ist dies wahr oder falsch?*	
An tū haec crēdis?	*Glaubst du das etwa?*	
Haud sciō an ita sit.	*Vielleicht verhält es sich so.*	
∘ **anguis**, -is *m., f.*	Schlange	
angulus	Winkel, Ecke	*(Triangel)*
angustus	eng, knapp, misslich	*(Angina)*
angustiae, -ārum	Enge, Engpass, Schwierigkeit	
anxius	ängstlich	
animus	Seele, Geist, Mut, Gesinnung	
vir magnī animī	*ein Mann von hoher Gesinnung*	
animum reficere, recreāre	*sich erholen*	
animō cadere, dēficere	*mutlos werden*	
aequō (aequissimō) animō ferre	*mit (größter) Gelassenheit tragen*	
mihi in animō est	*ich habe im Sinn, habe vor*	
anima	Atem, Seele, Leben	*(animieren)*
animal, -ālis *n.*	Lebewesen, Tier	*(animalisch)*
∘ exanimāre	betäuben, umbringen	
annus	Jahr	*(Anno Domini)*
annō interiectō, intermissō	*nach Verlauf eines Jahres*	
annō exeunte, extrēmō	*am Ende des Jahres*	
quotannīs *Adv.*	jährlich	
annuus	jährlich, ein Jahr dauernd	
annālēs (librī)	Jahrbücher	*(Annalen)*
biennium (triennium) *(L 2)*	Zeitraum von zwei (drei) Jahren	*(Biennale)*
∘ perennis, -e	(das ganze Jahr) dauernd	
sollemnis, -e[1]	feierlich, üblich (eigtl. jährlich wiederkehrend)	*(Missa solemnis)*

[1] Vgl. altlat. *sollus* 'ganz'.

ante *Adv.*	vorn, vorher	
paucīs ante diēbus	*wenige Tage vorher*	
Präp. mit Akk.	vor (örtlich und zeitlich)	
ante iānuam	*vor der Türe*	
ante lūcem	*vor Tagesanbruch*	
anteā *Adv. (17.5)*	vorher, früher	
antequam, ante – quam	ehe, bevor (eigtl. eher als)	
antīquus	alt, altertümlich (eigtl. vorig, ehemalig)	*(antik)*
◦ antīquitus *Adv.*	seit (in) alter Zeit	
anus, -ūs *f.*	alte Frau	
aperīre, -uī, -tum	öffnen, aufdecken (eigtl. den Deckel[1] wegtun)	
apertus	offen, offenkundig	*(Aperitif)*
operīre	bedecken (eigtl. den Deckel[1] hintun)	
◦ **apis**, -is *f.*	Biene	
aptus	1. verknüpft 2. passend, geeignet	
ineptus *(L 2)*	unpassend, albern	
adipīscī, -eptus sum *(L 1)*	erreichen, erringen	*(Adept)*
coepisse, coeptum	angefangen haben	
Rēs agere coepērunt.	*Sie fingen an, die Gegenstände zu behandeln.*	
Rēs agī coeptae sunt.	*Man begann die Gegenstände zu behandeln.*	
cōpula *(L 9)*	Band, Riemen	*(Koppel)*
apud *Präp. mit Akk. (18.3)*	bei (meist bei Personen)	
apud maiōrēs nostrōs	*bei unseren Vorfahren*	
aqua	Wasser	*(Aquarium, Aquarell)*
aquila	Adler, Legionsadler	
◦ **aquilō**, -ōnis *m. (dicht.)*	Nordwind	
arāre	pflügen, ackern	
◦ arvum	Ackerland, Flur	
arbiter, -trī	1. Augenzeuge, Schiedsrichter 2. Gebieter	
arbitrārī	meinen	
arbitrium	(freie) Entscheidung, Willkür	
arbor, -ŏris *f.*	Baum	

[1] In einem ital. Dialekt bedeutet *veru* 'Tür, Deckel'; ein ähnliches lat. Wort steckt in *aperīre* und *operīre*.

arcēre, -uī	abhalten, abwehren (eigtl. abschließen)	
arx, arcis *f.*	Burg, Burgberg	
◦ arcānus	geheim	
coërcēre, -uī, -itum	zügeln, maßregeln (eigtl. zusammenschließen)	
exercēre *(L 2)*	üben, plagen	*(exerzieren)*
exercitus, -ūs	Heer (eigtl. ausgebildete Mannschaft)	
exercitātiō, -ōnis *f.*	Übung	
arcessere, -īvī, -ītum	herbeiholen	
arcus, -ūs	Bogen	*(Arkaden)*
arduus	steil (aufragend), schwierig	
ārea	Fläche, freier Platz	*(Areal, Ar)*
ārdēre, ārsī *(L 15)*	brennen, glühen	
exārdēscere, -ārsī	entbrennen	
ārdor, -ōris *m.*	Glut, Leidenschaft	
āra	Altar (eigtl. Brandstätte)	
argentum	Silber, Geld (eigtl. helles Metall)	*(Argentinien)*
arguere, -uī	beschuldigen, angeben (eigtl. erhellen)	
arguere aliquem sceleris	*jem. eines Verbrechens beschuldigen*	
argumentum	1. Beweis 2. (literarischer) Stoff	*(Argument)*
ariēs, -ĕtis *m.*	Widder, Rammbock	
◦ **artus**, -a, -um	eng, beengt (eigtl. verfugt)	
arma, -ōrum *(11.3)*	Geräte, Waffen (eigtl. Verfugtes)	*(Armaturen)*
in armīs esse	*unter Waffen stehen*	
arma pōnere	*die Waffen strecken*	
armāre	ausrüsten	*(Armee)*
◦ inermis, -e *(L 2)*	wehrlos	
◦ armentum	Herde, Rind, Pferd[1]	
ars, artis *f.*	Fertigkeit, Kunst	*(Artist)*
artēs bonae, ingenuae, līberālēs	*die schönen (freien) Künste*	
artifex, -icis *(vgl.* facere*)*	Künstler, Urheber	
artificium	Kunstwerk, Fertigkeit	
iners, -tis *(L 2)*	ungeschickt, träge	
◦ inertia	Untätigkeit, Trägheit	
◦ sollertia *(vgl.* sollemnis*)*	Geschicklichkeit (eigtl. ganze Fertigkeit)	
artus, -ūs	Gelenk, Glied	*(Artikel)*
as, assis *m.*	As (Kupfermünze)	

[1] eigtl. Vieh, das man in einer Herde halten und anspannen kann.

at, ast	jedoch, dagegen	
atquī	aber doch, nun aber (eigtl. aber wie)	
et[1]	und	
āter, -tra, -trum	schwarz, dunkel, düster	
atrōx, -ōcis	schrecklich, wild	
audīre	hören	*(Audienz, Auditorium)*
oboedīre	gehorchen	
augēre, auxī, auctum	vermehren, fördern	*(Auction)*
auctor, -ōris *(L 13)*	1. Urheber, 2. Gewährsmann, Autor	
auctōritās, -ātis *f.*	1. Ansehen, Einfluss 2. Willensrichtung, Beschluss	*(Autorität)*
augustus	erhaben, geweiht	*(August)*
auxilium	Hilfe, Unterstützung	
auxilia, -ōrum	Hilfstruppen, Hilfsmittel	
auxiliō mittere, venīre	*zu Hilfe schicken, kommen*	
augur, -ŭris	Zeichendeuter, Seher	
augurium	Voraussage, Ahnung	*(inaugurieren)*
auris, -is *f.*	Ohr	
aurum	Gold	
aureus	golden	
∘ **auster**, -trī	Südwind	*(Australien)*
aut	oder (andere Möglichkeiten ausschließend)	
aut – aut	entweder – oder	
autem *(vgl.* quid-em*)*	aber, ferner	
autumnus	Herbst	
∘ **avēre** *(ohne Perf.)*	begehren	
avidus	begierig, gierig	
avārus	habsüchtig, geizig	
avāritia	Habgier, Geiz	
audēre, ausus sum	wagen (eigtl. Lust haben)	
audāx, -ācis	verwegen, kühn	
audācia	Wagemut, Kühnheit	
avis, -is *f.*	Vogel	
auspicium *(vgl.* a-spicere*)*	1. Vogelschau, Vorzeichen 2. Oberbefehl	*(Auspizien)*
auspicārī	unter günstigen Vorzeichen beginnen	

[1] *et* steht zu *at* in einem Ablautverhältnis.

avus	Großvater	*(Atavismus)*
◦ avītus	großväterlich, ererbt	
avunculus	Onkel (Bruder der Mutter)	

B

baculum	Stab, Stock	*(Bazillen)*
imbecillus	hinfällig, schwach	
barba	Bart	*(Barbier)*
bellum[1]	Krieg, Kampf	*(Rebellion)*
bellum cīvīle, intestīnum	*Bürgerkrieg*	
bellum servīle	*Sklavenkrieg*	
bellum indīcere alicui	*einem den Krieg erklären*	
bellum īnferre alicui	*einen Angriffskrieg gegen jem. führen*	
bellum (illātum) dēfendere	*einen Verteidigungskrieg führen*	
bellum dūcere, trahere	*einen Krieg hinauszögern*	
bellum cōnficere	*einen Krieg beenden (durch Kampf)*	
bellum compōnere	*einen Krieg beilegen (durch Verhandlung)*	
bellāre	Krieg führen	
◦ bellicus	zum Krieg gehörend, Kriegs-	
◦ imbellis, -e	unkriegerisch	
bēstia	Tier	*(Bestie)*
bēlua	Tier, Untier	
bibere, bibī	trinken	
blandus	schmeichelnd, reizend	
◦ blandīrī	schmeicheln	
bonus *(Adv.* bene[2]*)*	gut (auch: loyal, konservativ)	*(Bon)*
bonum	das Gute, das Gut	
beātus	beglückt, glücklich	*(Beate)*
bōs, bovis *m., f.*	Rind, Ochse, Kuh	
brevis, -e	kurz	*(Brief)*

---

[1] Die altlat. Form *duellum* deutete man im Mittelalter fälschlich als 'Zweikampf' (vgl. *duo*).
[2] Vokal *e*, weil *dvenos* die altlat. Form von *bonus* ist (vgl. *bel-lus* 'hübsch, nett').

cadere, cécidī, cāsūrus	fallen	*(Kadenz)*
cāsus, -ūs *(L 10)*	Fall, Zufall	*(Kasus)*
cadāver, -eris *n.*	Leichnam (eigtl. das Gefallene)	*(Kadaver)*
◦ cadūcus	hinfällig	
accidere	zustoßen, sich ereignen	*(Akzidens)*
si quid eī accidat	*wenn ihm etwas zustoßen sollte*	
concidere	zusammenbrechen, einstürzen	
incidere	hineingeraten, vorfallen	
occidere	untergehen	
occidēns, -entis *m.*	Westen (eigtl. untergehende Sonne)	*(Okzident)*
occāsus, -ūs	Untergang, Westen	
occāsiō, -ōnis *f.*	Gelegenheit	
caecus	blind, unsichtbar	
caedere, cecīdī, caesum	niederhauen, fällen	
caedēs, -is *f.*	Mord, Gemetzel	*(Zäsur)*
parricīda *(L 3)*	Mörder (bes. eines nahen Verwandten)	
occīdere	niederschlagen, töten	
◦ trucīdāre[1]	niedermetzeln	
◦ caelāre	eingravieren, punzen	
caelum	Himmel, Wetter, Klima	
caelestis, -e	himmlisch	
◦ caerul(e)us *(S. 14 Fußn. 1)*	blau, dunkel	
◦ **caerimōnia**	religiöse Verehrung, Feier	*(Zeremonie)*
calamitās, -ātis *f.*	Unglück, Missgeschick	*(Kalamität)*
incolumis, -e *(L 7)*	unversehrt, heil	
suōs incolumēs redūcere	*seine Leute heil zurückbringen*	
percellere, -culī	erschüttern	
◦ procella	Sturm	
clādēs, -is *f.* *(7.2)*	Schaden, Niederlage	
[**calāre**	ausrufen]	
Kalendae, -ārum	der erste Tag eines Monats	*(Kalender)*
concilium *(L 1)*	Versammlung (eigtl. zusammengerufene Menge)	
conciliāre	gewinnen, vermitteln	*(Konzil, konziliant)*
conciliāre hominum animōs	*die Herzen der Menschen gewinnen*	

[1] Vgl. *trux, trucis* 'rauh, wild, trotzig'.

clāmor, -ōris *m.* *(7.2)*	Geschrei
clāmōrem tollere	*ein Geschrei erheben, machen*
clāmāre	schreien, rufen *(reklamieren)*
clārus	laut, hell, klar, berühmt
praeclārus *(13.3)*	glänzend, berühmt (eigtl. sehr berühmt)
dēclārāre	kundtun, aufzeigen *(deklarieren)*
classis, -is *f.*	1. Abteilung 2. Flotte (eigtl. Aufgebot) *(Klasse)*
◦ **calcāre**	(mit Füßen) treten
◦ **cālīgō**, -inis *f.*	Dunkel, Dunst
callidus	schlau, verschlagen (eigtl. gerieben)
calor, -ōris *m.*	Wärme, Hitze *(Kalorie)*
calidus	warm, hitzig
campus	Feld, ebener Platz *(Kampf)*
◦ **candēre**, -uī	glänzen, (weiß)glühen
candidus	strahlend, weiß *(kandidieren)*
candidātus	weiß gekleidet, *Subst.:* Amtsbewerber *(Kandidat)*
accendere, -cendī, -cēnsum	anzünden, entflammen
incendere *(L 2)*	anzünden, entflammen
incendium	Brand, Feuer
canere, cecinī	1. singen 2. (ein Instrument) spielen, blasen
◦ cantus, -ūs	Gesang, Klang *(Akzent)*
cantāre	singen, besingen *(Kantate, Kantor)*
carmen, -inis *n.*	Lied, Gedicht, Spruch
canis, -is *m.*, *f.*	Hund, Hündin *(Kanaille)*
◦ **cānus**	grau
capere, -iō, cēpī, captum[1]	fassen, nehmen *(kapieren)*
captāre	zu fassen suchen
capessere, -īvī, -ītum	ergreifen
captīvus	kriegsgefangen, erbeutet
accipere, -cēpī, -ceptum	annehmen, empfangen, vernehmen *(akzeptieren)*
accēpimus (ā maiōribus)	*wir wissen (aus der Überlieferung)*
concipere	empfangen, erfassen *(konzipieren)*
dēcipere	täuschen (eigtl. einfangen)
discipulus	Schüler (eigtl. Auffassender)
disciplīna	Fachausbildung, Lehre, Zucht *(Disziplin)*

[1] Vgl. auch *particeps, prīnceps, mancipium, mūnicipium.*

excipere	ausnehmen, aufnehmen	
incipere ⟨*Perf.* coepī⟩	anfangen, beginnen	
inceptum *(L 2)*	Vorhaben, Unternehmung	
ā Iove incipere	*mit Jupiter beginnen*	
percipere	erfassen, wahrnehmen	
praecipere	1. vorschreiben 2. vorwegnehmen	
praeceptum	Weisung, Lehre	
∘ praeceptor, -ōris	Lehrer	
praecipuus *(Adv.* -ē*)*	vorzüglich	
recipere	zurücknehmen, aufnehmen	*(Rezept)*
sē (animum) recipere ex terrōre	*sich vom Schrecken wieder erholen*	
aliquem recipere domum (tectō)	*jem. in sein Haus aufnehmen*	
suscipere	aufnehmen, unternehmen	
occupāre	1. einnehmen, besetzen 2. beschäftigen	
capillus	(Kopf)haar	*(Kapillare)*
capra, capella	Ziege	
caput, -itis *n.*	Haupt, Hauptsache, Hauptstadt	*(Kapitel)*
capitis (capite) damnāre	*zum Tode verurteilen*	
capitālis, -e *(L 1)*	todbringend (eigtl. den Kopf kostend)	*(Kapital)*
anceps, -cipitis *(vgl.* ambō*)*	zweiseitig, ungewiss (eigtl. doppelköpfig)	
anceps perīculum	*Gefahr von zwei Seiten*	
ancipitī proeliō pūgnāre	*unentschieden kämpfen*	
praeceps, -cipitis	kopfüber, überstürzt, geneigt	
praecipitāre *(L 1)*	herabstürzen (trans. und intr.)	
carbō, -ōnis *m.*	(Holz)kohle	*(Karbon)*
carcer, -eris *m.*	Kerker, Gefängnis	*(Karzer)*
carēre, -uī *(L 11)*	entbehren, nicht haben	*(Karenz)*
carēre sēnsū	*kein Gefühl haben*	
∘ castus	enthaltsam, rein	*(Kaste)*
∘ incestus	unrein, unzüchtig	*(Inzest)*
carō, carnis *f.*	Fleisch(stück)	*(Inkarnation)*
carpere, -psī, -ptum *(dicht.)*	pflücken	
∘ excerpere *(L 2)*	herausnehmen, ausziehen	*(Exzerpt)*
cārus	lieb, teuer	
cāritās, -ātis *f.*	Liebe, Teuerung	*(Caritas)*
casa	Hütte	*(Casino)*

castra, -ōrum	Lager, Feldlager	
castra (col)locāre, pōnere	*ein Lager schlagen*	
castra movēre	*aufbrechen, weitermarschieren*	
castrīs exercitum continēre	*das Heer im Lager festhalten*	
castellum	Schanze, Bollwerk	*(Kastell)*
catēna	Fessel, Kette	
○ caterva	Schar (eigtl. geschlossener Haufe)	
causa	1. Streitsache, Prozess 2. Ursache, Grund	*(kausal)*
causam dīcere	*eine Sache (vor Gericht) vertreten, sich verteidigen*	
causam dīcere prō aliquō / *causam alicuius dēfendere*	*jem. (vor Gericht) verteidigen*	
causam obtinēre	*einen Prozess gewinnen*	
causam āmittere, perdere	*einen Prozess verlieren*	
indictā causā	*ohne Gerichtsverfahren*	
rērum cognōscere causās	*die Ursachen der Dinge erkennen*	
eā dē causā, ob eam causam	*aus diesem Grund, deswegen*	
causā	wegen, um – willen	
lībertātis causā	*um der Freiheit willen*	
meā (tuā usw.) causā	*um meinetwillen (deinetwegen usw.)*	
suī cōnservandī causā profugere	*fliehen, um sich zu retten*	
accūsāre *od.* incūsāre *(L 3)*	anklagen, beschuldigen	*(Akkusativ)*
accūsāre aliquem sceleris	*jem. wegen eines Verbrechens anklagen*	
excūsāre	entschuldigen, vorschützen	
recūsāre	ablehnen, sich weigern	
Recusō aliquid.	*Ich lehne etwas ab.*	
Recūsō, nē id dicam.	*Ich weigere mich, das zu sagen.*	
Nōn recūsō, quōminus (quīn) respondeam.	*Ich weigere mich nicht, zu antworten.*	
cavēre, cāvī, cautum	Acht geben, sich hüten	
Cavē inimīcitiās.	*Hüte dich vor Feindschaften!*	
Cavē, nē cadas.	*Gib Acht, dass du nicht fällst; hüte dich zu fallen!*	
cavē putēs	*glaub ja nicht!*	
cautus	vorsichtig	*(Kaution)*
cavus	hohl, gewölbt	*(konkav, Kaverne)*
cēdere, cessī, cessum	gehen, weichen	
cēdere (ex) locō	*vom Platz weichen*	
cēdere fortūnae	*dem Schicksal weichen, sich in sein Schicksal fügen*	
cēdere alicui virtūte	*einem an Tapferkeit nachstehen*	

cessāre *(15.2)*	säumen, rasten	
necesse (est)	(es ist) nötig, unausweichlich	
Ita dīcant necesse est.	*Sie müssen (notwendig) so sagen.*	
Ita dīcere necesse est.	*Man muß (notwendig) so sagen.*	
necessārius *(Adv.* -ō*)*	notwendig	
necessāriī, -ōrum	Nahestehende, Verwandte	
necessitās, -ātis *f.*	Notwendigkeit, Notlage	
necessitūdō, -inis *f.*	1. Not 2. Verbundenheit	
accēdere	heranrücken, hinzutreten	
∘ antecēdere	vorangehen, übertreffen	
concēdere	weichen, zugestehen	*(konzedieren)*
dēcēdere	weggehen, scheiden, verscheiden	
discēdere	weggehen, scheiden	
superior (victor) discēdit	*er geht als Sieger (aus dem Kampf) hervor*	
in sententiam alicuius discēdere	*sich für den Antrag jemands entscheiden*	
∘ discessus, -ūs	Abreise, Abzug	
excēdere	herausgehen, hinausgehen	*(Exzeß)*
excēdere (ē) vīta	*aus dem Leben scheiden*	
incēdere	einherschreiten	
intercēdere	dazwischentreten, widersprechen	*(Interzession)*
prōcēdere	vorrücken	*(Prozedur, Prozeß)*
recēdere	zurückgehen, sich zurückziehen	*(Rezession)*
sēcēdere	beiseite gehen, weggehen	*(Sezession)*
succēdere	nachrücken, nachfolgen	*(sukzessiv)*
Aetās succēdit aetātī.	*Eine Generation folgt der anderen.*	
Integrī dēfatigātīs succēdunt.	*Unverbrauchte Leute lösen die erschöpften ab.*	
cēlāre *(7.2)*	verhehlen, verbergen	
cēlāre aliquem perīculum (dē p.)	*jem. eine Gefahr verbergen*	
cella	Kammer, Tempelraum, Keller	*(Zelle)*
color, -ōris *m. (L 7)*	Farbe (eigtl. Hülle)	*(Kolorit)*
occultus *(L 7)*	verborgen, versteckt	*(Okkultismus)*
occultāre	verbergen	
clam *Adv. (7.2)*	heimlich (eigtl. verhohlen)	
∘ clandestīnus *(L 14)*	heimlich, geheim	
celer, -eris, -ere	schnell, rasch (eigtl. angetrieben)	*(Akzeleration)*
∘ celeritās, -ātis *f.*	Schnelligkeit	
celeber, -bris, -bre	belebt, besucht, gefeiert (eigtl. voll Betrieb)	
celebrāre	besuchen, feiern	*(zelebrieren)*
ex-**cellere**	hervorragen, sich auszeichnen	*(Exzellenz)*
excellere ceterīs	*sich vor den übrigen auszeichnen*	

celsus, excelsus	aufragend, erhaben	
collis, -is *m.*	Hügel, Anhöhe	
columna	Säule, Pfeiler	*(Kolumne)*
culmen, -inis *n.*	Gipfel, First	*(Kulmination)*
cēna	Mahlzeit, Hauptmahlzeit	
cēnāre	speisen, essen	
cēnsēre, -uī, -sum	schätzen, meinen, beantragen	*(zensieren)*
cēnsor, -ōris	Zensor, 'Schätzer'	*(Zensur)*
cēnsus, -ūs	1. Volkszählung 2. (geschätztes) Vermögen	*(Zins)*
∘ recēnsēre	mustern, zählen	*(Rezension)*
centum	hundert	*(Prozent)*
centuria	Hundertschaft (60. Teil der Legion)	
centuriō, -ōnis	Hauptmann (einer Hundertschaft)	
∘ **cerebrum**	Gehirn	*(zerebral)*
cernere	sichten, sehen	
certus *(Adv.* -ē, -ō*)*	entschieden, sicher, gewiss	*(Zertifikat)*
aliquem certiōrem facere	*einen benachrichtigen*	
incertus	unentschieden, unsicher	
certāre	streiten, wetteifern (eigtl. entscheiden)	*(Konzert)*
certāmen, -inis *n.*	Wettstreit, Kampf	
dēcertāre	bis zur Entscheidung kämpfen	
dēcernere, -crēvī, -crētum	entscheiden, beschließen	*(Dezernat)*
dēcrētum *(7.2)*	Beschluss	*(Dekret)*
discernere	scheiden, unterscheiden	*(diskret)*
haud facile discernerēs	*man hätte nicht leicht entscheiden können*	
discrīmen, -inis *n.*	Entscheidung, Gefahr (eigtl. Scheidelinie)	
Rēs in (summō) discrīmine est.	*Die Lage ist (sehr) kritisch.*	
sēcernere	absondern, trennen	*(Sekret, Sekretär)*
sēcrētum	Abgeschiedenheit, Geheimnis	
cervīx, -īcis *f.* / cervīcēs, -um	Nacken, Genick	
cēterī	die übrigen	*(et cetera)*
cēterum *Adv.*	übrigens, doch	
∘ **ceu** *(dicht.)*	wie	
cibus	Speise, Nahrung	

ciēre, conciēre	in Bewegung setzen, aufregen	
citus *(Adv. -o)*	schnell, rasch	
concitāre	antreiben, aufregen, aufwiegeln	
excitāre	erregen, wecken, ermuntern	
incitāre	antreiben, reizen	
recitāre	vortragen, vorlesen	*(zitieren, rezitieren)*
∘ suscitāre	aufwecken, erregen	
sollicitus *(vgl.* sollemnis*)*	(stark) erregt, unruhig, besorgt	
sollicitāre	beunruhigen, aufwiegeln	
cingere, cīnxī, cīnctum	gürten, umgeben	*(umzingeln)*
cinis, -eris *m.*	Asche	
circus *(griech.?)*	Kreis, Rennbahn	*(Zirkus, Bezirk)*
∘ circulus	Kreis	*(Zirkel)*
circum, circā *Adv. (18.3)*	ringsum	*(ca.)*
Präp. mit Akk.	um (herum)	
circum, circā forum	*um das Forum (herum)*	
circā hōram prīmam	*um die erste Stunde*	
circiter *Adv. (17.4)*	um, ungefähr	
∘ idcircō ∘ quōcircā	darum	
∘ **cis, citrā** *Präp. mit Akk.*	diesseits	
citrā flūmen	*diesseits des Flusses*	
∘ citerior, -ius *(vgl. 18.2)*	diesseitig	
cīvis, -is *m., f.*	Bürger(in), Mitbürger(in)	
cīvitās, -ātis *f.*	Bürgerrecht, Bürgerschaft, Staat	
cīvīlis, -e	bürgerlich, öffentlich, politisch	*(zivil)*
iūs cīvīle – rēs cīvīlēs	*das bürgerliche Recht – die Politik*	
∘ **clāvus**	1. Nagel 2. Purpursaum (der Tunika)	
conclāve, -is *n.*	Zimmer (eigtl. verschlossener Raum)	*(Konklave)*
claudere, -sī, -sum	schließen, versperren	*(Klause, Klausur)*
∘ inclūdere *(L 3)*	einschließen	*(inklusiv)*
interclūdere	(ab)sperren	
∘ in-**clīnāre**	(sich) neigen	
dēclīnāre	abbiegen (trans. u. intrans.)	*(Deklination)*
clīvus	Abhang	
∘ dēclīvis, -e	abwärts geneigt	
cliēns, -entis	Abhängiger, Schützling, Klient	*(Klientel)*
clēmēns, -entis	gütig, sanft, mild (eigtl. zugeneigt)	

∘ **clipeus** (clupeus)	1. Rundschild 2. Rundbild	
∘ **cōdex** (caudex), -icis *m.*	1. Holzklotz 2. Schreibtafel, Buch	
in-**cohāre**	anfangen (eigtl. anschirren)	*(Inkohativ)*
colere, -uī, cultum	bebauen, pflegen, ehren (eigtl. sich bewegen um etw. oder jem.)	
∘ incultus *(L 7)*	ungepflegt, ungebildet	*(un-kultiviert)*
cultus, -ūs	1. Pflege, Verehrung 2. Ausstattung, Lebensweise	
cultus corporis	*Körperpflege*	*(Kult)*
cultus deōrum	*Götterverehrung, Götterdienst*	
cultus vītae	*Lebensgestaltung, Lebensstandard*	
cultus atque hūmānitās	*menschliche Kultur, kultiviertes Menschentum*	
cultūra	Anbau, Pflege	*(Kultur)*
colōnus	Bauer, Siedler	*(Kolonist)*
colōnia	Ansiedlung, Kolonie	*(Kolonie)*
∘ excolere	bilden, verfeinern	
incolere	bewohnen, siedeln	
incola	Einwohner, Bewohner	
collum	Hals (eigtl. drehbarer Körperteil)	*(Kollier)*
∘ ancilla[1]	Magd (eigtl. sich herumbewegende Frau)	
cōnārī	versuchen, unternehmen	
per-**contārī**	untersuchen, sich erkundigen (eigtl. mit einer Stange[2] sondieren)	
cor, cordis *n.* *(L 15)*	Herz	
∘ concors, -dis	einmütig, einig	
concordia	Eintracht	*(Konkordat)*
discordia	Zwietracht	
socordia *(aus* se-cordia*)*	Sorglosigkeit	
∘ misericordia	Mitleid, Mitgefühl	
recordārī	sich erinnern	*(Rekord)*
recordārī tempus illud	*sich an jene Zeit erinnern*	
recordārī dē illō homine	*sich an jenen Menschen erinnern*	
cornū, -ūs *n.*	1. Horn 2. Flügel eines Heeres	
∘ cervus, cerva	Hirsch, Hindin (eigtl. Geweih-Tier)	
corpus, -oris *n.*	Leib, Körper, Körperschaft	*(Korpuskel)*

[1] Zur Vorsilbe *an-* vgl. *am-putāre* und gr. ἀμφί 'um – herum'.
[2] *contus* 'Stange'.

∘ **cortex**, -icis *m.*	Rinde, Kork	
crās *Adv.*	morgen	
∘ crāstinus	morgig	
crassus	dick, plump	*(kraß)*
∘ crātis, -is *f.*	Flechtwerk	
cremāre	verbrennen (trans.)	*(Krematorium)*
crepāre, -uī	schallen, krachen	*(krepieren)*
∘ increpāre	erschallen, schelten	
discrepāre, -āvī	nicht übereinstimmen, verschieden sein	*(Diskrepanz)*
crēscere, crēvī	wachsen, zunehmen	*(crescendo)*
∘ concrētus	verfestigt, starr	*(konkret)*
creāre	1. hervorbringen, erschaffen 2. wählen	*(kreativ)*
recreāre	wiederherstellen, erfrischen	*(Rekreation)*
crēber, -bra, -brum *(Adv. -ō)*	zahlreich, häufig (eigtl. dicht wachsend)	
crīmen, -inis *n.*	Anklage, Vorwurf, Schuld	*(Kriminalität)*
falsō crīmine īnsimulāre	*fälschlich beschuldigen*	
crīnis, -is *m.* *(dicht.)*	Haar	
cruor, -ōris *m.*	(verkrustetes) Blut	
cruentus	blutig, blutbefleckt	
crūdēlis, -e	roh, grausam, kaltblütig	
∘ **crūs**, crūris *n.*	Bein, Unterschenkel	
crux, crucis *f.*	Kreuz, Marter	*(Kruzifix)*
cruciāre, excruciāre	martern, quälen	
∘ cruciātus, -ūs	Marter, Qual	
cubāre, -uī	liegen	*(Inkubationszeit)*
∘ cubīle, -is *n.*	Lager(stätte)	
cubiculum	Schlafzimmer, Kammer	
incumbere, -cubuī *(8.4)*	sich (ver)legen auf	
succumbere	unterliegen	
culpa	Schuld	
cum *Präp. mit Abl.* *(18.1)*	mit	
cum amīcīs esse	*mit Freunden beisammen sein*	
magnō cum perīculō	*mit, unter großer Gefahr*	

contrā *Adv. (18.2)*	dagegen	*(Pro und Contra)*
Präp. mit Akk.	1. gegenüber 2. gegen (in feindl. Sinn)	
contrā Galliam esse	*Gallien gegenüberliegen*	
contrā iūs fāsque	*gegen menschliches und göttliches Recht*	
contrārius	entgegengesetzt, feindlich	*(konträr)*
◦ **cumulus**	Haufe	
cumulāre	anhäufen, überschütten	*(Akkumulator)*
cūnctārī	zögern, zaudern	
cūnctus	gesamt, ganz, *Pl.:* sämtliche	
◦ **cuneus**	Keil, keilförmige Anordnung	
cupere, -īvī, -ītum	begehren, wünschen	
cupidus	begierig, verlangend	
cupidus glōriae, potentiae	*ruhmsüchtig, machtgierig*	
cupīdō, -inis *f.*	Begierde, Trieb	
cupiditās, -ātis *f.*	Begierde, Leidenschaft	
◦ concupīscere, -īvī	begehren	
cūra	Sorge, Sorgfalt, Pflege	*(Kur)*
cūrāre	sorgen, besorgen, pflegen	*(kurieren)*
corpus cūrāre	*sich ausrasten*	
pontem faciendum cūrāre	*eine Brücke schlagen lassen*	
◦ accūrātus	sorgfältig, genau	*(akkurat)*
sēcūrus *(13.2)*	sorglos, unbekümmert	
currere, cucurrī	laufen	*(Kurier)*
cursus, -ūs	Lauf, Kurs	*(Kursiv)*
cursus honōrum	*Ämterlaufbahn*	
concurrere	zusammenlaufen, -stoßen	*(Konkurrenz)*
hūc, eō concurrere	*hier, dort zusammenlaufen*	
◦ concursus, -ūs	Auflauf, Zusammenstoß, Ansturm	*(Konkurs)*
occurrere	begegnen, entgegentreten	
succurrere	zu Hilfe eilen	
◦ currus, -ūs	Wagen	*(Curriculum)*
◦ **curvus**	krumm, gebogen, gewölbt	*(Kurve)*
custōs, -ōdis	Wächter, Hüter, Posten	*(Küster)*
custōdia	Wache, Haft, Gewahrsam	
custōdīre	bewachen, verwahren	

∘ **daps**, -pis *f.* *(dicht.)*	Mahl, Schmaus (eigtl. aufgewendete Portion)	
damnum	Verlust, Schaden (eigtl. Aufwendung)	
damnāre condemnāre *(L 2)*	verurteilen (eigtl. mit einer Buße belegen)	
damnāre aliquem iniūriārum	*jem. wegen Beleidigung verurteilen*	
dare, dedī, datum	geben	*(Dativ, Datum)*
librum alicui legendum dare	*einem ein Buch zum Lesen geben*	
potestātem, cōpiam alicui dare	*einem eine Möglichkeit bieten*	
nōmen dare	*seinen Namen angeben, sich melden*	
dōnum *(11.3)*	Gabe, Geschenk	
dōnāre	schenken, beschenken	
dōs, dōtis *f.*	Mitgift, Gabe	*(dotieren)*
circumdare	umgeben	
dēdere, -didī, -ditum	hingeben, ausliefern	
voluptātibus corporis sē dēdere	*sich sinnlichen Genüssen hingeben*	
dēditiō, -ōnis *f.* *(L 1)*	Übergabe, Unterwerfung	
hostem in dēditiōnem accipere	*die Kapitulation eines Feindes annehmen*	
ēdere	herausgeben, äußern	*(Edition)*
praeditus *(L 1)*	ausgestattet, begabt mit	
summō imperiō praeditus	*mit höchster Machtfülle ausgestattet*	
prōdere	überliefern, verraten, preisgeben	
∘ prōditor, -ōris	Verräter	
reddere	1. (zurück)geben 2. machen (zu)	*(Rente)*
reddere dēpositum	*ein anvertrautes Gut zurückgeben*	
reddere aliquem beātum	*jem. glücklich machen*	
trādere	übergeben, überliefern	*(Tradition)*
ab-**dere**[1], -didī, -ditum	verbergen (eigtl. wegtun)	
sē in silvās abdere	*sich in den Wäldern verbergen*	
sē litterīs abdere	*sich in die Wissenschaft vergraben*	
addere	hinzufügen, hinzutun	*(Addition)*
condere	1. gründen 2. bergen	
ā conditā urbe	*seit Gründung der Stadt Rom (753)*	
condere frūmentum	*Getreide bergen, speichern*	
∘ abscondere *od.* recondere	verbergen, verwahren	
perdere	verderben, verlieren (eigtl. vertun)	
perditus	verloren, verkommen	
crēdere	glauben, (an)vertrauen	*(Credo, Kredit)*
incrēdibilis, -e	unglaublich	

[1] Der zu Grunde liegende Stamm *dhē-* bedeutet 'tun, setzen'.

dē *Präp. mit Abl.*	1. von – her(ab) 2. noch in (einer Zeit) 3. über (betreffs)	
dē caelō	*vom Himmel (herab)*	
dē tertiā vigiliā	*noch in der dritten Nachtwache*	
dē aliquā rē agere	*über etwas verhandeln*	
dēmum *Adv.*	endlich, erst	
dēnique *Adv.*	schließlich, endlich	
◦ dēterior, -ius *(18.2)*	schlechter, minderwertig	
◦ dēterrimus	der schlechteste	
dēbilitāre	schwächen, lähmen	*(debil)*
decem	zehn	*(Dezember)*
dēnārius	Denar (10 As-Stück in Silber)	
decet, decuit, *Inf.* decēre	es passt, schickt sich (eigtl. es ist annehmbar)[1]	
decet bonum virum	*es paßt für einen guten Mann*	*(dezent)*
decus, -ŏris *n.*	1. Schmuck 2. Ehre, Würde	*(Dekoration)*
dēdecus, -ŏris *n.*	Schande, Schandtat	
decōrus	schicklich, anständig, schön	
dīgnus[2]	würdig, wert, geziemend (eigtl. geschmückt)	
dīgnus praemiō	*einer Belohnung würdig*	
dīgnus, quī praemiō afficiātur	*würdig, eine Belohnung zu erhalten*	
dīgnitās, -ātis *f.*	Würde, Rang, Ansehen	
indīgnārī	sich empören, sich entrüsten	*(indigniert)*
docēre, -uī, -tum *(15.1)*	lehren, unterrichten	*(Dozent)*
docēre aliquem Latīnē loquī *docēre aliquem linguam Latīnam*	*jem. Latein lehren, in Latein unterrichten*	
docēre aliquem dē hīs rēbus	*jem. von diesen Vorgängen unterrichten*	
doctus	gelehrt, geübt	*(Doktor)*
doctrīna	Unterricht, Wissenschaft	*(Indoktrination)*
documentum	Beweis, (mahnendes) Beispiel	*(Dokument)*
discere, didicī	lernen[3]	
dexter, -(e)ra, -(e)rum	1. recht(s) 2. günstig (eigtl. auf der passenden Seite)	
dext(e)ra (manus)	die Rechte	
dēlēre, -ēvī, -ētum	zerstören, tilgen	
dēnsus	dicht, gehäuft	*(kondensieren)*

---

[1] Die Wurzel *dec-* bedeutet urspr. 'annehmen, aufnehmen'.
[2] *dīgnus* entstand aus *dec-nos* (vgl. *līgnum* und *sīgnum*).
[3] *discere* (aus *di-dc-scere*) bedeutet urspr. 'aufzufassen beginnen'.

deus, dea	Gott, Göttin	*(Deismus)*
dīvus	göttlich, verewigt, *Subst.:* Gott	*(Diva)*
dīvīnus	göttlich, gotterfüllt	
◦ dīvināre	weissagen, ahnen	
dīves, -itis (dīs, dītis)	reich, (eigtl. gottgesegnet)	
dīvitiae, -ārum	Reichtum, Schätze	
dīcere, dīxī, dictum *(L 4)*	sagen, sprechen, nennen (urspr. zeigen)	
dictum	Ausspruch, Wort	*(Diktion)*
aliquem miserum dīcere	*jem. als arm bezeichnen*	
aeger fuisse dīcitur	*er soll krank gewesen sein*	
fās est dictū	*es ist recht zu sagen*	
indictā causā	*ohne ordentliches Gerichtsverfahren*	
◦ dictāre	oft sagen, diktieren	
dictātor, -ōris	Diktator	*(Diktatur)*
diciō, -ōnis *f. (7.2)*	Abhängigkeit, Herrschaft	
regiōnem suae diciōnis facere	*eine Gegend in seine Gewalt bringen, unterwerfen*	
condiciō, -ōnis *f.*	1. Bedingung (eigtl. Verabredung) 2. Lage	
eā condiciōne, ut ...	*unter der Bedingung, dass ...*	
hūmāna condiciō	*die Lage, das Los des Menschen*	
ēdīcere	bekannt machen, verfügen	
ēdictum	Erlass, Verordnung	*(Edikt)*
indīcere	ankündigen	*(Index)*
interdīcere	untersagen	
◦ praedīcere	voraussagen, vorschreiben	
dicāre, dēdicāre *(7.2)*	weihen, widmen	
abdicāre	sich lossagen von	
(sē) abdicāre magistrātū	*ein Amt niederlegen*	
indicāre	anzeigen, verraten	*(Indikativ)*
indicium (*vgl.* iūdicium)	1. Anzeige 2. Kennzeichen	*(Indizien)*
praedicāre	ausrufen, rühmen	*(Prädikat, predigen)*
◦ praecō, -ōnis *(L 8 u. 15)*	Ausrufer, Herold	
digitus	Finger, Zehe (eigtl. Zeiger)	*(digital)*
diēs, diēī *m. (f.)*	Tag, Frist	
diēs noctēsque	*Tag und Nacht*	
diem dīcere, cōnstituere	*einen Termin angeben, festsetzen*	
diem ad dēlīberandum sūmere	*sich Zeit zum Bedenken nehmen*	
in diēs crēscere, augērī	*von Tag zu Tag zunehmen*	
paucīs diēbus	*innerhalb weniger Tage*	
diū *Adv. (17.2)*	lange	
interdiū *Adv.*	untertags, tagsüber	

◦ diurnus	täglich, Tages-	
diuturnus	lang (dauernd)	
cottīdiē *Adv.* (*vgl.* quot)	täglich	
cottīdiānus	täglich, alltäglich	
hodiē *Adv.* (*vgl.* hī-c)	heute	
◦ hodiernus	heutig	
prīdiē *Adv.* (*vgl.* pri-or)	am Tag vorher, tags zuvor	
◦ postrīdiē *Adv.* (*vgl.* post)	am nächsten Tag, tags darauf	
postrīdiē eius diēī	*am Tag danach*	
bīduum (trīduum)	Zeitraum von zwei (drei) Tagen	
merīdiēs, -ēī *m.* (*vgl.* medius)	1. Mittag 2. Süden	*(Meridian)*
dīrus	furchtbar, grausig, unheilvoll	
dolēre, -uī	Schmerz empfinden, leiden	*(indolent)*
dolent oculī	*die Augen tun (mir) weh*	
dolor, -ōris *m.*	Schmerz, Kummer	
dolus	List, Täuschung	
◦ sēdulus (*Adv.* -ō)	geschäftig, eifrig (eigtl. ohne Trug)	
domus, -ūs *f.*	Haus	*(Dom)*
domī *Lok.*	zu Hause, daheim	
domī suae	*bei ihm (sich) zu Hause*	
domī mīlitiaeque, bellīque	*in der Heimat und im Feld (im Krieg und Frieden)*	
domum, domōs	nach Hause, heim	
domō	von zu Hause	
domāre, -uī, -itum	zähmen, bändigen (eigtl. ans Haus binden)	
domesticus	häuslich, einheimisch	*(domestizieren)*
domicilium (*vgl.* colere)	Wohnsitz	*(Domizil)*
dominus, domina	Herr, Herrin	*(Don, Dame)*
dominārī	herrschen	*(dominieren)*
dominātiō, -ōnis *f.* / dominātus, -ūs	Herrschaft, Alleinherrschaft	
dormīre	schlafen	
◦ **dorsum**	Rücken	
dūcere, dūxī, ductum (*L 4*)	1. führen, ziehen 2. halten für	
lucrō dūcī	*sich vom Gewinnstreben leiten lassen*	
aliquam (uxōrem) dūcere	*jem. (als Frau) heimführen, heiraten*	
tempus dūcere	*die Zeit hinziehen, in die Länge ziehen*	
aliquem, aliquid magnum dūcere	*jem., etw. für bedeutend halten*	
aliquid in malīs dūcere	*etw. als Übel ansehen, für Übel halten*	
in hostium numerō dūcere	*als Feinde ansehen*	

dux, ducis *m., f.*	Führer, Führerin	
abdūcere	wegführen, abbringen	
addūcere	hinführen, veranlassen	
condūcere	1. zusammenführen 2. anwerben, mieten 3. nützen	
cōpiās eō condūcere	*Truppen dort zusammenziehen*	
mīlitēs condūcere	*Soldaten anwerben*	
domum condūcere	*ein Haus mieten*	
condūcit id omnibus	*das ist allen zuträglich, nützlich*	
dēdūcere	hinabführen, wegführen	*(deduktiv)*
ēdūcere	herausführen, (Gebäude) hochführen	
indūcere	1. einführen 2. verleiten	*(induktiv)*
perdūcere	(ans Ziel) bringen	
prōdūcere	1. vorführen, hervorbringen 2. ausdehnen	
redūcere	zurückführen, zurückziehen	*(reduzieren)*
trādūcere	hinüberführen	
exercitum flūmen trādūcere	*ein Heer über den Fluss setzen*	
subdūcere	1. hinaufführen 2. entziehen, wegschaffen	
ēdŭcāre *(7.2)*	erziehen, aufziehen	*(Koedukation)*
dulcis, -e	süß, angenehm, lieb	
dum *Konj.* *(19.3)*	1. während (Temporalsatz) 2. solange (als) (Temporalsatz) 3. (solange) bis (Temporalsatz mit final. Sinn) 4. wenn nur (Kondizinalsatz)	
◦ dumtaxat	lediglich, natürlich (eigtl. wenn einer nur abschätzt)	
dūdum[1] *Adv.*	seit langem	
dōnec *Konj.*	1. (solang) bis 2. solang als *(selten!)*	
duo, duae, duo	zwei	*(Duett, Dualismus)*
bis *(altlat.* dvis*)*	zweimal	
◦ bīnī, -ae, -a	je zwei	*(kombinieren)*
duplex, -icis	zweifach, doppelt	*(Duplikat)*
dubius	zweifelhaft, unsicher	
dubium	Zweifel	
dubitāre	1. zweifeln 2. zögern, Bedenken haben	
Dubitō eā dē rē, id.	*Ich zweifle daran.*	
Dubitō, honestumne id sit.	*Ich zweifle, ob das sittlich gut ist.*	
Nōn dubitō, quīn ea vēra sint.	*Ich zweifle nicht, dass das wahr ist.*	
Dubitō (nōn dubitō) venīre.	*Ich zögere (zögere nicht) zu kommen.*	
dūrus	hart	*(Dur)*
dūrāre	1. hart machen 2. dauern, aushalten	

[1] *dūdum* ist Zusammensetzung aus einem verlorenen Adv. mit der Bedeutung 'lange' und der Konj. *dum* 'solange'.

∘ **ēbrius**	berauscht	
∘ sōbrius *(vgl.* so-cordia*)*	nüchtern (eigtl. nicht berauscht)	
edere, ēdī, ēsum	essen, fressen	
∘ inedia	Hungern, Fasten	
dēns, dentis *m. (7.2)*	Zahn (eigtl. Esser?)	*(Dentist)*
∘ vēscī[1] *(ohne Perf.)*	sich nähren	
egēre, -uī	bedürfen, Mangel haben	
egēre cōnsiliō (auch: cōnsiliī)	*eines Rates bedürfen, einen Rat brauchen*	
egestās, -ātis *f.*	Armut, Mangel	
elementum	Grundstoff, Element	*(elementar)*
emere, ēmī, emptum	kaufen (eigtl. nehmen)	
dēnāriō, magnō, plūris emere	*um einen Denar, teuer, teurer (ein)kaufen*	
adimere *(L 1)*	wegnehmen, an sich nehmen	
dirimere *(L 11)*	trennen (eigtl. auseinander nehmen)	
redimere	loskaufen, (er)kaufen	
dēmere, -psī, -ptum *(L 9)*	abnehmen, wegnehmen	
prōmere, -psī, -ptum *(L 9)*	hervorholen	
prōmptus	bereit, entschlossen	*(prompt)*
sūmere, -psī, -ptum *(L 15)*	nehmen	
sumptus, -ūs	Aufwand, die Kosten	
∘ assūmere	annehmen, beiziehen	
cōnsūmere *od.* absūmere	verbrauchen, vernichten	*(Konsum)*
eximius	ausnehmend, außerordentlich	
exemplum	Beispiel, Vorbild (eigtl. das Herausgenommene)	
praemium *(L 9)*	Belohnung (eigtl. das Vorweggenommene)	*(Prämie)*
∘ pōma, -ōrum[2]	Früchte, Obst (eigtl. Abgenommenes)	
∘ **ēnsis**, -is *m. (dicht.)*	Schwert	
epulae, -ārum	Speisen, Mahl	
equus	Pferd	
eques, -itis	Reiter, Ritter	
equester, -tris, -tre	Reiter-, Ritter-	
pūgna equestris, proelium equestre	*Reiterkampf, Reitergefecht*	
equitātus, -ūs	Reiterei	
errāre	irren	
error, -ōris *m.*	Irrtum, Irrfahrt	

[1] *vēscī* ist wohl aus *ve-ed-scī* entstanden.
[2] *pōma* entstand (nach L 9) aus *po-ema* (Vorsilbe *po-* auch in *po-situs*).

esse, sum, fuī, futūrus	sein	*(Essenz)*
ita – aliter est	*es ist (verhält sich) so – anders*	
mihi bene est	*es geht mir gut*	
id (hoc) est	*das heißt*	
est, quod (cūr) timeās	*es besteht Grund, dass du Angst hast*	
alicuius esse	*jem. gehören, angehören*	
hominis est	*es ist Sache, Aufgabe, Eigenschaft eines Menschen*	
magnī, parvī esse	*viel, wenig wert sein*	
alicui esse	*einem gehören, etwas haben*	
tēcum mihi rēs est	*ich habe es mit dir zu tun*	
alicui ūsuī (dētrīmentō) esse	*einem Nutzen (Schaden) bringen*	
bonō animō esse	*gut gesinnt sein, zuversichtlich sein*	
abesse, āfuī	abwesend sein, entfernt sein	
absēns, -entis	abwesend	*(absent)*
adesse, affuī	1. da sein 2. beistehen, helfen	
deesse, dēfuī	fehlen, mangeln	
inesse	darin sein	
interesse	dabei sein, teilnehmen	*(Interesse)*
interesse (in) convīviō	*am Gastmahl teilnehmen*	
interest	1. es ist ein Unterschied 2. es ist wichtig	
Inter hominem et bēluam multum interest.	*Zwischen Mensch und Tier ist ein großer Unterschied.*	
interest meā, tuā usw.	*es ist wichtig für mich, dich usw.*	
interest eius, omnium	*es ist wichtig für ihn, für alle*	
praeesse	vorgesetzt sein, leiten	
praeesse exercituī	*ein Heer befehligen, kommandieren*	
praeesse reī pūblicae	*den Staat leiten*	
praesēns, -entis	anwesend, gegenwärtig	*(Praesens, Praesenz)*
prōdesse, prōfuī	nützlich sein, nützen	*(Prost!)*
superesse	übrig sein, überleben	
ex, ē[1] *Präp. mit Abl.*	1. aus, von – aus 2. seit 3. Angabe eines Grundes oder einer Art und Weise	
ex urbe ēgredī	*aus der Stadt herausgehen*	
ex eō tempore	*seit dieser Zeit*	
ex senātūs cōnsultō	*auf Grund, kraft eines Senatsbeschlusses*	
ex ūsū esse	*von Nutzen, von Vorteil sein*	
aliquā ex parte	*teilweise, einigermaßen*	

---

[1] *ē* steht nur vor Konsonanten außer *h*.

extrā *Adv. (18.2)*	außerhalb, draußen	*(extra)*
Präp. mit Akk.	außerhalb, außer	
extrā fīnēs	*außerhalb eines Gebietes*	
exter(us)	auswärtig	
exterior, -ius	der äußere	
extrēmus	der äußerste, letzte	*(extrem)*
externus	ausländisch, fremd	
exul, -is	verbannt, *Subst.:* der Verbannte	
exilium	Verbannung	*(Exil)*

F

faber, -brī	Handwerker, Schmied, Zimmermann	
fabricārī, fabricāre	verfertigen, schaffen	*(fabrizieren)*
facere, fēcī, factum	machen, tun	*(Fazit)*
factum	Tat, Handlung	*(Faktum)*
magnī, parvī facere	*hoch, gering (ein)schätzen*	
fac veniās	*komm doch!*	
optimum factū	*am besten zu tun*	
◦ īnfectus *(L 2)*	unerledigt, ungeschehen	
īnfectā rē redīre	*unverrichteter Dinge zurückkehren*	
profectō *Adv.*	in der Tat, wirklich	
factiō, -ōnis *f.*	Partei (eigtl. politisches Treiben)	
facinus, -ŏris *n.*	1. Handlung, Tat 2. Untat	
facilis, -e	leicht (machbar), willig	
facultās, -ātis *f.*	Möglichkeit, Fähigkeit, Mittel	*(Fakultät)*
difficilis, -e *(L 1)*	schwierig, beschwerlich	*(diffizil)*
difficultās, -ātis *f.*	Schwierigkeit, Verlegenheit	
faciēs, -ēī	1. Gestalt, Aussehen 2. Gesicht	*(Fassade)*
◦ beneficus[1] *(vgl.* bonus*)*	wohltätig	
beneficium	Wohltat, Vergünstigung	
◦ maleficium *(vgl.* malus*)*	Übeltat, Übergriff	
afficere, -fēcī, -fectum	versehen mit, behandeln (eigtl. antun)	*(Affekt)*
afficere aliquem dolōre	*einem wehtun*	
◦ affectus, ūs	Gemütsverfassung, Leidenschaft	
cōnficere	1. vollenden 2. aufreiben	*(Konfektion)*
hīs rēbus cōnfectīs	*nach Vollendung dieser Dinge, danach*	
morbō, vulneribus cōnfectus	*von Krankheit, von Wunden geschwächt*	

---

[1] Superl.: beneficentissimus.

dēficere	1. abfallen 2. ausgehen, fehlen *(Defizit, Defekt)*
dēficere ab aliquō	*von jem. abfallen*
dēficere animō	*den Mut verlieren, sinken lassen*
Vīrēs mē dēficiunt.	*Die Kräfte gehen mir aus.*
Sōl dēficit.	*Die Sonne verfinstert sich.*
efficere	fertig bringen, bewirken *(Ko-effizient, Effekt)*
∘ īnficere	färben, anstecken (eigtl. Farbe bzw. Gift hineintun) *(infizieren, Infekt)*
interficere	niedermachen, töten
officere	entgegentreten, schaden
perficere	vollenden, durchsetzen *(Perfekt)*
praeficere	mit der Führung betrauen (eigtl. vorsetzen)
praeficere aliquem cōpiīs	*jem. mit dem Kommando über die Truppen betrauen*
praefectus	Befehlshaber *(Präfekt)*
prōficere	1. vorankommen 2. nützen *(Profit)*
proficīscī, -fectus sum	aufbrechen, (ab)marschieren; hervorgehen
reficere	wiederherstellen *(Refektorium)*
sufficere	genügen *(In-suffizienz)*

▷ facere *bildet viele weitere Zusammensetzungen, z. B.* patefacere, satisfacere, artifex, pontifex, aedificium, officium, sacrificium, sacrificāre, sīgnificāre; *vgl. die entsprechenden Leitwörter.*

fallere, fefellī	1. täuschen 2. unbemerkt bleiben
fallere custōdēs	*1. die Wächter täuschen 2. den W. verborgen bleiben*
nisi mē fallit (animus)	*wenn ich mich nicht täusche*
falsus *(Adv.* -ō*)*	irrig, falsch
∘ fallāx, -ācis	trügerisch
famēs, -is *f.*	Hunger
famulus	Diener
familia	Hausgemeinschaft, Familie (eigtl. Dienerschaft)
familiāris, -e	zum Haus gehörend, vertraut, freundschaftlich, *Subst.:* Vertrauter, Freund *(familiär)*
rēs familiāris	das Hauswesen, das Vermögen
[**farcīre**, -farsī, fartum	vollstopfen] *(Infarkt)*
∘ refercīre, -fersī, -fertum	vollstopfen
∘ refertus *od.* cōnfertus	dicht, geschlossen (eigtl. vollgestopft)
frequēns, -entis	zahlreich, häufig, gedrängt voll *(Frequenz)*
senātus frequēns (frequentissimus)	*eine gut (sehr gut) besuchte Senatssitzung*
frequentia	zahlreicher Besuch, große Menge

fārī *(dicht.)*	sagen, künden	
fātum	Schicksal, Verhängnis (eigtl. Götterspruch)	
fātālis, -e	schicksalhaft, verhängnisvoll	*(fatal)*
◦ fācundus	redegewandt	
īnfāns, -antis	(noch) nicht sprechend, *Subst.:* Kind	*(infantil)*
fās *(unveränd.[1]) n.*	göttliches Recht, Gebot	
nefās *(unveränd.) n.*	Unrecht, Frevel	
nefārius *(L 11)*	frevelhaft, verrucht	
fāma *(11.3)*	Gerücht, (guter oder schlechter) Ruf	
īnfāmia	Verruf, Schande	
īnfāmis, -e	verrufen, berüchtigt	*(infam)*
fābula	1. Sage, Erzählung 2. Theaterstück	*(Fabel)*
fatērī, fassus sum cōnfitērī, -fessus sum	gestehen, bekennen	
◦ cōnfessiō, -ōnis *f. (L10)*	Geständnis, Bekenntnis	*(Konfession)*
profitērī	(öffentlich) erklären, angeben	*(Professor)*
fascis, -is *m.*	Bündel	*(Faschismus)*
fascēs, -ium *m.*	Rutenbündel (Symbol der Strafgewalt)	
◦ **fastīgium**[2]	1. Erhebung, Giebel, Höhe(punkt) 2. Neigung	
fastīdium	1. Überdruss 2. Dünkel	
fatīgāre, dēfatīgāre	ermüden, erschöpfen, zusetzen	
fessus, dēfessus *(L 10)*	ermüdet, erschöpft	
faucēs, -ium *f.*	Schlund, Schlucht, Engstelle	
favēre, fāvī, fautum	(einem) gewogen sein, (einen) begünstigen	
favēre nōbilitātī	*der Adelspartei zuneigen, die A. begünstigen*	
favor, -ōris *m.*	Gunst	*(Favorit)*
faustus[3]	günstig, gesegnet	*(Dr. Faust)*
fax, facis *f.*	Fackel, Flamme	
◦ facētus	elegant, witzig (eigtl. erleuchtet)	
dē-**fendere**, -fendī, -sum	abwehren, verteidigen (eigtl. wegstoßen)	*(defensiv)*
vim dēfendere	*Gewalt abwehren*	
reum dēfendere	*einen Angeklagten verteidigen*	
sē suaque dēfendere ab hostibus	*sich und seine Habe gegen die Feinde verteidigen*	
◦ dēfēnsiō, -ōnis *(L 10)*	Verteidigung	
offendere	1. anstoßen, antreffen 2. beleidigen	*(offensiv)*

---

[1] *fās* ist unveränderlich, weil in alter Zeit nur die Formel *fās est* gebräuchlich war.
[2] Zum erschlossenen Stamm *fasti-* ‘Erhebung, Spitze’.
[3] *faustus* entstand aus *favestos* (vgl. L 9).

ferīre *(ohne Perf.)*	1. schlagen, (Opfertier) schlachten 2. (Bündnis) schließen	
forum	1. Markt(platz)[1] 2. öffentliches Leben	
∘ forēnsis, -e	öffentlich, gerichtlich (eigtl. zum Markt gehörig)	
ferre, tulī, lātum	tragen, bringen	*(Legislative)*
ferrī	sich rasch bewegen, eilen, stürzen	
ferunt *(mit Aci)*	man sagt	
ferre et agere	*ausplündern*	
ferre aliquid graviter (aegrē)	*etwas schwer ertragen, ungehalten sein über etwas*	
∘ fertilis, -e	fruchtbar, ergiebig	*(Fertilität)*
∘ fors *(nur Nom. und Abl. Sing.)*	Zufall (eigtl. Schickung)	
forte *Adv. (17.2)*	zufällig	
forsitan *(aus* fors sit an*)* / fortasse *Adv.*	vielleicht	
∘ fortuītus *(Adv. -ō)*	zufällig	
fortūna	Schicksal, Glück	
fortūnae, -ārum	Güter, Vermögen	
rēs ac fortūnās āmittere	*Hab und Gut verlieren*	
∘ fortūnātus	beglückt, begütert	
fūr, fūris *(7.2)*	Dieb (eigtl. Fortträger)	
∘ fūrtum	Diebstahl, Diebesbeute	
afferre, attulī, allātum	herbeibringen, beibringen	
afferre alicui vim (manūs)	*einem Gewalt antun*	
auferre, abstulī, ablātum	wegtragen, wegnehmen	
cōnferre, contulī, collātum	1. zusammenbringen 2. vergleichen 3. beitragen	
sē cōnferre ad aliquem	*sich begeben zu jem.*	*(Konferenz)*
tempus cōnferre ad aliquid	*Zeit verwenden auf etwas*	
dēferre	1. übertragen 2. überbringen melden	
differre, distulī, dīlātum	1. verschieben 2. sich unterscheiden	*(Differenz)*
differre in posterum diem	*auf den folgenden Tag verschieben*	
differre ā bēstiīs	*sich von den Tieren unterscheiden*	
efferre, extulī, ēlātum	1. hinaustragen 2. herausheben	
ēlātus aliquā rē	*hervorgehoben, stolz gemacht durch etwas*	
īnferre, intulī, illātum	hineintragen, beibringen	
īnferre sīgna	*angreifen*	
īnferre iniūriam alicui	*einem ein Unrecht zufügen*	
offerre, obtulī, oblātum	anbieten, darbieten	*(Offerte)*
perferre	1. überbringen 2. ertragen	
praeferre	1. vorantragen 2. vorziehen	*(Prälat)*

[1] *forum* bedeutet urspr. wohl 'Platz mit eingeschlagenen Holzpfosten' *(forus)*.

prōferre	1. hervorbringen 2. erweitern
probrum *(7.2)*	Vorwurf, Schande (eigtl. Vorgebrachtes)
referre, rettulī, relātum	1. (zurück)bringen, 2. berichten, 3. beziehen auf
pedem referre	*sich zurückziehen* *(Referent, Relation)*
ad senātum referre	*vor den Senat bringen, im Senat Bericht erstatten*
omnia referre ad ūtilitātem	*alles auf den Nutzen beziehen*
trānsferre	hinübertragen, übertragen *(Transfer)*
rēfert, rētulit *(vgl.* rēs*)*	es ist wichtig (eigtl.: die Sache bringt es mit sich)
rēfert meā, tuā	*es ist wichtig für mich, dich*
ferrum	Eisen, Waffe
∘ ferreus	eisern
ferus	wild, roh
fera	(wildes) Tier
ferōx, -ōcis	wild, trotzig, radikal
fervēre	brausen, sieden, glühen
∘ fretum	1. Brandung, Meer 2. Meeresenge
festīnāre	1. eilen 2. beschleunigen
∘ cōnfestim *Adv.*	eilends, sofort
fēstus	feierlich, festlich (eigtl. religiös gefeiert) *(Fest)*
fēriae, -ārum *(altlat.* fēsiae*)*	Feiertage *(Ferien)*
fānum[1]	Heiligtum, Tempel (eigtl. Ort einer Feier)
profānus	unheilig, ungeweiht (eigtl. vor dem Heiligtum)
īn-**festus**	feindselig, kampfbereit
manifestus *(vgl.* manus*)*	(handgreiflich) überführt, erwiesen
∘ **fētus**, -ūs	(Leibes)frucht, Spross
fēmina	Frau (eigtl. Nährende) *(feminin)*
∘ effēmināre	verweichlichen
fīlius, fīlia	Sohn, Tochter *(Filiale)*
∘ fēcundus	fruchtbar, ertragreich
fēlīx, -īcis	erfolgreich, glücklich (eigtl. fruchtbar)
(con)**fīdere**, fīsus sum *(7.2)*	(ver)trauen
sociīs (Abl.) cōnfīsus	*im Vertrauen auf die Verbündeten*
fīdus	treu, zuverlässig
fidēs, -eī *(7.2)*	1. Treue, Glaube 2. Zusage, Schutz
fidem habēre alicui	*einem Glauben, Vertrauen schenken*
fidem servāre, cōnservāre	*seine Zusage, sein Wort halten*
in fidem accipere, recipere	*in seinen Schutz aufnehmen*

[1] *fānum* entstand aus *fas-nom* (L 16).

fidēlis, -e	treu, zuverlässig	*(fidel)*
fīdūcia	Vertrauen, Zuversicht	
perfidus	treulos, wortbrüchig	
foedus, -eris *n.* *(7.2)*	Bündnis, Vertrag	*(Föderalismus)*
foedus facere, ferīre, icere	*ein Bündnis schließen*	
foedus frangere, rumpere	*ein Bündnis brechen*	
fierī, fīō	1. werden, geschehen 2. gemacht werden	
Quid illō fīet?	*Was wird mit ihm geschehen?*	
quō (ex quō) fit, ut . . .	*daher kommt es, dass . . .*	
Fierī potest, ut fallar.	*Es ist möglich, dass ich mich täusche.*	
futūrus	zukünftig	*(Futur)*
fīgere, fīxī, fīxum	anheften, befestigen	*(Fixstern)*
∘ īnfīgere	hineinstoßen, befestigen	
∘ dēfīgere	befestigen, (den Blick) heften auf	
fīnis, -is[1] *m.*	Grenze, Ende	*(Finale, Finalität)*
fīnēs, -ium	Gebiet	
fīnem facere loquendī	*ein Gespräch beenden*	
fīnīre	begrenzen, beendigen	
īnfīnītus	unbegrenzt, unbestimmt	*(Infinitiv)*
dēfīnīre	abgrenzen, (näher) bestimmen	*(definieren)*
fīnitimus	benachbart, angrenzend	
∘ affīnis, -e	nahe stehend, verschwägert	*(Affinität)*
∘ **findere**, fidī, fissum *(8.4)*	spalten	
fingere, fīnxī, fictum *(8.4)*	gestalten, erdichten	*(fingiert, Fiktion)*
figūra	Gestalt, Gebilde	*(Figur)*
∘ effigiēs, -ēī	Bild, Abbild, Gestalt	
firmus	fest, stark, zuverlässig	*(Firma)*
īnfirmus	schwach, unzuverlässig	
firmāre	stärken, sichern	*(Firmung)*
affirmāre	bekräftigen, behaupten	*(affirmativ)*
cōnfirmāre	stärken, bestärken, bekräftigen	*(Konfirmation)*
∘ frētus *(7.2)*	vertrauend auf (eigtl. gestützt durch)	
frētus amicitiā	*auf die Freundschaft bauend*	
frēnum	Zügel (eigtl. Festhalteriemen)	
∘ effrēnātus	zügellos	
ferē, fermē *Adv.*	1. fast[2] 2. ungefähr, in der Regel	
nēmō ferē, nihil ferē	*fast niemand, fast nichts*	
fit ferē, ut . . .	*es kommt in der Regel vor, dass . . .*	

[1] *fīnis* entstand wohl aus *fig-sn-is* 'befestigtes Mal' (11.3).
[2] Auch im Deutschen ist 'fast' das Adv. zu 'fest'.

∘ **flāgitāre**	(dringend) fordern (eigtl. öffentlich schelten)	
flāgitium	Schande, Schandtat	
flagrāre	brennen, lodern	*(in flagranti)*
flamma *(L 12)*	Flamme, Feuer	
īnflammāre	entzünden, anfeuern	*(entflammen)*
fulgēre, fulsī *(7.2)*	blitzen, strahlen	
∘ fulgor, -ōris *m.*	Glanz, Schimmer	
∘ fulgur, -ŭris *n.*	Blitz, Blitzstrahl	
fulmen, -inis *n.* *(L 15)*	Blitz, Blitzschlag	*(fulminant)*
∘ īn-**flāre**	hineinblasen, aufblasen	*(Inflation)*
cōnflāre	1. anstiften 2. zusammenbringen	
flāvus	hellblond	
∘ fulvus *(7.2)*	rotgelb, bräunlich	
flectere, flexī, flexum	biegen, beugen	*(flexibel, Flexion)*
flēre, flēvī	weinen, beweinen	
∘ flētus, -ūs	das Weinen	
af-**flīgere**, -flīxī, -flīctum	niederschlagen (bes. psychisch)	
cōnflīgere	1. zusammenstoßen 2. kämpfen	*(Konflikt)*
∘ prōflīgāre	niederwerfen, niederschlagen	
flōs, flōris	Blüte, Blume	*(Floskel, Flora)*
flōrēre, -uī *(L 11)*	blühen	*(florieren)*
folium	Blatt	*(Folie, Foliant)*
fluere *(aus* flugv-ere*)*, flūxī	fließen, strömen	
flūctus, -ūs *(L 13)*	Flut, Woge	*(fluktuieren)*
flūmen, -inis *n.* *(L 15)*	Fluß, Strömung	
fluvius	Fluß	
∘ cōnfluere	zusammenströmen	*(Koblenz)*
focus	1. Feuerstelle, Herd 2. Heim	
fodere, fōdī, fossum	graben, stechen	*(Fossil)*
fossa *(L 10)*	Graben	
foedus	hässlich, schändlich	
fōns, fontis *m.*	Quelle, (Quell)wasser	*(Fontäne)*
forīs *Lok.*[1] *als Adv.*	(von) draußen, außerhalb (eigtl. vor der Türe)	
forās *Akk.*[1] *als Adv.*	hinaus, heraus (eigtl. zur Türe)	

---

[1] Das erschlossene Substantiv lautete *fora* 'Türflügel'.

fōrma	Gestalt, Form	
fōrmāre	gestalten, bilden	*(Formation)*
fōrmōsus	wohlgestaltet, schön	
∘ īnfōrmis *od.* dēfōrmis, -e	missgestaltet, unschön	*(deformieren)*
formīdō, -inis *f.*	Schreckgespenst, Furcht	
formīdulōsus	schrecklich, angstvoll	
fortis, -e	kräftig, tatkräftig, tapfer	*(Fort)*
fortitūdō, -inis *f.*	Tapferkeit	
∘ **fovēre**, fōvī, fōtum *(7.2)*	1. wärmen 2. hegen, pflegen	
febris, -is *f.*	Fieber	
frangere, frēgī, frāctum *(8.4)*	brechen (trans.)	*(Fraktion, Fraktur)*
fragilis, -e	zerbrechlich, hinfällig	
∘ perfringere	durchbrechen (trans.)	
suffrāgium	Abstimmung (eigtl. Lärm bei der Zustimmung)	
frāter, -tris	Bruder	*(Fraternisierung)*
fraus, fraudis *f.*	Betrug, Täuschung, Nachteil	
∘ fraudāre	betrügen, unterschlagen	
frūstrā *Adv.*	erfolglos, grundlos	*(frustrieren)*
fremere, -uī	brausen, murren	
∘ fremitus, -ūs	Lärm	
frīgus, -oris *n.*	1. Kälte, Frost 2. Schauer	
frīgidus	1. kalt 2. starr	
frōns, frondis *f.*	Laub	
frōns, frontis *f.*	Stirn, Vorderseite	*(Front, frontal)*
fruī *(aus* frugv-ī*)*	genießen (eigtl. ge-brauchen)	
fruī vītā (lūce)	*das Leben genießen, das Leben nützen*	
frūgēs, -um[1] *f.*	(Feld)Früchte	
∘ frūgifer, -era, -erum	fruchtbar	
frūctus, -ūs *(L 13)*	Frucht, Ertrag, Nutzen	
frūmentum *(L 15)*	Getreide	
rēs frūmentāria	*Getreideversorgung*	
fugere, fūgī, -itūrus	1. fliehen 2. meiden	*(zentrifugal)*
fugere mortem	*dem Tod entrinnen*	
fugit mē (mit Aci)	*es entgeht mir, bleibt mir verborgen, ich weiß nicht*	

[1] Im Sing. sind nur *frugis, frugem, fruge* gebräuchlich; der Dat. *frugī* hat die adjektivische Bedeutung 'bieder, brav'.

	fuga	Flucht	*(Fuge)*
	in fugam conicere	*in die Flucht schlagen*	
	fugāre	in die Flucht schlagen, vertreiben	
∘	fugāx, -ācis	flüchtig, scheu	
	fugitīvus	flüchtig, *Subst.:* Ausreißer	
	cōnfugere	flüchten, sich flüchten	
	effugere	entkommen	
	perfugere	(sich) flüchten, überlaufen	
∘	perfuga *od.* transfuga	Überläufer	
∘	perfugium	Zuflucht, Zufluchtsstätte	
	profugere	flüchten	
∘	profugus	flüchtig, verbannt	
	fūmus	Rauch, Qualm	*(Parfüm)*
	fundere, fūdī, fūsum *(8.4)*	(hin)gießen, zerstreuen	*(Fusion)*
	cōpiās fundere	*die Truppen auseinander sprengen, schlagen*	
∘	circumfundere	umdrängen, umgeben	
	diffundere	zerstreuen, verbreiten	*(diffus)*
∘	effundere	1. ausgießen, ausschütten 2. vergeuden	
	effūsus *(L 10)*	aufgelöst, ungeordnet, maßlos	
	fundus	Boden, Grund, Grundstück	*(Fond)*
	fundāmentum	Grund(lage)	*(Fundament)*
∘	profundus	tief (eigtl. abgründig)	*(profund)*
	fungī, functus sum	verrichten, verwalten	*(Funktion)*
	fungī mūnere	*eine Aufgabe erfüllen, ein Amt verwalten*	
∘	dēfungī	1. erledigen 2. verscheiden	
	fūnus, -eris *n.*	1. Bestattung, Leichenzug 2. Untergang	
	furere	rasen, wüten	
	furor, -ōris *m.*	Raserei, Tollheit	

G

	gaudēre[1], gavīsus sum	sich freuen	
	gaudium	Freude	
∘	**gelū**, -ūs *n.* *(dicht.)*	Frost, Eis	
	gelidus	eisig, kalt	
	glaciēs, -ēī	Eis	*(Gletscher)*

[1] *gaudēre* aus erschlossenem *gāvidēre.*

gemere, -uī	stöhnen, ächzen	
◦ gemitus, -ūs	Stöhnen, Seufzen	
geminus	doppelt, *Subst.:* Zwilling	
gemma *(dicht.)*	Edelstein	*(Gemme)*
gena	Wange, Backe	
gener, -erī	Schwiegersohn	
◦ **genū**, -ūs *n.*	Knie	
gignere, **genu**ī, -itum *(7.2)*	erzeugen, hervorbringen	*(Genitiv)*
genus, -eris *n.*	1. Abkunft, Geschlecht 2. Gattung, Art	
generōsus	1. adelig 2. edel	*(generös)*
generāre	erzeugen	*(Generation, Generator)*
genitor, -ōris *(dicht.)*	Vater	
◦ genetrīx, -īcis *(dicht.)*	Mutter	
gēns, gentis *f.*	Geschlecht, Stamm, Volk	
ingenium	Anlage, Begabung	*(Ingenieur)*
ingenuus	1. in freier Familie geboren 2. edel	
ingēns, -entis	ungeheuer, gewaltig (eigtl. ungeschlacht)	
progeniēs, -ēī	1. Abstammung 2. Nachkommenschaft	
benīgnus *(vgl.* bonus*)*	gütig, freigebig (eigtl. gutartig)	
◦ malīgnus *(vgl.* malus*)*	schlecht, boshaft (eigtl. bösartig)	
nāscī[1], nātus sum	geboren werden, entstehen	*(Renate)*
nātus, nāta *(dicht.)*	Sohn, Tochter	
nōbilī genere nātus	*aus vornehmer Familie stammend*	
vīgintī annōs nātus	*zwanzig Jahre alt*	
nātiō, -ōnis *f.*	Menschenschlag, Volksstamm	*(Nation)*
◦ nātālis, -e	auf die Geburt bezogen, *Subst.:* Geburtstag	
nātūra	1. Wesen, Natur 2. Welt	
rērum nātūra	*das Wesen der Dinge, die Natur, die Welt*	
nātūrālis, -e	natürlich, wesenhaft	*(Naturell)*
cognātus	(bluts)verwandt	
gerere, gessī, gestum *(L 11)*	1. tragen 2. (aus)führen	*(Geste)*
rem bene gerere	*eine Sache (bes. einen Kampf) erfolgreich durchführen*	
magistrātum gerere	*ein Amt bekleiden*	
sē gerere honestē	*sich ehrenhaft verhalten*	
◦ congerere	zusammentragen, aufhäufen	
agger, -eris *m.*	Damm, Wall (eigtl. herbeigetragener Schutt)	

[1] *nāscī* aus altlat. *gnāscī* (7.2), *nātus* aus altlat. *gnātus* (vgl. *co-gnātus*).

gladius	Schwert	*(Gladiole)*
globus	1. Kugel 2. Haufe	*(Globus, global)*
glōria	Ruhm	
glōriārī	sich rühmen, prahlen	
∘ i-**gnāvus** *(aus* in-gnāvus*)*	untätig, träg, feig	
ignāvia	Trägheit, Feigheit	
∘ **gradī**, gressus sum	schreiten	
gradus, -ūs	1. Schritt 2. Stufe, Rang	*(Grad)*
aggredī	herangehen, angreifen	*(Aggression)*
congredī	zusammenstoßen, kämpfen	*(Kongress)*
ēgredī	heraus-, hinausgehen	
ingredī	1. einherschreiten, 2. betreten	
prōgredī	vorrücken	*(progressiv)*
∘ **grāmen**, -inis *n.* *(dicht.)*	Gras	
grandis, -e	1. groß 2. alt	*(grandios)*
grātus	1. angenehm, lieb 2. dankbar	
grātia	1. Gunst 2. Dank 3. Anmut	*(Grazie)*
grātiam habēre alicui	*einem dankbar sein*	
grātiam referre alicui	*einem Dank abstatten*	
grātiās agere alicui	*einem Dank sagen*	
grātiā	wegen, um – willen (eigtl. zuliebe)	
amīcitiae grātiā	*um der Freundschaft willen*	
∘ grātīs *(aus* grātiīs*)* *Adv.*	umsonst (eigtl. um Dank)	*(gratis)*
grātulārī *(vgl.* ferre, tulī*)*	Glück wünschen, danken (eigtl. Dank bringen)	*(gratulieren)*
gravis, -e	1. schwer, gewichtig 2. ernst	*(gravierend)*
gravitās, -ātis *f.*	1. Gewicht 2. Ernst, Würde	*(Gravitation)*
∘ gravidus	schwanger	
gremium	Schoß	*(Gremium)*
grex, gregis *m.*	Herde, Schar	
ēgregius	ausgezeichnet, hervorragend (eigtl. aus der Herde herausgenommen)	
∘ congregāre	versammeln, vereinigen	*(Kongregation)*
con-**gruere**, -uī	übereinstimmen, zusammentreffen	*(Kongruenz)*
gurges, -itis *m.* *(dicht.)*	1. Strudel 2. Schlund, Abgrund	
∘ vorāre, dēvorāre	verschlingen	
∘ **gustāre**	verkosten, genießen	

habēre, -uī, -itum	haben, halten	
rēs sīc (ita) sē habet	*die Sache verhält sich so*	
aliquid compertum habēre	*etwas erfahren haben*	
habēre aliquem amīcum	*jem. als Freund haben (auch: ansehen)*	
habērī amīcus	*als Freund angesehen werden*	
habēre aliquem prō hoste / *habēre aliquem (in) hostium numerō*	*jem. als Feind betrachten, behandeln*	
habitus, -ūs	1. Zustand, Aussehen 2. Kleidung (eigtl. Gehabe)	
habitāre	bewohnen, wohnen	
adhibēre	anwenden	
cohibēre	festhalten, zurückhalten	
◦ exhibēre	herausgeben, zeigen	
prohibēre	abhalten, (ver)hindern	*(Prohibitiv)*
dēbēre *(L 9)*	1. schulden 2. müssen	*(Debet)*
dēbēre pecūniam, grātiam	*Geld, Dank schulden*	
dēbēre alicui plūrimum	*einem sehr viel verdanken*	
Dīligentiam adhibēre dēbēmus.	*Wir müssen Sorgfalt anwenden.*	
praebēre *(L 9)*	darreichen, gewähren	
sē moderātum praebēre	*sich maßvoll zeigen*	
haerēre, haesī *(L 11)*	hängen, stecken(bleiben)	*(Ad-, Kohäsion)*
harēna, arēna	Sand(fläche), Kampfplatz	*(Arena)*
◦ **haruspex**, -icis *(vgl.* spectāre*)*	Opferbeschauer, Zeichendeuter	
◦ **hasta**	Schaft, Speer	
haud, haut	nicht	
haurīre, hausī, -stum *(L 11)*	1. schöpfen 2. einsaugen	
exhaurīre	erschöpfen, leeren	
◦ **hebes**, -ĕtis	stumpf, stumpfsinnig	
herba	Pflanze, Gras, Halm	*(Herbarium)*
hērēs, -ēdis *m., f.*	Erbe, Erbin	
herī *Adv. (L 11)*	gestern	
◦ hesternus	gestrig	
◦ **hiāre**	klaffen gähnen,	*(Hiat)*

hic[1], **haec, hoc** *(14.1)*	dieser (dieser hier, dieser mein)	
hic liber	*dieses Buch (hier)*	
haec urbs	*diese (meine, unsere) Stadt*	
hoc gaudium	*die Freude darüber*	
haec dīxī	*ich habe dies, Folgendes gesagt*	
hīc *(17.3)*	hier	
hūc *(17.3)*	hierher, hierzu	
adhūc	bisher, immer noch	
hinc, dehinc *(17.3)*	von hier, hierauf, daher	
hiems, hiemis *f.*	1. Winter 2. Unwetter	
hīberna, -ōrum	Winterlager	
homō, -inis	Mensch	*(Hominide)*
nēmō *(aus* ne-hemō, *L 9)*	niemand (eigtl. nicht ein Mensch)	
nēmō – nōn	jeder	
nōn nēmō	mancher	
hūmānus *(zu* homō*?)*	1. menschlich 2. gebildet	*(human, Humanismus)*
hūmānitās, -ātis *f.*	1. Menschlichkeit 2. Bildung	*(Humanität)*
honōs (honor), -ōris *m.*	Ehre, Ehrenamt	*(Honorar, honorieren)*
honestus	1. angesehen 2. anständig, (sittlich) gut	
honestās, -ātis *f.*	1. Ansehen 2. Ehrbarkeit, Wohlverhalten	
hōra *(griech.?)*	Stunde, (Jahres)zeit	*(Uhr)*
horrēre, -uī	schaudern, starren	*(Horror)*
horridus	rauh, roh, schrecklich	
◦ abhorrēre	1. zurückschrecken 2. abweichen	
abhorrēre ā vitiīs	*vor Lastern zurückschrecken*	
abhorrēre ab eā sententiā	*von dieser Ansicht abweichen*	
hortārī, cohortārī	ermutigen, anfeuern	
hortus	Garten	
cohors, -tis *f.*	Schar, Kohorte (urspr. eingehegter Hof)	
◦ **hostia**	Opfertier	*(Hostie)*
hostis, -is	Feind (urspr. Fremder)	
hostīlis, -e	feindlich, feindselig	
hospes[2], -itis	Gastfreund: Gastgeber bzw. Gast	
◦ hospitium	1. Gastfreundschaft 2. Herberge	*(Hospiz)*
humus, -ī *f.*	Erde, Boden	*(Humus, exhumieren)*
humilis, -e	niedrig, gering	

[1] *hic* (aus *he-ce*) und *hoc* (aus *hod-ce*) zeigen Ablautformen des Pronominalstammes (vgl. 14.1c).
[2] *hospes* aus *hosti-pot-s* 'Gast-herr' (L 15).

I

iacere, -iō, iēcī, iactum	werfen, schleudern	
iactūra	Verlust, Geldopfer (eigtl. Wurf über Bord)	
iactūram facere	*einen Verlust erleiden*	
iactāre	1. (hin und her)werfen 2. besprechen, rühmen	
◦ iaculum	Speer	
adicere, -iēcī, -iectum	hinzufügen	*(Adjektiv)*
conicere *(L 1)*	1. (zusammen)werfen 2. vermuten	*(Konjektur)*
in carcerem conicere	*in den Kerker werfen*	
in vincula conicere	*in Fesseln legen*	
conicere multa	*vieles vermuten*	
dēicere	herabwerfen, niederwerfen, vertreiben	
ēicere	hinauswerfen, vertreiben	
disicere	zersprengen, zerstören	
inicere	hineinwerfen, einflößen	*(Injektion)*
terrōrem alicui inicere	*einem Schrecken einjagen*	
obicere	entgegenwerfen, vorwerfen	*(Objekt, objektiv)*
prōicere	hinwerfen	*(Projekt. Projektor)*
subicere	unterwerfen	*(Subjekt, subjektiv)*
gentem suō imperiō subicere	*sich ein Volk unterwerfen*	
trāicere	hinüberbringen, übersetzen	*(Trajekt)*
cōpiās flūmen trāicere	*Truppen über einen Fluss setzen*	
◦ amictus, -ūs *(vgl.* am-plectī*)*	Umhang, Mantel	
iacēre, -uī	liegen	
◦ **iānua**	Türe, Zugang	*(Januar)*
īcere, īcī, ictum	treffen, schlagen	
ictus, -a, -um	getroffen, betroffen	
ictus, -ūs	Hieb, Stoß, Schuss	
idōneus	geeignet, passend	
Īdūs, -uum *f. (etrusk.?)*	Monatsmitte	*(die Iden)*
ignis, -is *m.*	Feuer	
ille, illa, illud *(altlat.* ollus*)*	jener, der dort	
illī hominēs	*jene Leute dort, von damals*	
ille Scīpiō	*jener berühmte Scipio*	
illud Platōnis	*jene berühmte Formulierung Platons*	
illīc *(17.3)*	dort	
illūc *(17.3)*	dorthin	
◦ illinc *(17.3)*	von dort	

ōlim *(aus* ollim*)*	einst, einstmals	
ulterior, -ius *(L 7)*	jenseitig, weiter	
ultimus	der äußerste, letzte	*(ultimo, Ultimatum)*
ultrā *Adv. (18.2)*	weiterhin	*(ultra-violett)*
Präp. mit Akk.	jenseits, über – hinaus	
ultrā montēs	*jenseits der Berge*	
ultrā vīrēs	*über seine Kräfte hinaus*	
ultrō *Adv.*	1. überdies, noch dazu 2. freiwillig	
imber, -bris *m.*	Regenguss, Regen	
∘ **imbuere**, -uī, -ūtum	tränken, erfüllen mit	
immō	1. ja sogar 2. vielmehr, im Gegenteil	
in *Präp. mit Akk.*	in, an, auf (Frage: wohin?), gegen (freundlich oder feindlich)	
in prōvinciam īre	*in die Provinz gehen*	
in praesēns	*für jetzt*	
animus in aliquem	*die Gesinnung gegen jemand*	
Präp. mit Abl.	in, an, auf (Frage: wo?)	
in forō esse	*auf dem Forum sein*	
in praesentiā	*im Augenblick*	
in rēbus secundīs	*im Glück*	
inter *Präp. mit Akk. (18.2)*	1. zwischen 2. während 3. unter (Menschen)	
inter collēs	*zwischen den Hügeln*	
inter cēnam	*während des Essens*	
inter nātōs et parentēs	*zwischen Kindern und Eltern*	
inter sē	*untereinander, gegenseitig*	
intrā *Präp. mit Akk. (18.2)*	innerhalb	*(intravenös)*
intrā fīnēs	*innerhalb eines Gebietes*	
intrā paucās hōrās	*innerhalb, binnen weniger Stunden*	
intrāre	eintreten, betreten	
interim *Adv.*	unterdessen	*(Interimslösung)*
intereā *Adv.*	unterdessen, inzwischen	
interdum *Adv.*	manchmal, bisweilen	
interior, -ius	der innere	
intimus	der innerste, vertrauteste	*(Intimsphäre)*
intus *Adv.*	drinnen, (nach) innen	
intestīnus	inwendig, der innere	
inānis, -e	leer, nichtig	
indulgēre, -ulsī, -ultum *(L 15)*	nachgeben, nachsichtig sein	
indūtiae, -ārum	Waffenstillstand, Waffenruhe	

īnfrā *Adv.*	unterhalb, unten	*(infra-rot)*
Präp. mit Akk.	unterhalb, unter	
īnfrā pontem	*unterhalb, unter der Brücke*	
īnfrā aliquem esse	*unter jem. stehen (der Größe oder dem Rang nach)*	
īnferī, -ōrum	die Bewohner der Unterwelt, die Unterwelt	
īnferior, -ius	1. der untere 2. der schwächere	
īnfimus *und* īmus	der unterste, niedrigste	
iocus	Scherz, Spaß	*(Jux)*
īra	Zorn	
īrāscī	zürnen	
īrātus	erzürnt, zornig	
īrācundus	jähzornig	
īre, eō, iī, itūrus	gehen	
iter, itineris *n.*	1. Reise, Marsch 2. Weg	
iter magnum	*Eilmarsch, Gewaltmarsch*	
iter facere	*eine Reise machen, marschieren*	
iter cōnficere	*einen Weg zurücklegen*	
abīre	weggehen	*(Abitur)*
adīre	herantreten, aufsuchen, (etwas) anpacken	
adīre aliquem, aliquid	*herantreten an jem., etw.; aufsuchen*	
adīre labōrēs	*Mühen anpacken, auf sich nehmen*	
aditus, -ūs	Zugang, Zutritt	
ambīre, -iō, -īvī *(16.2)*	1. herumgehen 2. umwerben	
ambitiō, -ōnis *f.*	Bewerbung, Ehrgeiz	*(Ambitionen)*
ambitus, -ūs	Amtserschleichung	
◦ circuitus, -ūs *(vgl.* circum*)*	1. Kreislauf 2. Umfang 3. Umweg	
coīre	zusammenkommen, sich vereinen	
coetus, -ūs	Zusammenkunft, Versammlung	
comes, -itis *m., f.*	Gefährte/in, Begleiter/in	
comitārī, comitāre	begleiten	
◦ comitātus, -ūs	Gefolge, Geleit	
◦ comitium	Versammlungsplatz	
comitia, -ōrum	Volksversammlung	
exīre	herausgehen, ausrücken	
exitium	Untergang, Vernichtung	
exitus, -ūs	1. Ausgang 2. Ende, Ergebnis	
inīre	1. hineingehen, betreten 2. beginnen	
inīre māgistrātum	*ein Amt antreten*	
inīre cōnsilium	*einen Plan, Entschluss fassen*	
ineunte vēre	*bei Frühlingsbeginn*	

initium	Anfang, Beginn	*(Initiative)*
interīre	untergehen, umkommen	
◦ interitus, -ūs	Untergang	
obīre	hingehen: 1. besuchen 2. übernehmen 3. sterben	
obīre prōvinciam	*eine Provinz besuchen, bereisen*	
obīre mūnus	*eine Aufgabe übernehmen*	
obīre (mortem)	*sterben (eigtl. dem Tod entgegengehen)*	
perīre	zu Grunde gehen	
praetor, -ōris *(L 9)*	Prätor: 1. Gerichtspräsident 2. Feldherr	
◦ praetūra	Prätorenamt	
praeterīre	vorbeigehen, übergehen	
praeteritus	vergangen	*(Präteritum)*
prōdīre	(her)vorgehen, auftreten	
redīre	zurückkehren	
reditus, -ūs	Rückkehr	
sēditiō, -ōnis *f.* *(vgl.* sed*)*	Zwist, Aufstand	
subīre	herangehen, auf sich nehmen	
subīre perīculum	*eine Gefährdung auf sich nehmen*	
subitus *(Adv.* -ō*)*	plötzlich (eigtl. unerwartet eingetreten)	
trānsīre	hinübergehen, überschreiten	*(transitiv)*
transitus, -ūs	Übergang, Durchzug	
nequīre, nequīvī	nicht können	
quīre	können	
irritāre	erregen, aufreizen	*(irritieren)*
is, ea, id *(14.1c)*	der, die, das; derjenige; er usw.	
et is, isque *usw.*	und zwar	
iste, ista, istud[1]	dieser (dieser dein, dieser euer), der da	
iste labor	*diese (deine, eure) Mühe*	
ista sententia	*diese (bedeutungslose) Ansicht da*	
ipse, ipsa, ipsum[2]	selbst (oft hervorhebend oder eingrenzend)	
ipse dīxit	*er selbst, er persönlich hat es gesagt*	
tempore ipsō	*gerade zu dieser Zeit*	
ipsā nātūrā	*schon von Natur aus*	
opēs ipsae	*Macht an sich*	

[1] *iste* enthält das Pronomen *is* und die Verstärkung *te* (vgl. *tū-te* 'du da'). Statt *is-te, ea-te* usw. deklinierte man aber schon sehr früh die Endsilbe.

[2] *ipse* ist urspr. eine Zusammensetzung *is-pse* 'gerade der'. Statt *is-pse, ea-pse* usw. deklinierte man jedoch schon sehr früh die Endsilbe.

īdem, eadem, idem[1]	der nämliche, derselbe	*(identisch, Identität)*
Idem faciō quod tū.	*Ich tue das Gleiche wie du,*	
ōrātor īdemque philosophus	*Redner und (zugleich) auch Philosoph*	
∘ identidem[2] *Adv.*	wiederholt, immer wieder	
ibi *(17.3)*	da, dort	
eō *(17.3)*	1. deswegen 2. desto (eigtl. um das) 3. dahin, dort(hin)	
eō īrae prōcēdere	*soweit im Zorn gehen*	
ideō	deshalb	
adeō	1. so sehr 2. sogar	
adeō nōn, adeō nihil	so wenig	
inde *(17.3)*	1. von da (räumlich) 2. dann (zeitlich) 3. daher (kausal)	
deinde	dann, darauf	
∘ deinceps *(vgl.* capere*)*	nacheinander	
perinde	genauso, ebenso	
proinde	1. daher, also (in Aufforderungen) 2. ebenso (in Vergleichen)	
iam *Adv. (17.3)*	schon, nun	
nōn (nē) iam, nihil iam	nicht mehr, nichts mehr	
iam – iam	bald – bald	
etiam	auch, noch	
etiam magis – etiam minus	*noch mehr – noch weniger*	
etiam atque etiam	*immer wieder*	
etiam aut nōn	*ja oder nein*	
ita	so	
quid ita?	*wieso denn?*	
itaque	somit, daher (eigtl. und so)	
item	ebenso	
iterum *(vgl.* al-ter-um*)*	zum zweiten Mal, wiederum	*(Iterativ)*
iterum ac saepius *iterum atque iterum* *semel atque iterum*	*immer wieder*	
ecce *(aus* id-ce*)*	sieh da! (eigtl. dies da)	
iubēre, iussī, iussum	beauftragen, anordnen, befehlen	*(Jussiv)*
iussū *Abl.*	auf Befehl, auf Weisung	
∘ iniussū *Abl.*	ohne Auftrag, ohne Genehmigung	

[1] *īdem* entstand aus *isdem*. Weil man das Neutrum *id-em* (vgl. *quid-em*) falsch zerlegte, bildete sich ein neues Suffix *-dem*.

[2] *identidem* entstand wohl aus *idem et idem*.

iugum	1. Joch 2. Bergrücken (eigtl. Verbindung)	
iūmentum *(L 4 u. L 15)*[1]	Zugtier, Lasttier (eigtl. Gespanntier)	
iungere, iūnxī, iūnctum *(8.4)*	verbinden, vereinigen	*(Junktim)*
◦ iugulāre[2]	erstechen, umbringen	
adiungere	anschließen	
coniungere	verbinden, vereinigen	*(Konjunktion)*
coniūnx, -iūgis *f. (m.)*	Ehepartner: Gattin (Gatte)	
◦ disiungere *od.* sēiungere	trennen, sondern	*(Disjunktion)*
iūxtā *Adv. (18.3)*	1. dicht dabei[3] 2. gleich, ebenso (wie)	
Präp. mit Akk.	nahe bei, neben	
iūxtā mūrum	*bei der Mauer*	
iūs, iūris *n.*	Recht	*(Jura, Jurist)*
iūs cīvīle	*das bürgerliche Recht*	
eōdem iūre esse quō anteā	*das gleiche Recht haben wie früher*	
iūstus	gerecht, richtig	
iūsta causa	*ein triftiger Grund*	
iūstitia	Gerechtigkeit	*(Justiz)*
iniūria *(L 11)*	Unrecht, Beleidigung	
iniūriam īnferre alicui	*einem ein Unrecht tun*	
iniūriam accipere	*ein Unrecht erleiden*	
iūrāre *(L 11)*	schwören	
iūs iūrandum	Eid, Schwur	
iūre iūrandō tenērī	*eidlich gebunden sein*	
◦ coniūrāre	sich verschwören	
coniūrātus	Verschwörer	
iūdex, -dicis *(vgl.* dīcere*)*	Richter (eigtl. das Recht weisend)	
iūdicium *(L 16)*	1. Urteil 2. Gericht, Gerichtsverfahren	
iūdicāre	urteilen, beurteilen, entscheiden	*(Judikative)*
◦ iūrgium *(vgl.* agere*)*	Streit, Wortwechsel	
iuvāre, iūvī, iūtum	1. unterstützen 2. erfreuen	
adiuvāre	unterstützen, helfen	
iuvāre, adiuvāre aliquem	*jem. unterstützen, einem helfen*	
iuvat mē legere	*es macht mir Freude zu lesen*	
iūcundus *(L 9)*	erfreulich, angenehm	
iuvenis, -is	junger Mann	
iūniōrēs, -um *(L 9)*	die Jüngeren, Wehrpflichtige	*(Junior)*
◦ iuventa / iuventūs, -ūtis *f.*	Jugend	

[1] *iūmentum* lautet in einer sehr frühen Inschrift noch *iouxmentum.*
[2] *iugulum* 'Schlüsselbein, Kehle'.
[3] *iūxtā* (aus dem Superlativ *iugistā*) bedeutet ursprünglich 'in engster Verbindung'.

lābī, lāpsus sum	gleiten	*(labil)*
◦ ēlābī	entschlüpfen, entfallen	
lāpsus, -ūs *(L 13)*	das Gleiten, der Sturz	
labor, -ōris *m.*	Arbeit, Anstrengung, Mühe	*(Laboratorium)*
labōrāre	1. arbeiten 2. leiden	*(laborieren)*
labōrāre inopiā	*an einem Mangel, einer Not leiden*	
◦ **labrum**	Lippe	
lac, lactis *n.* *(L 15)*	Milch	
lacerāre	zerreißen	
◦ **lacertus**	1. (Ober)arm 2. Kraft	
lacessere, -īvī, -ītum	reizen, herausfordern	
bellō (proeliō) lacessere	*zum Krieg (zum Kampf) herausfordern*	
dēliciae, -ārum *(L 1)*	Vergnügungen, Lust	
dēlicātus	verzärtelt, fein	*(delikat)*
dēlectāre *od.* oblectāre *(L 2)*	erfreuen, entzücken	
◦ dēlectātiō, oblectātiō, -ōnis *f.*	Genuss, Vergnügen	
◦ illicere, -lexī, -lectum	verlocken, verführen	
◦ illecebra	Verlockung, Reiz	
lacrima	Träne	
lacus, -ūs	Wasserbecken, See	
laedere, laesī, -sum	verletzen, stoßen	*(lädieren)*
◦ ēlīdere, -līsī, -sum *(L 3)*	1. herausschlagen 2. zerdrücken	*(Elision)*
laetus	1. üppig 2. fröhlich, erfreulich	
laetitia	Fröhlichkeit, Freude	
laetārī	sich freuen	
laevus	link, linkisch	
languidus	schlaff, matt	
◦ laxāre, relaxāre	lockern, erleichtern	*(lax)*
lapis, -idis *m.*	Stein	*(lapidar)*
◦ **lār**, laris *m.*	Schutzgottheit, Hausgott	
lārgus	freigebig, reichlich	*(largo)*
lārgīrī	schenken, spenden	

◦ **lascīvia**	Ausgelassenheit, Lust	*(lasziv)*
◦ **lassāre**	müde machen	
latēre, -uī	verborgen sein	*(latent)*
lātus	breit, ausgedehnt	
◦ dīlātāre	ausbreiten, erweitern	*(Dilatation)*
latus, -eris *n.*	Seite, Flanke	*(bi-lateral)*
laurus *(dicht.)*	Lorbeerbaum, Lorbeer	
laus, laudis *f.* *(L 15)*	Lob, Ruhm, Ruhmestat	
laudāre	1. loben 2. (lobend) zitieren	*(Laudatio)*
lavāre, lāvī, lautum	waschen	*(Lauge)*
dēlūbrum	Heiligtum (eigtl. Sühnungs-, Reinigungsort)	
lectus	Bett, Liege	
legere, lēgī, lēctum	lesen, auslesen	*(Legende, Lektion)*
legiō, -ōnis *f.*	Legion (eigtl. ausgehobene Mannschaft)	
līgnum *(vgl. S. 49 Fußn. 2)*	Holz (eigtl. aufgelesenes Brennholz)	
colligere *(L 1)*	sammeln	*(Kollektion)*
dēligere	(aus)wählen	
dēlēctus, dīlēctus, -ūs	1. Auswahl 2. Musterung, Aushebung	
ēligere	(aus)wählen	*(Elite)*
ēlegāns, -antis	wählerisch, geschmackvoll, fein	*(elegant)*
religiō, -ōnis *f.*	(religiöse) Scheu, Götterverehrung, Glaube	
◦ religiōsus	1. gewissenhaft, fromm 2. Ehrfurcht gebietend	
dīligere, -lēxī, -lēctum	schätzen, lieben	
dīligēns, -entis	sorgfältig, gewissenhaft	
dīligentia	Sorgfalt, Umsicht	
intellegere, -lēxī, -lēctum	einsehen, verstehen	*(intelligent)*
neglegere, -lēxī, -lēctum	vernachlässigen, missachten	
lēnis, -e	mild, sanft, ruhig	
lēnīre	mildern, lindern	
lentus	langsam, lässig, zäh	
lepidus	nett, gefällig, witzig	
lētum *(dicht.)*	Tod, Vernichtung	*(letal)*
levis, -e	1. leicht, gering 2. leichtsinnig	
levāre, relevāre	erleichtern, heben, lindern	*(Levante, relevant)*
sublevāre	emporheben, fördern, mildern	

lēx, lēgis *f.*	1. Gesetz, Gesetzesantrag 2. Bedingung	
lēgēs duodecim tabulārum	*die Zwölftafelgesetze*	*(Legislative)*
lēgem ferre, rogāre	*einen Gesetzesantrag einbringen*	
lēge sancīre, ut ...	*gesetzlich verordnen, dass ...*	
suīs lēgibus ūtī	*autonom, (politisch) unabhängig sein*	
eā lēge, ut ...	*unter der Bedingung, dass ...*	
lēgitimus	gesetzlich, recht	*(legitim, legal)*
lēgātus	Bevollmächtigter: 1. Gesandter 2. Unterfeldherr 3. Statthalter	
lēgātiō, -ōnis *f.*	Gesandtschaft	*(Delegation)*
collēga	Amtsgenosse	*(Kollege)*
∘ **lībāre** *(dicht.)*	(Getränk) opfern, weihen	
liber, -brī	Buch (urspr. abgeschälte Rinde)	*(Exlibris)*
∘ libellus *(11.1)*	Büchlein, Liste	
līber, -era, -erum	frei, freimütig	
līberī, -ōrum	Kinder[1]	
līber (ab) omnī perturbātiōne	*frei von jeder Verwirrung*	
lībert(īn)us	Freigelassener	
lībertās, -ātis *f.*	Freiheit, Freiheitsliebe	
līberāre	befreien	*(liefern)*
līberāre aliquem metū	*jem. von Furcht befreien*	
līberālis, -e	1. vornehm 2. freigebig (eigtl. einem freien Mann zukommend)	*(liberal)*
līberālitās, -ātis *f.*	1. edle Gesinnung 2. Freigebigkeit	
libet, -uit, *Inf.* libēre	es beliebt, passt	*(Quodlibet)*
libēns, -entis *(Adv.* -ter*)*	gern, bereitwillig	
libīdō, -inis *f.*	1. Trieb, Verlangen 2. Willkür	
[lībra	Waage, Pfund]	*(Lira)*
dēlīberāre	erwägen, überlegen	
licet, -uit, *Inf.* licēre	es steht frei, ist erlaubt (urspr. es ist feil)	
licentia	Freiheit, Zügellosigkeit, Willkür	*(Lizenz)*
scīlicet *(aus* scīre licet*)*	1. offenbar, natürlich 2. nämlich	
vidēlicet *(aus* vidēre licet*)*	offensichtlich, natürlich	
pollicērī *(16.1)*	versprechen (urspr. ein Angebot machen)	
ligāre, alligāre	binden, anbinden	*(legieren, Liga)*
obligāre	verbinden, verpflichten	*(obligat)*
līctor, -ōris	Liktor (eigtl. Fessler)	

---

[1] *līberī* sind urspr. wohl 'die freien Kinder' des Hausherrn.

līmen, -inis *n.*	Schwelle (eigtl. Querholz)	
sublīmis, -e	in der (die) Höhe, hoch, erhaben (eigtl. unter dem oberen Türbalken befindlich)	*(sublimieren)*
līmes, -itis *m.*	1. Rain, Grenze, Grenzwall 2. Weg	*(limitieren)*
oblīquus *(zu* līmen?*)*	schräg, schief	
∘ **linea**[1]	Leine, Schnur, Linie	*(Lineal, linear)*
lingua	1. Zunge 2. Sprache	*(Linguistik)*
∘ **linquere**, līquī *(dicht.)*	verlassen	
relinquere, -līquī, -lictum	zurücklassen, verlassen	*(Relikt)*
réliquus	übrig, restlich	
reliquiae, -ārum	Überbleibsel, Überrest	*(Reliquie)*
dēlictum	Vergehen (eigtl. Verlassen des rechten Weges)	*(Delikt)*
∘ **liquēre**	flüssig sein, klar sein	*(Likör)*
liquidus	flüssig, klar	*(liquidieren)*
līs, lītis *f.*	(Rechts)streit, Streitsache	
littera[2]	Buchstabe	*(Letter, Literatur)*
litterae, -ārum	1. Brief 2. Literatur, Wissenschaft	
litterās dare, mittere ad aliquem	*jem. einen Brief schicken*	
aliquid litterīs mandāre	*etwas schriftlich niederlegen, festhalten*	
sē litterīs trādere, dēdere	*sich den Wissenschaften widmen*	
lītus, -ŏris *n.*	Küste, Strand	*(Lido)*
ob-**līvīscī**, -lītus sum	vergessen	
oblīvīscī malōrum	*die Übel vergessen*	
oblīvīscī illa	*jene Dinge vergessen*	
locus *(Pl. gew.* loca*)*	1. Ort, Platz, Stelle 2. Rang	*(Lokal)*
aequō, inīquō locō	*auf günstigem, ungünstigem Gelände*	
honestō locō nātus (ortus)	*aus geachteter Familie stammend*	
obsidum locō	*anstelle von Geiseln, als Geiseln*	
īlicō *Adv. (L 15)*	auf der Stelle, sofort	
locāre	1. stellen, legen 2. vermieten	*(lokalisieren)*
collocāre	aufstellen, unterbringen	
locuplēs, -ētis *(vgl.* plēre*)*	begütert, wohlhabend	
longus	lang, weitläufig	*(prolongieren)*
longē lātēque	*weit und breit*	
longinquus	entfernt, lang dauernd	

---

[1] *līnea* ist urspr. Adj. zu *līnum* 'Lein, Leinwand, Leinenschnur'.

[2] *littera* bedeutet urspr. wohl 'Aufgestrichenes' (zu *linere* 'bestreichen').

loquī, locūtus sum	sprechen, reden	
Latīnē loquī	*lateinisch sprechen*	
◦ alloquī	anreden	
colloquī	sich unterreden	
colloquium	Unterredung, Gespräch	*(Kolloquium)*
ēloquēns, -entis	beredt, redegewandt	*(Eloquenz)*
◦ **lūbricus**	schlüpfrig, unsicher	
lucrum	Gewinn	*(lukrativ)*
◦ **luctārī**	ringen, sich abmühen	
lūdere, lūsī, -sum	spielen, scherzen	
lūdus	1. Spiel, Schauspiel 2. Schule	
◦ lūdicrum	Scherz, (Fest)spiel	
lūdibrium	Spiel(zeug), Gespött	
◦ lūsus, -ūs *(L 10)*	Spiel, Scherz	
illūdere	verspotten, narren	*(Illusion)*
luere, luī	(eine Schuld) einlösen, büßen	
solvere[1], -vī, -ūtum	1. lösen 2. zahlen	*(solvent)*
poenās solvere	*Bußgeld zahlen, bestraft werden*	
absolvere	1. freisprechen 2. vollenden	*(absolut)*
◦ exsolvere	1. lösen, erlösen 2. bezahlen	
lūgēre, lūxī	trauern, betrauern	
lūctus, -ūs *(L 13)*	Trauer, Trauerkleidung	
lupus, lupa	Wolf, Wölfin	*(Lupine)*
lūx, lūcis *f.*	Licht, Tageslicht	
prīmā lūce, lūce ortā	*bei Tagesanbruch, beim Morgengrauen*	
lūcēre, lūxī	leuchten	
◦ lūcus	Waldlichtung, Hain	
lūmen, -inis *n.* *(L 15)*[2]	1. Licht(quelle) 2. Augenlicht	*(Illumination)*
lūna *(L 15)*[2]	Mond	*(Laune)*
lūstrum *(L 15)*	1. Sühnopfer (eigtl. Erhellung) 2. Fünfjahreszyklus	
◦ lūstrāre	1. erhellen 2. reinigen, sühnen 3. durchwandern	
illūstrāre	erhellen, verherrlichen	*(illustrieren)*
illūstris, -e	1. hell, klar 2. bekannt, vornehm	
luxus, -ūs / luxuria	Üppigkeit, Genusssucht	*(Luxus)* / *(luxuriös)*

[1] *solvere* entstand aus *se-luere*.
[2] *lūmen* entstand aus *louc-s-men*, *lūna* aus *louc-sn-a*.

mactāre	1. (mit Gaben) verherrlichen 2. opfern, schlachten	
◦ **madēre**, -uī *(dicht.)*	nass sein, triefen	
maestus	traurig, betrübt	
maeror, -ōris *m.*	Trauer, Wehmut	
miser, -era, -erum *(7.2)*	elend, unglücklich, kläglich	
miseria	Elend, Unglück	*(Misere)*
miserārī	beklagen, bedauern	
miserārī fortūnam	*über das Schicksal klagen*	
miserābilis, -e	beklagenswert, erbärmlich	*(miserabel)*
miserērī, -itus sum	sich erbarmen	
magnus	groß, bedeutend, wichtig	
magnitūdō, -inis *f.*	Größe, Bedeutung	
magnificus *(vgl.* facere*)*	großartig, prächtig	*(Magnifizenz)*
◦ magnanimus	hochherzig, hochgesinnt	
māior, -ius	1. größer 2. älter	*(Maier, Majorität)*
māiōrēs, -um	Vorfahren	
māiestās, -ātis *f.*	Größe, Erhabenheit, Hoheit	*(Majestät)*
magis *Adv.*	mehr, in höherem Grade	
magister, -trī *(14.3)*	1. Leiter 2. Lehrer	*(Magister, Meister)*
magistrātus, -ūs	1. Amt 2. Beamter	*(Magistrat)*
magistrātum gerere	*ein Amt bekleiden, führen*	
magistrātūs creāre	*Beamte wählen*	
maximus	1. der größte 2. der älteste	
maximē *Adv.*	am meisten, besonders	
malus	schlecht, schlimm, böse	
malum	Übel, Fehler	
mānāre	fließen, sich verbreiten	*(Emanation)*
manēre, mānsī, -sūrus	1. bleiben 2. erwarten	
permanēre	verharren, fortdauern	*(permanent)*
◦ remanēre	(zurück)bleiben	
[**mānus** *(nur altlat.)*	gut]	
mānēs, -ium *m.*	die Seelen der Verstorbenen (euph. die Guten)	
immānis, -e	ungeheuerlich, entsetzlich, riesig (eigtl. ungut)	
māne *Adv.*	in der Frühe (eigtl. zu guter Zeit)	
mātūrus	reif, zeitig, frühzeitig	*(Matura)*
mātūrāre	1. sich beeilen 2. beschleunigen	

manus, -ūs *f.*	1. Hand 2. Schar (eigtl. Hand voll) 3. rechtliche Gewalt *(Manual, manuell)*
◦ comminus *Adv. (L 1)*	in der Nähe, im Nahkampf
◦ ēminus *Adv.*	von Ferne, in Schussweite
mancipium *(vgl.* capere*)*	1. Eigentumsrecht 2. (erworbener) Sklave *(emanzipieren)*
mandāre	übergeben, auftragen (eigtl. in die Hand legen)
mandātum	Auftrag, Befehl *(Mandat, Mandant))*
commendāre *(L 2)*	anvertrauen, empfehlen *(Kommando)*
mare, -is *n.*	Meer *(Marine)*
maritimus	am Meer liegend, Meer-
marītus	Ehemann
māter, -tris	Mutter
mātrōna	Ehefrau *(Matrone)*
mātrimōnium	Ehe
māteria *(und* -iēs*)*	1. Stoff, (Bau)holz 2. Ursache *(Materie)*
◦ re-**meāre**	zurückgehen, zurückkehren
commeātus, -ūs	1. Zufuhr, Verpflegung 2. Urlaub (eigtl. Verkehr)
medius	der mittlere, mitten
mediā nocte	*mitten in der Nacht, um Mitternacht*
medium	Mitte, Öffentlichkeit *(Medium)*
medíocris, -e *(vgl.* ācer*)*	mittelmäßig, gering (eigtl. auf halber Höhe)
dīmidius *(L 16)*	halb (eigtl. mitten auseinander)
mel, mellis *n.*	Honig
membrum	Glied, Teil *(Membran)*
memor, -ŏris	eingedenk, (sich) erinnernd an
memor beneficiī	*einer Wohltat eingedenk*
memoria	1. Gedächtnis, Andenken 2. Zeit
aliquid memoriā tenēre, retinēre	*etwas im Gedächtnis haben, behalten*
aliquid memoriae mandāre	*sich etwas einprägen*
memoriae prōditum, trāditum est	*es ist (geschichtlich) überliefert*
meā, nostrā memoriā	*zu meiner, unserer Zeit*
patrum memoriā	*zur Zeit der Vorfahren*
post hominum memoriam	*seit Menschengedenken*
memorāre, commemorāre	erwähnen, berichten *(memorieren)*
mora	Verzögerung, Weile (eigtl. Bedenkzeit)
morārī	1. verweilen 2. aufhalten (trans.)
ē-mendāre	verbessern (eigtl. Fehler ausmerzen)

meminisse (*aus* me**men**isse)	gedenken, sich erinnern	*(Memento)*
meminisse praeteritōrum (-ita)	*sich an Vergangenes erinnern*	
reminīscī	sich erinnern	*(Reminiszenz)*
reminīscī alicuius reī (aliquid)	*sich an etwas erinnern*	
∘ mentiō, -ōnis *f.*	Erwähnung	
mentiōnem facere alicuius (reī)	*jem. (etwas) erwähnen*	
mēns, mentis *f.*	Geist, Gesinnung, Gedanke	*(Mentalität)*
āmēns *od.* dēmēns, -entis *(13.2)*	hirnlos, unsinnig	
∘ āmentia, dēmentia	Wahnsinn, Verrücktheit	
∘ commentārius	Merkbuch, Aufzeichnung	*(Kommentar)*
mentīrī, mentītus sum	lügen, vorspiegeln (eigtl. sich ausdenken)	*(dementieren)*
monēre, -uī, -itum *(15.1)*	mahnen (eigtl. dran denken lassen)	*(monieren)*
admonēre	ermahnen, erinnern	
admonēre aliquem dē aliquā rē	*einen an etwas erinnern*	
monumentum	Denkmal, Urkunde	*(Monument)*
mōnstrum	Wunderzeichen, Ungeheuer	*(Monstrum)*
mōnstrāre	zeigen	*(Monstranz, Muster)*
dēmōnstrāre	zeigen, nachweisen	*(Demonstration)*
mēnsis, -is *m.*	Monat	
∘ sēmēstris, -e *(L 15)*	sechs Monate lang (alt)	*(Semester)*
merēre, -uī, -itum / merērī, -itus sum	verdienen	*(e-meritiert)*
(stipendia) merēre	*als Soldat dienen*	
bene merērī dē cīvibus	*sich um die Mitbürger verdient machen*	
meritum	das Verdienst	*(Meriten)*
meritō *Adv.*	verdientermaßen, mit Recht	
mergere, mersī, -sum	versenken	
∘ ēmergere	auftauchen	
∘ **merus**	ungemischt, rein	
merum *(dicht.)*	(ungemischter) Wein	
merx, mercis *f.*	Ware	
∘ mercārī	kaufen, einhandeln	*(Markt)*
mercātor, -ōris	Kaufmann, Händler	
commercium	Handel, Verkehr	*(kommerziell)*
mercēs, -ēdis *f.*	Lohn, Sold	
mētīrī, mēnsus sum	messen, bemessen	*(Mensur)*
aliquid ūtilitāte mētīrī	*etwas nach dem Nutzen bemessen, beurteilen*	

immēnsus	unermesslich, unendlich	*(immens)*
mēnsa	Tisch (eigtl. zugemessene Platte)	*(Mensa)*
metus, -ūs	Furcht	
metuere	fürchten	
meus *(14.1)*	mein	
◦ **micāre**, -uī *(dicht.)*	zucken, blitzen	
dīmicāre, -āvī	kämpfen (eigtl. mit dem Schwert herumfuchteln)	
migrāre	wandern, auswandern	*(Emigrant)*
mīles, -itis	Soldat, Krieger	
mīlitia	Kriegsdienst	*(Miliz)*
mīlitāris, -e	soldatisch, kriegerisch, Kriegs-	*(Militär)*
rēs mīlitāris	*das Kriegswesen*	
mīlle, *Pl.* mīlia, -ium	tausend	
minae, -ārum	1. Zinnen 2. Drohungen	
minārī	drohen, androhen	
ēminēre, -uī	herausragen, hervorragen	*(eminent)*
imminēre	hineinragen, drohen	
mōns, montis *m.*	Berg, Gebirge (eigtl. Hochragendes)	
◦ montānus	im Gebirge (befindlich), Berg-	*(Montanunion)*
minor, -us	1. kleiner, geringer 2. jünger	*(Minorität)*
minimus	der kleinste, sehr klein	*(minimal)*
minuere, -uī, -ūtum } ◦ dēminuere *od.* imminuere }	mindern, vermindern	*(Minuend, Minute)*
minister, -trī *(14.3)*	Diener, Helfer	*(Minister)*
ministerium	Dienst, Amt	*(Ministerium)*
administrāre	verwalten, verrichten	*(administrativ)*
nimis[1] *Adv.*	(all)zu sehr	
nimius	zu groß, zu viel, übermäßig	
nimium *Adv.*	außerordentlich	
mīrus	wunderbar, sonderbar (urspr. verlegen lächelnd)	
mīrārī, admīrārī	sich wundern, bewundern	
mīrābilis, -e	bewundernswert, erstaunlich	
admīrātiō, -ōnis *f.*	Bewunderung, Staunen	
mīrāculum	Wunder, Wunderding	*(Mirakel)*
◦ nīmīrum *adv. Akk.*	allerdings, natürlich (eigtl. kein Wunder)	
cōmis, -e (*zu* mīrus?)	freundlich, nett (urspr. mitlächelnd?)	

[1] *nimis* wohl aus *ne-mis* 'nicht gerade wenig' (L 6).

miscēre, -uī, mixtum	mischen, verwirren	*(mischen, Mixtur)*
prōmiscuus	gemischt, ohne Unterschied	
mītis, -e	mild, sanft	
mittere, mīsī, missum	gehen lassen, schicken	*(Mission, Messe)*
admittere	zulassen, (eine Handlung) begehen	
āmittere	verlieren (eigtl. loslassen)	
committere	1. zusammenbringen, ausführen 2. anvertrauen	
proelium committere	*den Kampf beginnen*	
scelus, facinus committere	*ein Verbrechen ausführen, begehen*	
alicui aliquid committere	*einem etwas anvertrauen*	
dēmittere	hinab-, herablassen, senken	
dēmissus *(L 10)*	niedergeschlagen, gesenkt	
dīmittere	entlassen, aufgeben	*(Dimission)*
intermittere	unterbrechen	
◦ intrōmittere	hineinschicken, hineinlassen	
omittere	aufgeben, beiseite lassen	
permittere	überlassen, erlauben	*(permissiv)*
praetermittere	vorüberlassen	
prōmittere	versprechen (eigtl. vor-ankündigen)	
remittere	nachlassen, locker lassen	
submittere	1. herablassen 2. zu Hilfe schicken	
modus *(7.2)*	1. Maß, Grenze 2. Art, Weise	*(Mode, Modalität)*
modum adhibēre, tenēre	*Maß halten*	
hoc (haec) eius modī est (sunt)	*dies ist von der Art, derartig*	
ōrātōris modō	*nach Art eines Redners*	
admodum *Adv.*	völlig, ganz, sehr (eigtl. bis zum Vollmaß)	
admodum adulēscēns	*ein noch ganz junger Mann*	
quemadmodum *Adv.* } quōmodo *Adv.* }	auf welche Weise, wie?	
modo *Adv.*	1. eben noch 2. nur	
modo . . . modo	bald . . . bald	
modo, dummodo *Konj.*	wenn nur	
modo id intellegās	*wenn du das nur einsiehst*	
commodus	angemessen, bequem, günstig	
commodum	Vorteil, Annehmlichkeit	
vītae commoda	*die angenehmen Dinge im Leben*	
incommodum	Nachteil, Unglück	
accommodāre	anpassen	
modicus	mäßig, besonnen, bescheiden	
modestus	maßvoll, bescheiden	

modestia	Mäßigung, Einordnung, Anstand	
moderārī *(L 11)*	mäßigen, lenken	*(Moderator)*
moderārī omnia (omnibus rēbus)	*alles lenken*	
moderārī īrae	*den Zorn mäßigen*	
moderātus	maßvoll, besonnen	
∘ medērī *(7.2)*	abhelfen, heilen (eigtl. ermessen, ersinnen)	
medērī dolōrī	*einem Schmerz abhelfen, einen Schmerz heilen*	
medicus	Arzt, *Adj.:* heilend	
medicīna	1. Heilkunst 2. Heilmittel	*(Medizin)*
remedium	Heilmittel, Mittel	
meditārī	nachdenken, sinnen auf	*(meditieren)*
moenia, -ium *n.*	Stadtmauer(n)	
mūnīre *(L 4)*	befestigen, (ver)schanzen	
mūnītiō, -ōnis *f.*	1. Schanzarbeit, 2. Befestigung	*(Munition)*
∘ mūnīmentum	Befestigung, Schutz	
mūrus	Mauer	
∘ **molere**, -uī, -itum	mahlen	*(Mühle)*
immolāre	opfern (urspr. mit Opfermehl bestreuen)	
mōlēs, -is *f.*	1. Masse, Last 2. Damm	*(Mole)*
mōlīrī	in Bewegung setzen, unternehmen	*(de-molieren)*
molestus	lästig, beschwerlich	
mollis, -e	weich, weichlich, mild	*(Moll)*
mollīre	weich machen, mildern	
mordēre, momordī, morsum	beißen	
morī, mortuus sum	sterben	
mortuus	tot	
moribundus	sterbend	
mors, mortis *f.*	Tod	
post mortem remanēre	*den Tod überdauern*	
mortālis, -e	sterblich, irdisch, *Subst.:* Mensch	
morbus	Krankheit (urspr. Kräfteverfall)	*(morbid)*
mōs, mōris *m.* *(L 11)*	Sitte, Brauch, *Pl.:* Charakter	*(Moral)*
mōrēs corruptī, perditī	*Sittenverderbnis, sittlicher Tiefstand*	
mōrem gerere alicui	*einem den Willen tun, willfahren*	
movēre, mōvī, mōtum	bewegen	*(Motiv, Motor)*
mōtus, -ūs *(L 9)*	Bewegung, Erregung, Aufruhr	*(Emotion)*
mōbilis, -e	beweglich, unbeständig	*(Möbel, Immobilien)*

mōmentum	1. Bewegung, Beweggrund 2. Augenblick	
∘ āmovēre	entfernen, fernhalten	
commovēre *od.* permovēre	bewegen, erregen, veranlassen	
removēre	entfernen, wegschaffen	
remōtus *od.* sēmōtus	entfernt	
∘ submovēre	entfernen, wegschaffen	
mox *Adv.*	1. bald 2. hernach	
∘ **mulcēre**, mulsī, -tum	streicheln, besänftigen	
mulier, -eris	Frau, Ehefrau	
mulíebris, -e	weiblich	
∘ **multāre**	bestrafen	
pecuniā, morte multāre	*mit einer Geldbuße, mit dem Tode bestrafen*	
multus	viel, zahlreich	*(Multiplikation)*
multum	ein Großteil	
multum *adv. Akk.*	viel, oft, weit	
multō diē – multā nocte	*spät am Tag – tief in der Nacht*	
quid multa?	*wozu viele Worte (machen)?*	
multitūdō, -inis *f.*	Menge, Masse, Übermacht	
melior, -ius	besser	
mundus	Welt, Weltall	
mūnus, -eris *n.*	1. Aufgabe, Amt 2. Gabe (urspr. Tauschgabe, Leistung)	
commūnis, -e	gemeinsam, allgemein (eigtl. mitleistend)	*(Kommune,*
communis omnium (omnibus)	*allen gemeinsam*	*-nismus)*
commūnicāre	1. gemeinsam machen 2. (miteinander) teilen 3. mitteilen	*(Kommunikation)*
commūnicāre cōnsilia } *cum aliquō*	*mit jem. gemeinsame Pläne machen*	
commūnicāre praemium } *cum aliquō*	*eine Belohnung mit jem. teilen*	
commūnicāre aliquid } *cum aliquō*	*jem. etwas mitteilen*	
immūnis, -e	steuerfrei, unberührt von	*(immun)*
mūnicipium *(vgl.* capere*)*	Landstadt (eigtl. Pflichten übernehmende Gemeinde)	
mūtāre	ändern, wechseln, tauschen	*(mutieren, Mauser)*
∘ mūtātiō, -ōnis *f.*	Veränderung, Wechsel	*(Mutation)*
mūtuus	1. gegenseitig 2. geliehen	
pecūniam mūtuam dare, sūmere	*ein Darlehen geben, aufnehmen*	
commūtāre *od.* immūtāre	verändern, austauschen	*(kommutativ)*
∘ **murmur**, -uris *n.* *(dicht.)*	Gemurmel, Geräusch	
mūtus	stumm	

nam[1]	denn, nämlich	
enim, etenim	1. denn, nämlich 2. sicherlich	
∘ nempe	doch wohl, sicherlich (eigtl. denn doch)	
nancīscī, na(n)ctus sum	erlangen	
∘ **nāre**, natāre	schwimmen	
∘ **nāsus**	Nase	
nāvis, -is *f.*	Schiff	
nāvigāre *(vgl.* agere*)*	Schiff fahren, segeln	*(Navigation)*
nāvem solvere	*in See stechen, auslaufen*	
nāvem appellere (ad litus)	*anlanden*	
∘ naufragium *(vgl.* frangere*)*	Schiffbruch	
nauta *(griech.?)*, nāvita	Schiffer, Seemann	*(Nautik)*
nē *Konj.*	1. nicht (in unabhängigen Begehrsätzen)	
	2. damit nicht, daß nicht (in Finalsätzen)	
	3. dass (nach Ausdrücken des Fürchtens u. Hinderns)	
Nē hoc faciās bzw. fēceris!	*Tu das nicht!*	
Prōvideō, nē id faciās.	*Ich sorge vor, dass du das nicht tust.*	
Vereor, nē id faciās.	*Ich fürchte, dass du das tust.*	
Impediō, nē id faciās.	*Ich verhindere, dass du das tust.*	
∘ nēdum	erst recht (nicht), geschweige denn	
∘ nēve, neu	oder nicht, und nicht (in Begehrsätzen)	
neque[2], nec	und nicht, auch nicht, nicht einmal	
neque – neque	weder – noch	
negāre	1. verneinen, leugnen 2. behaupten, dass nicht	
∘ dēnegāre	verweigern	*(Negation)*
nihil, nīl *(17.5)*	1. nichts 2. keineswegs	*(Nihilist)*
∘ nēquitia *(vgl.* nēquam*)*	Nichtsnutzigkeit, Liederlichkeit	
-nĕ *enklit. Fragepartikel*[3]	1. unübersetzt (in unabhängigen Fragen)	
	2. ob (in abhängigen Fragen)	
Potestne venīre?	*Kann er kommen?*	
Rogō, possitne venīre.	*Ich frage, ob er kommen könne.*	
nōnne	1. etwa nicht (in unabhängigen Fragen)	
	2. ob nicht (in abhängigigen Fragen)	

---

[1] *nam* (vgl. *tam, quam*) ist eigtl. Akk. Fem. eines verlorenen Pronominalstammes *no-*.
[2] *ne-* ist Ablautform zu *nē*.
[3] Die Fragepartikel *-ne* ist Ablautform des Beteuerungswörtchens *nē* 'ja' (vgl. gr. ναί 'ja').

Nōnne id intellegis?	*Siehst du das etwa nicht ein?*	
Ex tē quaerō, nōnne id intellegās.	*Ich frage dich, ob du das nicht einsiehst.*	
necne	oder nicht (in Alternativfragen)	
Quaeritur, sintne dī necne sint.	*Es wird gefragt, ob es Götter gibt oder nicht gibt.*	
nebula	Nebel, Dunst	
nimbus	Gewitterwolke	*(Nimbus)*
nectere, nexuī, nexum	verknüpfen	*(annektieren, Konex)*
◦ nodus	Knoten	
nemus, -oris *n.*	Hain, Wald (eigtl. Weideplatz im Wald)	
nepōs, -ōtis	Enkel	*(Nepotismus)*
nervus	Sehne, Kraft	*(Nerv, nervös)*
nex, necis *f.*	(gewaltsamer) Tod, Mord	
necāre	töten	
perniciēs, -ēī *(L 1)*	Verderben, Untergang	
◦ perniciōsus	verderblich, schädlich	
nocēre, -uī, -itūrus *(7.2)*	schaden	
innocēns, -entis	unschuldig, unbescholten	*(Innozenz)*
obnoxius	1. schuldig 2. unterworfen, hörig	
niger, -gra, -grum	schwarz, dunkel	*(Neger)*
nitēre, -uī	glänzen, prangen	
nītī, nīsus (nīxus) sum	sich stützen, streben	*(re-nitent)*
dolō nītī	*sich auf eine List stützen*	
◦ ēnītī	sich emporarbeiten, sich anstrengen	
nix, nivis *f.*	Schnee	
nōmen, -inis *n.*	Name	*(Nomenklatur)*
Mihi nōmen Gāius (Gāiō) est.	*Ich habe den Namen Gaius, heiße Gaius.*	
Ex amōre amīcitiae nōmen est ductum.	*Das Wort amicitia kommt von amor.*	
cognōmen, -inis *n.*	Beiname	
ignōminia	Schimpf, Schande	
nōmināre	nennen, benennen	*(Nominativ)*
aliquem sapientem nōmināre	*jem. einen Weisen nennen*	
nōs *(14.1)*	wir, uns	
noster, nostra, nostrum *(14.3)*	unser	

nōscere (*aus* gnō.), nōvī, nōtum	kennen lernen	
nōvisse, nōsse	kennen, wissen	
nōtus	bekannt	
ignōtus *(L 15)*	unbekannt	
nōtitia	Kenntnis	*(Notiz)*
nōbilis, -e	1. berühmt 2. vornehm, adelig	*(nobel)*
ignōbilis, -e	1. unbekannt 2. von einfacher Herkunft	
nōbilitās, -ātis *f.*	1. Berühmtheit 2. Adel	*(Nobilität)*
agnōscere, -vī, -ĭtum	erkennen, anerkennen	
cognōscere	erkennen	*(kognitiv)*
cognitiō, -ōnis *f.*	Erkenntnis, Bekanntschaft	
ignōscere	verzeihen (eigtl. Einsehen haben)	
ignārus *(aus* in-gnārus*)*	unkundig, ohne Kenntnis	
ignārus rērum	*ohne Kenntnis der Dinge*	
nārrāre	erzählen (eigtl. kundtun)	
ignōrāre	nicht kennen, nicht wissen	*(ignorieren)*
nōn ignōrō	*ich kenne genau, weiß wohl*	
nota	1. Merkmal, Zeichen 2. Rüge	*(Note, Notar)*
notāre	1. bezeichnen 2. rügen	
novus	neu, neuartig	*(Novelle, Novität)*
novīs rēbus studēre	*nach Änderung der Verhältnisse, nach Umsturz streben*	
novissimus	der letzte	
◦ novāre, renovāre	erneuern	*(renovieren)*
nox, noctis *f.*	Nacht, Dunkelheit	
noctū *Adv.*	nachts	
nocturnus	nächtlich	*(nüchtern, Notturno)*
nūbere, nūpsī, nupta	sich vermählen	
nūbere alicui virō	*sich mit einem Mann vermählen, einen Mann heiraten*	
nuptiae, -ārum *(L 13)*	Hochzeit, Vermählung	
cōnūbium	Ehebund, Heiratsrecht	
nūbēs, -is *f.*	Wolke	
nūdus	nackt, entblößt, ungeschützt	
ad-**nuere**, -nuī	zunicken, zustimmen	
◦ abnuere	abwinken, verweigern	
nūtus, -ūs	1. Wink, Geheiß 2. Schwerkraft	
nūmen, -inis *n.*	göttliche Macht, Gottheit	*(numinös)*

num[1] *Konj.*	1. etwa (in unabhängigen Fragen) 2. ob (in abhängigen Fragen)	
Num quid tāle vīdistī?	*Hast du solches (etwa) schon gesehen?*	
Quaerit, num quidnam sit novī.	*Er fragt, ob es denn etwas Neues gebe.*	
nunc *(vgl.* hun-c*)*	1. jetzt 2. nun aber	
nūper	vor kurzem, einst	
numerus	1. Zahl, Menge 2. Takt 3. Teil	*(Nummer)*
numerāre	zählen, rechnen zu	*(numerieren)*
voluptātem in bonīs numerāre	*Lustgewinn zu den Gütern rechnen*	
ēnumerāre	aufzählen, ausrechnen	
∘ innumerābilis, -e	unzählbar, zahllos	
nummus	Münze, Geldstück	
nūntius	1. Bote 2. Botschaft	*(Nuntiatur)*
nūntiāre	melden	
∘ dēnūntiāre	ankündigen, androhen	*(Denunziant)*
∘ prōnūntiāre	verkünden, bekanntmachen	
∘ renūntiāre	1. melden 2. aufkündigen	
∘ **nūtrīre**	nähren, aufziehen, fördern	

O

ob *Präp. mit Akk.*	1. entgegen (bes. in Verbalkomposita) 2. wegen	
ob-viam īre	*entgegengehen, begegnen*	
ob oculōs versārī	*vor Augen schweben*	
ob eam rem, causam	*deswegen*	
oculus	Auge	*(Okular)*
ōdisse	hassen	
odium	Hass	
odor, -ōris *m.*	Geruch	
ōmen, -inis *n.*	Anzeichen, Vorzeichen	*(ominös)*
omnis, -e	jeder, all, ganz	*(Omnibus)*
omnīnō *Adv.*	gänzlich, überhaupt	

[1] *num* bedeutete urspr. 'nun' (vgl. gr. νῦν 'nun').

onus, -eris *n.*	Last	
onerāre *(L 11)*	belasten, beladen	
opīniō, -ōnis *f.*	Meinung, Ruf	
opīnārī	meinen, glauben	
inopīnāns, -antis	ahnungslos	
hostēs inopīnantēs opprimere	*die ahnungslosen Feinde überrumpeln*	
optāre	wünschen (eigtl. auswählen)	*(Optativ)*
∘ exoptāre	ersehnen	
oppidum	(Land)stadt, befestigter Platz	
ops, opis *f.*	Hilfe, Kraft	
opēs, -um	1. Reichtum 2. Macht 3. Streitmacht	
opem ferre	*Hilfe bringen*	
magnās opēs habēre	*große Macht haben*	
opulentus	reich, mächtig	
optimus	der beste, sehr gut (eigtl. sehr reich)	*(optimal)*
optimātēs, -ium	Aristokraten	
∘ inops, -ŏpis	hilflos, arm	
inopia	Mangel, Not	
cōpia *(L 9)*	1. Vorrat, Menge, Fülle 2. Möglichkeit	*(Kopie)*
cōpiae, -ārum	1. Vorräte 2. Truppen	
cōpiōsus	reichlich, wort-, gedankenreich	
cōpiōsē dīcere, disputāre	*beredt sprechen, gedankenreich diskutieren*	
opus, -eris *n.*	1. Werk, Arbeit 2. Befestigungsanlage	*(Opus)*
▷ opus est	es ist nötig, man braucht (eigtl.: es ist Bedarf an)	
Auxiliō mihi opus est.	*Ich brauche Hilfe.*	
Nihil mihi opus est.	*Ich brauche nichts.*	
magnopere *Adv.*	sehr (eigtl. mit großer Mühe)	
tantopere – quantopere	so sehr – wie sehr	
∘ opifex, -ficis *(vgl.* facere*)*	Werktätiger, Arbeiter	
officium[1]	Dienst, Pflicht (eigtl. Dienstleistung)	*(offiziell)*
opera	1. Arbeit, Mühe 2. Arbeitskraft	*(Operation)*
operam dare alicui reī	*sich um eine Sache mühen*	
operam pōnere in aliquā rē	*Mühe in eine Sache stecken*	
operae pretium est	*es lohnt die Mühe*	
ōrāre	reden, (er)bitten	*(Oratorium)*
ōrātiō, -ōnis *f.*	Rede, Redegabe	
ōrātor, -ōris	Redner	
ōrāculum	Götterspruch, Orakel	

[1] *officium* entstand aus *opi-faciom.*

orbis, -is *m.*	Kreis, Scheibe	
orbis terrae, terrārum	*der Erdkreis*	
◦ **orbus**	verwaist, beraubt	
◦ orbāre	berauben	
orbāre aliquem līberīs	*einen der Kinder berauben*	
ōrdō, -inis *m.*	1. Reihe, Ordnung 2. Stand, Klasse	*(Orden)*
ōrdō senātōrius	*Senatorenstand*	
ōrdō equester	*Ritterstand*	
ōrdīrī, ōrsus sum	anfangen	
ōrnāre[1]	ausstatten, schmücken	
ōrnāmentum	Ausrüstung, Schmuck	*(Ornament)*
ōrnātus, -ūs	Ausstattung, Kleidung, Schmuck	*(Ornat)*
orīrī *(3. Konj.)*, ortus sum	entstehen, sich erheben	*(Orient)*
oriēns, -entis *m.*	Osten, Morgenland (eigtl. aufgehende Sonne)	
ortus, -ūs	Aufgang, Entstehung	
orīgō, -inis *f.*	Ursprung	*(Original, originell)*
◦ coorīrī *od.* exorīrī	entstehen, sich erheben	
adorīrī *(4. Konj.)*, -ortus sum	angreifen	
ōs, ōris *n.*	1. Mund, Öffnung 2. Gesicht	*(oral)*
◦ ōsculum *(dicht.)*	Kuss (eigtl. Mündchen)	
ōstium	Eingang, Mündung	
ōra *(L 11)*	1. Küste 2. Bereich, Zone (urspr. Mündungsgebiet)	
cōram[2] *Adv.*	persönlich (zugegen), öffentlich	
Präp. mit Abl.	in Gegenwart (von Personen)	
◦ **os**, ossis *n.*	Knochen, *Pl.:* Gebein	
ōtium	Muße, freie Zeit, Ruhe	
ōtiōsus	müßig, ohne öffentliche Aufgaben, ruhig	
negōtium	Geschäft, Aufgabe (eigtl. Unrast)	
ovis, -is *f.*	Schaf	
ōvum	Ei	*(oval)*

[1] *ōrnāre* ist aus *ōrd(i)nāre* verschliffen (L 15).
[2] *cōram* ist wohl (nach *palam*) gebildet aus *co(m)-ōre* ‘im Angesicht’.

P

palam *Adv.*	offen, öffentlich (eigtl. ausgebreitet)
palma	1. Hand(fläche) 2. Palme, Siegespreis
∘ **pallēre**, -uī	blass sein, Angst haben
palūs, ūdis *f.*	Sumpf
∘ **pangere**, pepigī, pāctum *(8.4)*	festmachen
pactum	1. Abmachung, Vertrag 2. Weise *(Pakt, Pacht)*
nūllō pactō	*auf keine Weise, keineswegs*
quō pactō	*auf welche Weise, wie*
pāx, pācis *f.*	Friede (eigtl. feste Abmachung) *(Pazifist)*
pācāre	befrieden, unterwerfen
∘ pāgus	Gau, Dorfgemeinde (eigtl. soziales Gefüge)
prōpāgāre	fortpflanzen, ausdehnen *(pfropfen, Propaganda)*
pār, paris	gleich, angemessen (eigtl. gepaart) *(Paar, Parität)*
pār alicui (selten: alicuius)	*einem gleich, gewachsen*
∘ dispār *od.* impār, -păris	ungleich
comparāre	vergleichen *(Komparativ)*
parcere, pepercī	sparen, Schonung gewähren
parcere alicui bzw. alicui reī	*einen bzw. etwas schonen, etwas sparen*
parcus	sparsam, schonend
parere, -iō, peperī, partum	1. hervorbringen, gebären 2. erwerben
parēns, -entis *m., f.*	Vater, Mutter
parentēs, -um	Eltern
∘ partus, -ūs	1. Geburt 2. Kind
reperīre, re**pp**erī, repertum	finden (eigtl. wieder beibringen) *(Repertoire)*
pauper, -eris *(vgl.* paucī*)*	arm (urspr. wenig hervorbringend)
paupertās, -ātis *f.*	Armut
parāre	1. (vor)bereiten, vorhaben (zu tun) 2. erwerben
parātus	bereit, entschlossen *(parat)*
parātus venīre, ad audiendum	*bereit zu kommen, zu hören*
apparātus, -ūs	1. Aufwand, Prunk 2. Werkzeug *(Apparat)*
comparāre	bereiten, beschaffen
imperāre	befehlen, gebieten, auftragen *(Imperativ)*
imperāre cupiditātibus suīs	*seinen Trieben befehlen*
imperāre frūmentum	*die Lieferung von Getreide befehlen*
imperātor, -ōris	Befehlshaber: 1. Feldherr 2. Kaiser
imperium	1. Befehl, Gewalt 2. Herrschaft, Reich

praeparāre	vorbereiten	*(präparieren)*
sēparāre	absondern, trennen	*(separat, Separativ)*
pārēre, -uī	gehorchen (eigtl. erscheinen)	*(parieren)*
appārēre	erscheinen, sich zeigen	
appāret	es ist klar, offensichtlich	
paries, -ĕtis *m.*	Wand	
pars, partis *f.*	Teil, Seite	*(Partikel, Partie)*
partēs, -ium	Partei, Rolle	
magnā ex parte, magnam partem	*großenteils*	
ab (ex) omnibus partibus	*von allen Seiten*	
prīmās partēs agere	*die Hauptrolle spielen*	
partim *Adv.*	zum Teil, teils	
particeps, -cipis *(vgl.* capere*)*	teilhaftig, beteiligt	*(Partizip)*
expers, -pertis *(L 2)*	ohne Anteil, frei von	
ratiōnis particeps	*im Besitz der Vernunft*	
ratiōnis expers	*ohne Vernunft, vernunftlos*	
parvus	klein, gering	
parum *Subst. und Adj.*	zu wenig	
∘ parumper *Adv. (17.5)*	kurze Zeit	
pāscere, pāvī, pāstum	füttern, weiden (trans.)	
pāscī	weiden (intrans.)	
∘ pābulum	Futter, Nahrung	
pāstor, -ōris	Hirte	*(Pastor)*
pānis, -is *m. (L 15)*	Brot	*(Kumpan)*
pater, -tris	Vater, *Pl.:* Senatoren, Patrizier	*(Pater)*
paternus	väterlich, ererbt	
patrius	väterlich, heimisch	*(Patriot)*
patria	Vaterland, Vaterstadt, Heimat	
patrōnus	Schutzherr, Beschützer, Anwalt	*(Patron)*
patēre, -uī	offen stehen	*(Patent)*
lātē patēre	*weithin Geltung haben, einen weiten Geltungsbereich haben*	
patefacere *(vgl.* facere*)*	öffnen, aufdecken	
∘ pandere, pandī, passum *(8.4)*	ausbreiten, öffnen	*(Expansion)*
passim *Adv. (L 10)*	überall (eigtl. verbreitet)	
passus, -ūs *(L 10)*	Schritt (eigtl. das Ausspreizen)	*(Paß)*
mīlle passūs	*eine Meile*	
duo mīlia passuum	*zwei Meilen*	
∘ patulus	offen, weit geöffnet	

patī, passus sum	leiden, zulassen	*(passiv, Passion)*
patiēns, -entis	geduldig, ertragend	*(Patient)*
patientia	Geduld, Ausdauer	
◦ perpetī, -pessus sum	erdulden, ertragen	
paene[1] *Adv.*	beinahe, fast	
paenitet, -uit, *Inf.* paenitēre	es plagt, reut, befriedigt nicht	
Paenitet mē meae fortūnae.	*Ich bin unzufrieden mit meinem Los.*	
Paenitet eum suae iniūriae.	*Er bereut sein Unrecht.*	
patrāre	vollbringen	
impetrāre *(L 1)*	erreichen, durchsetzen	
paucī, -ae, -a	wenige	
paulum, paul(u)lum	ein wenig	
paulātim *Adv.*	allmählich, nach und nach	
pavor, -ōris *m.*	Angst, Furcht	
◦ pavidus	verängstigt, furchtsam	
peccāre *(zu* pēs?*)*	fehlen, einen Fehltritt tun (eigtl. straucheln)	
peccātum	Vergehen, Versehen	
pectus, -oris *n.*	Brust, Inneres	
◦ **pecus**, -oris *n.*	Vieh, (Schaf)herde	
pecus, -ŭdis *n.*	(Stück) Vieh, Schaf	
pecūnia	Vermögen, Geld (eigtl. Viehbesitz)	*(pekuniär)*
peior, -ius	schlechter, geringer	
pessimus	der schlechteste, sehr schlecht	*(Pessimist)*
ap-**pellāre**[2]	ansprechen, anrufen, nennen	*(Appell)*
interpellāre	unterbrechen, verhindern	*(Interpellation)*
pellere, pepulī, pulsum	treiben, stoßen, verjagen	*(Puls, Propeller)*
dēpellere	vertreiben	
expellere	hinausstoßen, vertreiben	
impellere	antreiben, veranlassen	*(Impuls)*
repellere	zurückstoßen, abweisen	
pulsāre *(L 7)*	schlagen, klopfen, stoßen	*(pulsieren)*
◦ prōpulsāre	vertreiben, abwehren	
pellis, -is *f.*	Fell, Pelz	

[1] *paene* ist urspr. Neutrum eines verlorenen Adjektivs mit der Bedeutung 'mühsam'.
[2] *appellāre* stammt wohl von einer Wurzel *spel-* 'berichten'.

pendēre, pependī, pēnsum	hängen, schweben *(Pendel)*
animī[1], *animīs pendēre*	*unentschlossen sein, schwanken*
pendēre ex fortūnā	*vom Schicksal abhängen*
impendēre	hängen (über), bevorstehen
Mihi malum impendet.	*Mir droht ein Übel.*
pondus, -eris *n. (7.2)*	Gewicht *(Pfund, ponderieren)*
pendĕre, pependī, pēnsum	abwägen, bezahlen (eigtl. an die Waage hängen)
pēnsum *(L 10)*	Aufgabe (eigtl. Zugewogenes) *(Pensum)*
impendere	aufwenden
suspendere	aufhängen, schweben lassen *(suspendieren)*
suspēnsus	schwebend, ungewiss
◦ pēnsāre *(15.2)*	abwägen, beurteilen
stipendium[2]	1. Sold, Kriegsdienst 2. Steuer *(Stipendium)*
◦ **penes**[3] *Präp. mit Akk.*	im Besitz, in der Gewalt von
Penes ūnum summa rērum est.	*Die Regierungsgewalt ist im Besitz eines Einzigen.*
◦ penitus *Adv.*	tief hinein, eindringlich, völlig
penetrāre	eindringen, durchdringen *(penetrant)*
penātēs, -ium *m.*	Hausgötter, Haus
per *Präp. mit Akk.*	1. durch, hindurch 2. Angabe einer Art und Weise oder eines Grundes
per fīnes īre	*durch ein Gebiet ziehen*
per lēgātum agere	*durch einen Gesandten verhandeln*
per deōs immortālēs	*bei den unsterblichen Göttern*
per vim	*in gewaltsamer Weise, gewaltsam*
per mē usw.	*von mir aus, meinetwegen usw.*
per sē	*von sich aus, an sich*
per aetātem	*aus Altersgründen, wegen des Alters*
▷ permultī *(Elativ: 13.3)*	sehr viele
perītus	erfahren, kundig
perītus iūris	*erfahren im Rechtswesen, rechtskundig*
perīculum	1. Gefahr, Wagnis 2. Prozess (eigtl. Versuch)
perīculōsus	gefährlich
comperīre, -perī, -pertum	erfahren
aliquid compertum habēre	*etwas erfahren haben, wissen*
experīrī, -pertus sum	versuchen, erfahren *(Experte, Experiment)*

[1] *animi* ist hier Lokativ.
[2] *stipendium* aus *stipi-pendium* 'Geldzahlung' zu *stips* 'Geldbetrag'.
[3] *penes* ist ein alter Lokativ mit der Bedeutung 'im Innern'.

pēs, pedis *m.*	Fuß	*(Pedal)*
expedīre	1. befreien 2. erledigen 3. bereit machen (eigtl. aus der Fußfessel lösen)	*(Expedition)*
éxpedit	es ist förderlich, es nützt	
expedītus	unbehindert, leichtbewaffnet, einsatzbereit	
impedīre	festhalten, (be)hindern	
impedītus	behindert, bepackt, nicht einsatzbereit	
impedīmentum	Hindernis	
impedīmenta, -ōrum	Gepäck, Tross	
pedes, -itis	Soldat (zu Fuß), 'Infanterist'	
pedester, -tris, -tre	zu Fuß, zu Land	
pūgna pedestris – cōpiae pedestrēs	*Landkampf – Landtruppen*	
∘ peditātus, -ūs	Fußvolk, 'Infanterie'	
∘ suppeditāre	1. darreichen 2. ausreichen	
pestis, -is *f.*	Seuche, Unheil	*(Pest)*
petere, -īvi, -ītum	(zu erreichen) suchen, erstreben, erbitten, holen	
petere magistrātum	*sich um ein Amt bewerben*	
petere auxilium	*um Hilfe bitten, nachsuchen*	
petītiō, -ōnis *f.*	1. Bewerbung 2. Angriff	*(Petition)*
appetere	begehren, herankommen	*(Appetit)*
expetere	erstreben	
repetere	zurückfordern, wiederholen	*(Repetent)*
pecūniae repetundae	*Wiedererstattung von (erpressten) Geldern*	
suppetere	vorhanden sein, ausreichen	
impetus, -ūs	1. Ansturm, Angriff 2. Drang, Schwung	
perpetuus *(Adv. -ō)*	durchgehend, ununterbrochen	
∘ propitius	geneigt, gnädig	
penna, pinna *(L 12)*[1]	Feder, Flügel	*(Pennal)*
∘ **piget**, -uit, *Inf.* pigēre[2]	es verdrießt, ärgert (mich usw.)	
∘ piger, -gra, -grum	verdrossen, träge	
∘ **pīgnus**, -oris *n.*	Pfand, *Pl.:* Angehörige	
pīlum	Wurfspeer	*(Pfeil)*
pingere, pīnxī, pictum *(8.4)*	malen, ausmalen	
∘ pictūra *(L 13)*	Malerei, Gemälde	
pinguis, -e	1. fett 2. plump	*(Pinguin)*
∘ opīmus	fett, (ertrag)reich	

---

[1] *penna* (altlat. *pesnā*) entstand aus *pet-sn-a* (vgl. 11.3).
[2] *piget* wird wie *paenitet* konstruiert.

◦ **pīnus** *f.*	Fichte, Föhre	*(Pinie)*
piscis, -is *m.*	Fisch	
pius	pflichtbewusst, fromm, rechtschaffen	*(Pius)*
impius	gottlos, frevelhaft	
pietās, -ātis *f.*	Pflichtbewusstsein, Frömmigkeit[1]	*(Pietät)*
plācāre	glätten, besänftigen	
placēre, -uī	gefallen	
sī placet	*wenn es recht ist, bitte*	
mihi placet	*ich finde gut, meine, beschließe*	
placidus	glatt, sanft, still	
◦ **plāga**	Schlag, Hieb	*(Plage)*
planta	1. Setzling (einer Pflanze) 2. Fußsohle	*(Pflanze)*
plānus	1. flach, eben 2. deutlich	*(planieren)*
plānē *Adv.*	1. völlig 2. deutlich	
◦ plānitiēs, -ēī	Ebene, Fläche	
plaudere, plausī, -sum	klatschen, Beifall klatschen	*(Ap-plaus, Ex-plosion)*
◦ am-**plectī**, plexus sum / complectī	umfassen, umarmen	
◦ complexus, -ūs	Umarmung, Umfassung	*(Komplex)*
explicāre *(L 1)*	entfalten, entwickeln, erklären	*(explizieren)*
◦ implicāre	verknüpfen, verwickeln	*(Implikation)*
com-**plēre**, -plēvī, -plētum	(an)füllen, erfüllen	*(komplett)*
implēre	einfüllen, erfüllen	
supplēre	auffüllen, ergänzen	*(Supplement)*
plēnus	voll	*(Plenum)*
plēnus perīculōrum	*voller Gefahren*	
plērīque, -aeque, -aque	die meisten, sehr viele	
plērumque *adv. Akk.*	meistens	
plūs	mehr	*(plus)*
plūs posse, valēre	*mehr können, vermögen*	
plūs auctōritātis	*mehr Ansehen*	
plūris esse, plūris aestimāre	*mehr wert sein, höher einschätzen*	
plūs (quam) mīlle	*über tausend*	
plūrēs, plūra, -ium *(L 11)*	mehr (Dinge, Lebewesen)	*(Plural)*
complūrēs, -ium	mehrere (zusammen)	

[1] *pietās* meint 'rechtes Verhalten in den verschiedenen Lebensbereichen'.

plūrimī	sehr viele, die meisten	
plēbs, plēbis (plēbēs, plēbēī) *f.*	(Volks)menge, Plebs	*(Plebejer)*
sup-**plex**, -icis[1]	(kniefällig) bittend, flehend	
supplicium	1. Bittgebet, Dankgebet 2. (Todes)strafe (eigtl. das Niederknien)	
supplicium sūmere dē aliquō	*an jem. die Todesstrafe vollziehen*	
∘ supplicāre	bitten, anflehen	
supplicāre dīs	*die Götter anflehen*	
∘ **plōrāre**, complōrāre	jammern, laut weinen, schreien	
implōrāre	anflehen, erflehen	
explōrāre	erkunden, untersuchen (eigtl. das Wild herausrufen)	
poena *(griech.?)*	Strafe (eigtl. Bußgeld)	*(Pein, verpönt)*
poenās dare alicui(us) reī	*bestraft werden für etwas*	
pūnīre *(L 4)*	bestrafen, rächen	
impūne *Adv.*	ungestraft, straflos	
∘ **pollēre** *(ohne Perf.)*	(viel) vermögen, stark sein	
pōns, pontis *m.*	Brücke	*(Ponton)*
pontifex, -ficis	(Ober)priester (urspr. Brückenbauer?)	*(Pontifikat)*
populus *(etrusk.?)*	Volk	*(Pöbel, Population)*
populāris, -e	volkstümlich, volksfreundlich, Volks-	*(populär)*
populārēs, -ium	1. Landsleute 2. Volkspartei	
∘ populārī, dēpopulārī	verheeren, plündern (eigtl. mit Kriegsvolk verheeren)	
pūblicus	öffentlich, staatlich	*(Publikum)*
pūblicum	1. Öffentlichkeit 2. Staat, Staatseigentum	
pūblicē *Adv.*	im Namen, auf Kosten des Staates	
genus, modus, status reī pūblicae	*Staatsform, Verfassung*	
rem pūblicam capessere / *in rē pūblicā versārī*	*sich mit der Politik befassen*	
rem pūblicam gerere, regere	*den Staat leiten*	
∘ pūblicāre	verstaatlichen, beschlagnahmen	*(publizieren)*
porta *(vgl.* per*)*	Tor, Pforte	*(Portal)*
portus, -ūs	Hafen (eigtl. Durchfahrt zum Hafen)	
opportūnus	günstig (gelegen), geeignet	*(Opportunist)*
porticus, -ūs *f.*	Säulengang, (offene) Halle	
portāre	tragen, bringen	*(Porto)*
∘ dēportāre	wegbringen, verbannen	*(Deportation)*

[1] *sup-plex* gehört zu *com-plectī* ‘umfassen’ oder zu *plācāre* ‘glätten’.

post[1] *Adv.*	nachher	
annō, multō post	*ein Jahr, viel später*	
Präp. mit Akk.	1. hinter 2. nach	
post tergum	*hinter dem Rücken*	
post mortem	*nach dem Tode*	
posteā *Adv.*	nachher, später	
posterus	folgend	
posterō diē	*am folgenden Tag*	
posterī, -ōrum	die Nachkommen, Nachwelt	
posterior, -ius	der spätere, geringere	
postrēmus *(L 8)*	der letzte	
postrēmum *adv. Akk.*	zum letzten Mal	
postrēmō *Adv.*	zuletzt, schließlich	
◦ posteritās, -ātis *f.*	die Nachwelt, Zukunft	
postquam, posteāquam *Konj.*	nachdem	
◦ **pōtāre**	trinken, zechen	
pōculum	Becher, Trank	*(Pokal)*
◦ **potis**, -e	mächtig, imstande	
potior, -ius	vorzüglicher, tüchtiger	
potius *adv. Akk.*	vielmehr, eher, lieber	
potissimus	der vorzüglichste	
potissimum *adv. Akk.*	hauptsächlich, vornehmlich	
posse, possum, potuī *(L 12)*	können, vermögen	
satis, multum, plūrimum posse	*genügend, viel, sehr viel vermögen*	
potēns, -entis	mächtig	*(potentiell)*
◦ impotēns, -entis	unbeherrscht, haltlos, schwach	
potentia	Macht, Gewalt	*(potenzieren)*
potestās, -ātis *f.*	1. Macht, Amtsgewalt 2. Möglichkeit	
potestās vītae necisque	*Gewalt über Leben und Tod*	
in potestātem alicuius redigere	*in die Gewalt jemands bringen*	
potestātem colloquendī facere	*die Möglichkeit zum Gespräch geben*	
potīrī	sich (einer Sache) bemächtigen (eigtl. mächtig werden durch etwas)	
imperiō (od. rērum) potīrī	*sich der Herrschaft bemächtigen*	
prae *Präp. mit Abl.*	1. vor (Ortsangabe) 2. vor (Verhinderungsgrund)	
prae sē ferre	*vor sich hertragen, an den Tag legen*	
prae strepitū	*vor (lauter) Lärm*	

[1] Altlat. Nebenformen zu *post* sind *poste* und *pōne* (aus *posti-ne*).

praeter *Präp. mit Akk.*	1. an – vorbei 2. außer, gegen	
praeter castra	*am Lager vorbei*	
praeter eum omnēs	*alle außer ihm*	
praeter cēterōs	*mehr als die anderen*	
praeter opīniōnem, spem	*gegen die Erwartung*	
praetereā *Adv.*	außerdem	
∘ praestō (esse)	zur Stelle (sein), zur Verfügung (stehen)	
∘ **praedium**	Grundstück, Landgut	
prāvus	verkehrt, schlecht (eigtl. verbogen)	
∘ prātum	Wiese (urspr. Grasmulde)	
precēs, -um *f.*	Bitten, Gebet	*(prekär)*
precārī	1. bitten, beten 2. wünschen	
∘ dēprecārī	1. (um Gnade) bitten 2. verwünschen	
poscere[1], poposcī	fordern, verlangen	
poscere aliquid aliquem (und aliquid ab aliquō)	*etwas von jem. fordern*	
∘ dēposcere	fordern, sich ausbedingen	
postulāre *(L 15)*	fordern	*(Postulat)*
prehendere, -hendī, -hēnsum[2]	ergreifen	
comprehendere	erfassen, fassen, verhaften	
dēprehendere	ertappen, fassen	
reprehendere	tadeln	
praeda[2] *(L 9)*	Beute	
praedō, -ōnis	Räuber, Seeräuber	
premere, pressī, pressum	drücken	*(kom-primieren, pressen)*
∘ exprimere *(L 1)*	ausdrücken, darstellen	
opprimere	1. unterdrücken 2. überfallen	
pretium	Preis, Wert, Geld, Lohn	
interpres, -ětis	Vermittler, Übersetzer (eigtl. Zwischenhändler)	
interpretārī	deuten, ausdeuten	*(interpretieren)*
prior, -ius	der vordere, frühere	*(Priorität)*
prius *Adv.*	eher, früher	
priusquam, prius–quam *Konj.*	ehe, bevor	

---

[1] *poscō* aus *porc-sc-ō* (7.2 u. 15.2).

[2] *prehendō* (auch *prendō*) aus *prae-hendō*, *praeda* aus *prae-heda* (eigtl. vorweggenommenes Beutestück).

prīmus *(L 16)*	der erste, vorderste	*(Prim-zahl, primitiv)*
prīmum *Adv.*	zum ersten Mal	
prīmō *Adv.*	zuerst, anfangs	
imprīmīs *Adv.*	vor allem, besonders	
prīnceps, -cipis *(vgl.* capere*)*	1. der erste, vornehmste 2. der führende Mann, Fürst	*(Prinz, Prinzipal)*
prīncipium *(L 14)*	Anfang, Grundlage	*(Prinzip)*
ā(ē) prīncipiō nāscī, orīrī	*aus einem Grundstoff, einem Prinzip hervorgehen*	
prīncipātus, ūs	führende Stellung, Vorrang	*(Prinzipat)*
prīscus	alt, altehrwürdig	
prīstinus	früher, ehemalig	
prīdem *Adv. (L 16)*	längst, vor langer Zeit	
prīvāre	berauben	*(privat)*
prīvāre aliquem spē	*einen der Hoffnung berauben, die Hoffnung nehmen*	
prīvātus	persönlich, privat, *Subst.:* Privatmann	
prīvātim *Adv.*	für seine (eigene) Person, für sich	
prō[1] *Präp.*[2] *mit Abl.*	1. vor 2. für (Schutz, Vergeltung, Vertretung) 3. entsprechend	*(Pro-zent)*
prō moenibus	*vor der Stadtmauer*	
prō lībertāte certāre	*für die Freiheit kämpfen*	
prō meritīs grātiam referre	*für Verdienste danken*	
falsum prō vērō crēdere	*etwas Falsches für richtig halten*	
prō tempore et prō rē	*der Zeit und den Umständen entsprechend*	
prōnus	vorwärts geneigt, nach unten gerichtet	
procul *Adv.*	fern, weit	
probus	gut, tüchtig, redlich (eigtl. vortrefflich)	
improbus	schlecht, böse	
probāre, approbāre	1. billigen, gutheißen 2. beweisen	*(prüfen, Probe)*
aliquid mihi probātur	*etwas wird von mir gutgeheißen, findet meinen Beifall*	
proelium	Gefecht, Schlacht	
prope[3] *Adv.*	nahe, beinahe	
prope (propius, proximē) accēdere	*nahe (näher, ganz nahe) heranrücken*	
Präp. mit Akk.	nahe bei	
prope oppidum	*nahe bei der Stadt*	
prope Kalendās	*um (gegen) den Monatsersten*	

[1] Die altlat. Form *prōd* hat sich erhalten in *prōdesse*.
[2] *prō* ist Interjektion in Anrufen wie *prō dī immortālēs* 'bei den unsterblichen Göttern!'
[3] *prope* ist wohl aus *pro-que* entstanden (vgl. *proximē*).

propior, -ius	der nähere	
proximus	1. der nächste 2. der letzte	*(ap-proximativ)*
proximā nocte	*in der letzten Nacht, in der folgenden Nacht*	
propinquus	1. benachbart, nahe 2. (nah) verwandt	
appropinquāre	nahe kommen, sich nähern	
propter *Präp. mit Akk. (18.2)*	1. nahe bei 2. wegen	
propter (od. prope) viam	*nahe bei dem Weg*	
propter frīgus	*wegen der Kälte*	
propter eā *Adv.*	deswegen	
properāre	eilen, beschleunigen	
venīre properō	*ich beeile mich zu kommen, ich komme eilends*	
◦ properē *Adv.*	eilends	
proprius	eigen, eigentümlich, individuell	
proprius hominis	*dem Menschen eigentümlich, wesenhaft*	
prōvincia	Amtsbereich, Provinz	
◦ **pūbēs**, -eris	geschlechtsreif, erwachsen	*(Pubertät)*
pudet, -uit, *Inf.* pudēre	es beschämt	
pudet mē alicuius (reī)	*ich schäme mich über jem. (etwas)*	
pudor, -ōris *m.*	Scham, Scheu, Ehrgefühl	
pudīcus	schamhaft, ehrbar	
repudiāre	zurückweisen, verschmähen	
puer, -erī	Knabe, Kind	
puella *(11.1)*	Mädchen	
pueritia	Kindheit, Jugendalter	
pūgnāre	kämpfen	
pūgna	Kampf	
expūgnāre	erobern, besiegen	
oppūgnāre	bekämpfen, angreifen, stürmen	
◦ oppūgnātiō, -ōnis *f.*	Sturmangriff	
◦ repūgnāre	widerstehen, widersprechen	
pulcher, -chra, -chrum	schön, herrlich	
◦ pulchritūdō, -inis *f.*	Schönheit	
pulvis, -eris *m.*	Staub	*(Pulver)*
◦ **pungere**, pupugī, pūnctum *(8.4)*	stechen, verletzen	
pūnctum	Punkt, Augenblick	
◦ **puppis**, -is *f. (dicht.)*	Achterdeck, Schiff	

pūrus	rein, klar, einfach	*(pur)*
pūrgāre	reinigen, rechtfertigen	*(purgieren)*
putāre	einschätzen, meinen, halten für (eigtl. einkerben, aufrechnen)	
aliquem beātum putāre	*einen für glücklich halten*	
amputāre *(16.2)*	beschneiden, abschneiden	*(amputieren)*
computāre	berechnen	*(Computer)*
disputāre	erörtern, diskutieren	
◦ disputātiō, -ōnis *f.*	(wissenschaftl.) Erörterung, Abhandlung	*(Disput)*
reputāre	überdenken	*(Reputation)*

Q

quadrātus *(zu* quattuor*)*	viereckig	*(Quader)*
quaerere, -sīvī, -sītum *(L 11)*	suchen, fragen	
causās, vērum quaerere	*die Ursachen, die Wahrheit suchen*	
dē nātūrā hominis quaerere	*über das Wesen des Menschen nachforschen*	
ex (ab) aliquō quaerere, quid sentiat	*jem. fragen, was er meine*	
quaesō	ich bitte	
quaestiō, -ōnis *f.*	Frage, Untersuchung	*(Quiz)*
quaestor, -ōris	Finanzbeamter, Quästor	
quaestus, -ūs	Erwerb, Gewinn	
acquīrere *(L 3 u. 11)*	erwerben, gewinnen	
conquīrere	zusammensuchen, sammeln	*(Konquistador)*
exquīrere	aussuchen, untersuchen	*(exquisit)*
inquīrere *od.* anquīrere	untersuchen, nachforschen	*(Inquisition)*
requīrere	1. aufsuchen 2. verlangen	*(requirieren)*
quatere, -iō, – , quassum	schütteln, erschüttern, schlagen	
concutere, -cussī, -cussum	erschüttern	
excutere	abschütteln	
percutere	erschüttern, durchstoßen	*(Perkussion)*
◦ **quercus**, -ūs *f.*	Eiche	
querī, questus sum *(L 11)*	klagen, sich beklagen	*(Querulant)*
querī dē aliquā rē (od. aliquid)	*klagen über etwas*	
◦ questus, ūs	Klage, Wehklage	
querēla	Klage, Beschwerde	*(Querele)*

quiēs, requiēs, -ētis *f.*	Ruhe, Erholung	*(Requiem)*
quiēscere, requiēscere, -ēvī	ruhen	
quiētus	ruhig, friedlich	*(quitt)*
∘ acquiēscere	zur Ruhe kommen	
tranquillus	ruhig, friedlich	*(Tranquillizer)*
quis, quid?	wer, was?	
quid ūtilitātis?	*was an Nutzen, welchen Nutzen?*	
Quid plūra dīcam?	*Warum, wieso soll ich noch mehr sagen?*	
Quid, quod eādem mente rēs dissimillimās comprendimus?	*Ja sogar die verschiedensten Dinge erfassen wir mit ein und demselben Verstand (eigtl. was soll man dazu sagen, dass ...)*	
▷ *nach* sī, nē:	irgendeiner, etwas	
si quis putet	*wenn einer glauben sollte*	
ne quid accidat	*damit nichts (nicht etwas) vorfällt*	
quī *(altlat.* quoi*)*, quae, quod	1. welcher, welche, welches 2. der, die, das	
quisquis, quidquid *(14.2)*	jeder der, alles was	*(Quisquilien)*
quidquid rēs exigit	*alles, was die Sachlage erfordert*	
quōquō modō possum	*auf welche Weise immer ich kann*	
aliquis, aliquid *(14.2)*	irgendeiner, jemand, etwas	
aliquī, aliqua, aliquod *Adj.*	irgendein, -eine, -ein	
quisquam, quicquam *(14.2)*	irgendjemand, irgendetwas (eigtl. irgendwie einer)	
Potestne quisquam ita dīcere?	*Kann irgendjemand so sagen?*	
Nēmō quicquam tāle cōnātur.	*Niemand versucht etwas Solches.*	
quisque, quidque *(14.2)*	jeder	
quisque, quaeque, quodque *Adj.*	jeder	
ūnusquisque *usw.*	jeder	
Sē quisque nōscat.	*Jeder möge sich selbst erkennen.*	
Iūstitia suum cuique tribuit.	*Die Gerechtigkeit teilt jedem das Seine zu.*	
Līber populus dēliget optimum quemque.	*Ein freies Volk wird gerade die Besten wählen.*	
quīcumque *usw.*	wer auch immer, jeder der	
quīdam, quaedam, quiddam	ein gewisser, ein bestimmter usw.	
quīdam, quaedam, quoddam *Adj. (17.3)*	ein gewisser, ein bestimmter usw. *Pl.:* einige, manche	
vis quaedam dīvīna	*eine sozusagen göttliche Kraft, eine Art göttliche Kraft*	
∘ quīlibet *usw. (14.2)* quīvīs *usw. (14.2)*	jeder (beliebige)	
-que *(enklitisch)*	und	

cum *(altlat.* quom, *L 5) Konj.*	1. indem (Modalsatz) 2. als, sooft, wenn (Temporalsatz) 3. da (Kausalsatz) 4. obgleich (Konzessivsatz) 5. während dagegen (Adversativsatz)
-cumque *(z. B.* quīcumque*)*	(auch) immer (Verallgemeinerungspartikel)
quondam *(17.5)*	einst, einmal
quoniam *Konj. (19.4)*	weil (schon), da ja
quam	1. wie, wie sehr (ausrufend oder fragend) 2. wie, als (beim Vergleich) 3. möglichst (beim Superlativ)
Quam multī annī sunt?	*Wie viele Jahre sind es schon her?*
Tam apertē loquor quam tū.	*Ich rede so offen, wie du.*
Accipere quam facere praestat iniūriam.	*Unrecht leiden ist besser als Unrecht tun.*
Quam plūrimīs prodesse velīmus.	*Wollen wir möglichst vielen nützen!*
quamquam *Konj.*	obwohl (Gliedsatz) indes (Hauptsatz)
quamvīs *Adv.*	beliebig, noch so (bei Adj. und Adv.)
Konj.	wenn auch (noch so)
Aetās quamvīs longa effluit.	*Auch ein noch so langes Leben verfließt einmal.*
Turpe, quamvīs occultētur, honestum fierī nōn potest.	*Etwas Böses kann, wenn es auch (noch so) vertuscht wird, nicht gut werden.*
quandō *(aus* quam-dō, *17.3)*	wann
sī quandō	wenn einmal
aliquandō	irgendwann, einmal
quantus *(aus* quam-tus*)*	wie groß *(Quantität)*
quantum	wie viel *(Quantum)*
◦ quantulus	wie klein
aliquantum	ziemlich viel, beträchtlich
quālis, -e	wie beschaffen, was für ein *(Qualität)*
quidem *(vgl.* id-em, *14.1)*[1]	1. gerade (bekräftigend) 2. wenigstens (einschränkend) 3. zwar (einräumend) 4. freilich (entgegenstellend)
nē . . . quidem	nicht einmal . . ., auch nicht
équidem	allerdings, wirklich
quippe *(aus* quid-pe*)*	freilich, ja (eigtl. wie denn)

[1] *quidem* wird nach Pronomina oft nicht übersetzt, z. B. *hīs quidem verbīs* 'mit diesen Worten'.

quod *Konj.*	1. weil, da (Kausalsatz) 2. dass, wenn (Subjekt- oder Objektsatz)
nōn est quod	*es gibt keinen Grund dafür, dass*
eō magis quod	*umso mehr als*
quia *(19.2)*	weil
quī *(eigtl. Abl.)*	wie
Quī id probārī potest?	*Wie kann das gebilligt werden?*
quīn *(aus* quī-ne*) Adv.*	wieso nicht?
Konj.	dass (nach Ausdrücken des Zweifelns)
Relativum	der, die, das nicht (= quī nōn, quae nōn, quod nōn)
Quīn potius ita dīcis?	*Warum sagst du nicht lieber so?*
Quis dubitet, quīn in virtūte dīvitiae sint?	*Wer möchte zweifeln, dass in der Tugend ein Reichtum liegt?*
Nēmō est, quīn id probet.	*Es gibt keinen, der das nicht billigt.*
Nihil est, quīn intereat.	*Es gibt nichts, was nicht unterginge.*
quīn etiam, immō	ja, sogar
◦ aliōquī(n) *(17.5)*	sonst
nequīquam *(17.5)*	vergeblich (eigtl. nicht irgendwie)
quō 1. *Abl. instr.*	wodurch (bei relat. Verknüpfung: dadurch)
2. *Abl. mens.*	je (eigtl. um wieviel)
3. *Konj.* (= ut eō)	damit umso (bei relat. Verknüpfung: umso)
4. *Adv. (17.3)*	wohin (nach sī: irgendwohin)
Dīc, quō dēlectēris!	*Sag, wodurch du erfreut wirst!*
Possessiō quō est maior, eō plūs requīrit.	*Je größer der Besitz ist, desto mehr verlangt er.*
Dēfīniō, quō facilius intellegātur.	*Ich definiere, damit man umso leichter einsieht.*
Quō vādis?	*Wohin gehst du?*
nōn quō *Konj.*	nicht etwa weil
quōminus *Konj.*	dass (nach bestimmten Ausdrücken) (eigtl. damit umso weniger)
◦ quoad *Konj.*	1. soweit 2. solange bis
quŏque	auch
cūr *(altlat.* quō-r*)*	warum
quā	1. wo 2. wie
nequāquam *(17.5)*	keineswegs, auf keine Weise
quot *(unveränd.)*	wie viele *(Quote)*
aliquot	einige, etliche
◦ quotus	der wievielte
quotus quisque	wie wenige
Quotus istud quisque fēcisset?	*Wie wenige hätten dies wohl getan?*
quotiēns	wie oft, so oft *(Quotient)*

R

radius	Strahl, Stab	*(Radius, Radio)*
rādīx, -īcis *f.*	Wurzel	*(Rettich, radikal)*
rāmus	Zweig, Ast	
rapere, -uī, -tum	raffen, rauben	
rapidus	reißend	*(rapid)*
rapīna	Raub	
∘ corripere	ergreifen, packen	
dīripere	plündern	
ēripere	entreißen	
rārus *(Adv. -ō)*	selten, vereinzelt, locker	*(Rarität)*
ratis, -is *f.*	Floß	
recēns, -entis	frisch, neu	*(rezent)*
regere, rēxī, rēctum	lenken, leiten (eigtl. geraderichten)	*(regieren, Regent)*
rēctus *(L 13)*	gerade, recht, richtig	
rēctā (viā)	*in gerader Richtung, geradeaus*	
regiō, -ōnis *f.* *(9.1)*	Richtung, Gegend	*(Region, regional)*
corrigere *(L 1)*	berichtigen, verbessern	*(korrigieren, korrekt)*
ērigere	aufrichten, ermutigen	
porrigere *(16.1)*	hinstrecken, darreichen	
pergere, perrēxī *(L 8)*	1. fortfahren (etwas zu tun) 2. sich aufmachen	
surgere, surrēxī *(L 8 u. 15)*	sich erheben, aufstehen	
rēx, rēgis	König	
rēgīna	Königin	
rēgius *(7.2)* } ∘ rēgālis, -e	königlich	
rēgnum	(Königs)herrschaft, (König)reich	
rēgnāre	König sein, herrschen	
rēgula	Richtschnur, Maßstab	*(Regel, regulieren)*
rogāre *(7.2)*	fragen, bitten (eigtl. sich an jem. wenden)	
interrogāre	fragen	*(Interrogativ-Pronomen)*
arrogantia	Anmaßung	*(Arroganz)*
∘ rogus	Scheiterhaufen (eigtl. aufgeschichtetes Holz)	
ergō[1]	also, folglich	
ergā[2] *Präp. mit Akk.*	gegen (freundlich)	
voluntās ergā aliquem	*die Gesinnung gegen jemand*	

---

[1] *ergō* ist vielleicht gebildet aus *ē regō* 'aus dieser Richtung, gerade'.
[2] *ergā* (wohl aus *ergō*) wurde an *contrā* angeglichen.

rēmus	Ruder
repēns, -entis *(Adv. -e)* / repentīnus	plötzlich, unerwartet
rēpere, rēpsī	kriechen, schleichen *(Reptil)*
rērī, ratus sum *(7.2)*	rechnen, meinen *(Rate, ratifizieren)*
ratus	1. in der Meinung 2. berechnet, gültig
senātūs cōnsultum ratum est	*ein Senatsbeschluss ist gültig, rechtskräftig*
◦ irritus *(L 1 u. L 12)*	erfolglos, ungültig
ratiō, -ōnis *f.*	1. Rechnung, Überlegung *(rational, Ration)* 2. (vernünftiger) Grund, Vernunft 3. Art und Weise, Verfahren 4. Lehre, Theorie
ratiōnem reddere alicuius reī	*Rechenschaft ablegen über etwas, eine Begründung geben für etwas*
ratiōnem habēre valētūdinis	*Rücksicht auf die Gesundheit nehmen*
ratiō docet, postulat	*die Vernunft lehrt, fordert*
omnī, hāc ratiōne	*auf jede, auf diese Weise*
ratiō Stoicōrum	*die Lehre der Stoiker*
rēs, reī	1. Habe, Sache, Ding *(real, Realismus)* 2. (Sach)lage, Tat(sache)
rēs Rōmāna – rēs Rōmānae	*der römische Staat – die römische Geschichte*
rēs secundae – rēs adversae	*Glück – Unglück, Erfolg – Misserfolg*
verbō – rē (vērā)	*angeblich – in Wirklichkeit, tatsächlich*
quam ob rem / eā rē, quā rē (quārē)	deshalb
reus	Angeklagter (eigtl. mit einer Rechtssache befasst)
retrō *Adv.*	zurück, rückwärts
rīdēre, rīsī, rīsum	lachen, verlachen
rīdiculus	lächerlich, spaßhaft
rigidus	starr, unbeugsam
rīpa	Ufer *(Revier)*
rītus, -ūs	1. (religiöser) Brauch 2. Sitte, Art *(Ritus, Ritual)*
rītē *Adv.*	brauchgemäß, auf rechte Weise
rīvus	Bach *(Rivale)*
dērīvāre	ableiten, abzweigen *(Derivat)*
rōbur, -oris *n.* *(L 11)*	1. Kernholz (der Eiche) 2. Stärke 3. Kerntruppen
rōbustus	stark, kräftig *(robust)*

∘ **rōdere**[1], rōsī, rōsum	nagen	*(Erosion)*
∘ rōstrum *(L 10)*	1. Schnabel (eigtl. Nagewerkzeug) 2. Rammspitze	
rōstra, -ōrum	Rednerbühne (auf dem römischen Forum)	
rota	Rad	*(Rotation)*
∘ rotundus	rund	
ruber, -bra, -brum	rot	*(Rubin, Rubrik)*
∘ ērubēscere, -uī	erröten	
rudis, -e	roh, ungebildet, unerfahren	*(rüde, Rudiment)*
ērudīre	bilden, unterrichten	
ruere[2], ruī, ruitūrus	1. stürzen, sich stürzen 2. aufwühlen	
ruīna	(Ein)sturz, Fall, *Pl.:* Trümmer	*(Ruin(e))*
obruere	überschütten, erdrücken	
rūmor, -ōris *m.*	Gerücht, Gerede	*(rumoren)*
rumpere, rūpī, ruptum *(8.4)*	brechen (trans.)	*(Rotte, ab-rupt)*
corrumpere	verderben, bestechen	*(korrupt)*
irrumpere	einbrechen, eindringen	
∘ ēruptiō, -ōnis *f.*	Ausbruch, Ausfall	*(Eruption)*
∘ rūpēs, -is *f.*	Felswand, Schlucht	
rūs, rūris *n.* *(L 11)*	Land, Landgut	
rūs īre	*auf das Land gehen*	
rūrī vīvere	*auf dem Lande leben*	
rūsticus	ländlich, bäuerlich, *Subst.:* Bauer	*(rustikal)*

S

sacer, -cra, -crum	1. heilig, geweiht 2. verflucht (einer Unterweltsgottheit übereignet)	*(sakral)*
sacrum	1. heiliger Gegenstand 2. gottesdienstliche Handlung, Opfer	
sacer deōrum (Iovī)	*den Göttern (dem Jupiter) heilig*	
sacrāmentum	Treueid, Diensteid	*(Sakrament)*
cōnsecrāre *(L 2)*	weihen	*(konsekrieren)*
obsecrāre	beschwören, anflehen	

[1] *rādere* 'schaben' zeigt Ablaut gegenüber *rōdere*.
[2] *ruere* ist wohl aus zwei urspr. verschiedenen Stämmen verquickt.

sacerdōs, -ōtis *m., f. (vgl.* dare*)*	Priester, Priesterin (eigtl. Opferdarbringer)	
sacrificium *(vgl.* facere*)*	Opfer	
sacrilegium *(vgl.* legere*)*	Tempelraub, Religionsfrevel	*(Sakrileg)*
∘ sancīre, sānxī, sānctum	heiligen, festsetzen	
sānctus	geweiht, heilig, ehrwürdig	*(Sankt)*
saeculum	Zeitalter, Jahrhundert	*(säkular)*
saepe *Adv.*[1]	oft, häufig (eigtl. gedrängt)	
saepe-numerō	oftmals	
saepīre, saepsī, -ptum	einzäunen, umhegen	
saevus	wütend, wild	
∘ saevīre	wüten, toben	
∘ **sagāx**, -ācis	scharfsinnig	
sagitta	Pfeil	
sāl, salis *m.*	1. Salz 2. Meer	*(Saline, Salat)*
salīre, -uī	springen	
dēsilīre *(L 1)*	herabspringen	
saltāre	tanzen	*(Salto)*
ex(s)ultāre *(L 7)*	aufspringen, jauchzen	
saltus, -ūs	Waldtal, Pass, Bergland (eigtl. bewaldete Bergweide)	
[**salum**	Meer]	
īnsula	1. Insel (eigtl. im Meer?) 2. Wohnblock	*(Insulaner)*
salvus	wohlbehalten, unverletzt	*(Salvator)*
salvē *(Imperativ)*	sei gegrüßt, willkommen!	
salūs, -ūtis *f.*	1. Wohl, Heil, Rettung 2. Gruß	
alicui salūtem dīcere	*einem seinen Gruß entbieten, einen grüßen*	
salūtāre	grüßen, begrüßen	*(salutieren)*
∘ salūtāris, -e	heilsam, ersprießlich	
salūber, -bris, -bre	heilsam, gesund	
solidus *(7.2)*	fest, ganz, echt	*(solid, Sold)*
sanguis, -inis *m.*	Blut	*(Sanguiniker)*
∘ cōnsanguineus	blutsverwandt	

[1] *saepe* ist eigtl. Neutrum eines verlorenen Adjektivs.

sānus	gesund, besonnen	*(Sanitäter)*
sānē *Adv.*	1. ganz, allerdings (bekräftigend)	
	2. immerhin (mit konzessiv. Konjunktiv)	
homō sānē levis	*ein ganz, ein allerdings leichtfertiger Mensch*	
sit sānē ita	*mag es immerhin so sein*	
īnsānus	wahnsinnig, rasend	
sānāre	heilen, gesund machen	*(Sanatorium)*
sapere, -iō	schmecken, Geschmack haben, verständig sein	
sapiēns, -entis	weise, verständig	*(Homo sapiens)*
sapientia	Weisheit, Einsicht	
◦ **sarcina**	Bündel, Bürde, *Pl.:* Gepäck	
satis (sat) *Adv.*[1]	genug	*(satt)*
satis magna pecūnia	*genug Geld*	
satis praesidiī	*genügend Schutz*	
satis superque	*übergenug, mehr als genug*	
satisfacere	Genüge tun	*(Satisfaktion)*
◦ satiāre	sättigen	
◦ **saucius**	verwundet	
◦ **scandere**, -dī	steigen, besteigen	*(skandieren)*
ascendere *od.* cōnscendere	hinaufsteigen, ersteigen	
dēscendere *(L 2)*	herabsteigen, hinabsteigen	*(Deszendenz)*
scelus, -eris *n.*	Verbrechen, Frevel	
scelestus	frevelhaft, *Subst.:* Verbrecher	
scelerātus *(L 11)*	frevelhaft, verflucht, *Subst.:* Verbrecher	
ab-**scindere**, -scidī, -scissum	abreißen, trennen	*(Abszisse)*
rescindere *(8.4)*	einreißen	
◦ excidium	Untergang	
scīre	wissen, verstehen (eigtl. scheiden)	
scītum *(bes.* plēbī-scītum*)*	Beschluss, Entscheidung	*(Plebiszit)*
haud sciō an (wie Adv. gebr.)	*vielleicht*	
scientia	Wissen, Kenntnis, Einsicht	
cōnscius	mitwissend, bewusst	
sibi cōnscius nūllīus culpae	*sich keiner Schuld bewusst*	
cōnscientia	1. Mitwissen 2. Bewusstsein, Gewissen	

[1] *satis* ist eigtl. ein erstarrter Nominativ mit der Bedeutung ‘Sättigung’.

nescīre	nicht wissen	
nesciō quō modō (od. pactō)	*irgendwie, unwillkürlich*	
nesciō quis, quid (auch cui usw.)	*irgendwer, irgendwas*	
nescius *od.* īnscius *(13.2)*	unwissend	
∘ ascīscere, -scīvī, -scītum	beiziehen, aufnehmen	
cōnscīscere	beschließen	
∘ scīscitārī	sich erkundigen, zu erfahren suchen	
scrībere, scrīpsī, -ptum	schreiben	*(Skriptum)*
scrīptor, -ōris *(L 13)*	Schriftsteller, Verfasser	
cōnscrībere	1. verfassen 2. (Truppen) ausheben	
patrēs cōnscrīpti	*'Väter und Beigeordnete' (Anrede der Senatoren)*	
dēscrībere *od.* dīscrībere	beschreiben	*(deskriptiv)*
∘ īnscrībere	einschreiben, betiteln	*(Inskription)*
∘ prōscrībere	öffentlich anschlagen, ächten	*(Proskription)*
∘ **scrūtārī**	untersuchen (eigtl. durchstöbern)	
∘ **sculpere**, -psī, -ptum	meißeln, schnitzen	
ob-**scūrus**	dunkel, verborgen (eigtl. bedeckt)	*(obskur)*
scūtum *(hierher?)*	Schild (deckender Langschild)	
secāre, -uī, sectum	schneiden	*(sezieren, Insekt)*
sīgnum *(vgl. S. 49 Fußn. 1)*	1. Zeichen, Feldzeichen	*(Signal)*
	2. Bildnis, Plastik (eigtl. Einschnitt)	
sīgna cōnferre, īnferre	*kämpfen, angreifen*	
sīgna et tabulae	*Plastiken und Gemälde*	
sīgnāre	1. bezeichnen 2. versiegeln	*(segnen)*
assīgnāre	anweisen, zuschreiben	
dēsīgnāre	bezeichnen, ernennen	*(designiert)*
cōnsul dēsīgnātus	*ein gewählter (aber noch nicht amtierender) Konsul*	
īnsīgnis, -e	ausgezeichnet, kenntlich	
īnsīgne, -is *n.*	Abzeichen, Kennzeichen	*(Insignien)*
sīgnificāre *(vgl.* facere*)*	bezeichnen, bedeuten	*(signifikant)*
secūris, -is *f.*	Beil, Axt	
sexus, -ūs *(zu* secāre?*)*	Geschlecht (eigtl. anderer Teil?)	*(sexuell)*
saxum (")	Steinblock, Fels	
sedēre, sēdī, sessum	sitzen	
assiduus	beständig, fleißig (eigtl. bei etwas sitzend)	
dēsidia	Untätigkeit, Trägheit (eigtl. das Dasitzen)	
īnsidiae, -ārum	Hinterhalt, Anschlag	
obsidēre	belagern	

obses, -idis	Geisel, Bürge	
possidēre *(vgl.* potis*)*	besitzen	*(Possessiv-Pronomen)*
possessiō, -ōnis *f.*	Besitz	
praesidium	Schutz, Besatzung, Stützpunkt	*(Präsidium)*
◦ residēre	sitzen (bleiben), zurückbleiben	*(Residenz)*
subsidium	Hilfe, *Pl.:* Reservetruppen	*(Subsidien)*
subsidiō mittere, venīre	*zu Hilfe (als Verstärkung) schicken, kommen*	
◦ subsellium	Bank, *Pl.:* Gericht	
sēdēs, -is *f.* *(7.2)*	Sitz, Wohnsitz	*(Sediment)*
sēdāre	beruhigen, stillen	*(Sedativum)*
cōnsīdere, -sēdī	sich setzen, sich niederlassen	
◦ obsīdere, -sēdī, -sessum	besetzen	
◦ **sēgnis**, -e	träg, lässig	
semel *Adv.*	einmal	
semper *Adv.* *(17.5)*	immer (eigtl. in einem fort)	
sempiternus	ewig (eigtl. in einem fortwährend)	
simplex, -icis	einfach, schlicht	*(simpel)*
singulī, -ae, -a *(L 6)*	1. einzelne 2. je einer	
singulīs legiōnibus	*an die Spitze der einzelnen Legionen*	
singulōs lēgātōs praeficere	*je einen Legaten stellen*	
singulāris, -e	einzeln, einzigartig	*(Singular)*
similis, -e *(L 6)*	ähnlich (eigtl. ein und derselbe)	*(Fac-simile)*
similis alicuius od. alicui	*einem ähnlich*	
verī similis, -e	*wahrscheinlich*	
dissimilis, -e	unähnlich	
◦ similitūdō, -inis *f.*	Ähnlichkeit	
simul *Adv.*	gleichzeitig, zugleich	
Konj.	sobald	
simulatque, simulac	sobald	
simulāre	1. nachahmen 2. vorgeben, heucheln[1]	*(Simulant)*
dissimulāre	verheimlichen, verleugnen[1]	*(As-similation)*
◦ īnsimulāre	(fälschlich) beschuldigen	
simulācrum	Bild, Abbild, Trugbild	
sincērus *(vgl.* caerimōnia*)*	rein, ehrlich (eigtl. einheitlich und heil)	
sēmi- *(z.B.* sēmidoctus*)*	halb- (in Zusammensetzungen)	*(Semi-finale)*
◦ sēstertius *(aus* sēmis-tertius*)*	Sesterz (näml. 2,5 Asse)	
senex, senis	bejahrt, alt, *Subst.:* Greis	*(senil)*
senior, -ōris	älter	*(Senior)*

[1] Merkvers: Quaé non súnt, simuló; quae súnt, ea díssimulántur.

senectūs, -ūtis *f.*	Greisenalter, Alter	
senātus, -ūs	Ältestenrat, Senat, Senatssitzung	
senātus habētur	*eine Senatssitzung wird gehalten*	
ad senātum referre	*vor den Senat bringen, im Senat Bericht erstatten*	
in senātū cēnsēre	*im Senat einen Antrag stellen*	
senātūs cōnsultum fit	*ein Senatsbeschluss kommt zu Stande*	
senātor, -ōris	Senator	
◦ cōnsenēscere, -senuī	altern	
sentīre, sēnsī, sēnsum	fühlen, meinen	*(sentimental)*
idem sentīre dē rē pūblicā	*die gleiche politische Anschauung vertreten*	
sententia	1. Meinung, Gedanke, Satz 2. Stimme (im Senat) 3. Urteil (des Richters)	*(Sentenz)*
ex animī meī (tuī usw.) sententiā	*nach bestem Wissen und Gewissen*	
sēnsus, -ūs *(L 10)*	Empfindung, Sinn, Denken	*(sensibel)*
commūnis sēnsus omnium	*der gesunde Menschenverstand*	
assentīrī, -sēnsus sum	beistimmen	
cōnsentīre	übereinstimmen	
cōnsēnsus, -ūs	Übereinstimmung	*(Konsens)*
dissentīre	abweichen, widersprechen	
◦ dissēnsiō, -ōnis *f.* *(L 10)*	Meinungsverschiedenheit, Streit	*(Dissens)*
◦ **sepelīre**, -īvī, -pultum	begraben, bestatten	
sepulcrum *(L 7)*	Grab, Grabmal	
sequī, secūtus sum	folgen	*(Sequenz)*
nātūram dūcem sequī	*der Natur als Führerin folgen*	
secundus	1. der folgende, zweite 2. günstig	*(Sekunde)*
secundum *Präp. mit Akk. (18.3)*	1. entlang (örtlich) 2. gleich nach (zeitlich) 3. gemäß (übertragen)	
secundum flūmen	*den Fluss entlang*	
secundum hunc diem	*(gleich) nach dem heutigen Tag*	
secundum nātūram	*nach der Natur, naturgemäß*	
◦ secus *Adv.*	anders, ungut (urspr. folgend, nicht gleichkommend)	
socius, socia *(7.2)*	Gefährte/in, Bundesgenosse	*(sozial, Sozio-logie)*
societās, -ātis *f.*	Gemeinschaft, Bündnis	
◦ sociāre	vereinigen, verbinden	*(assoziieren)*
assequī	einholen, erreichen	
cōnsequī	folgen, erreichen	*(konsequent)*
exsequī	ausführen, vollziehen	*(Exekutive)*
īnsequī	folgen, verfolgen	

obsequī	nachgeben, gehorchen (eigtl. entgegenkommen)	
persequī	verfolgen	
prōsequi	geleiten	
subsequī	(unmittelbar) folgen	
◦ sectārī, cōnsectārī	verfolgen, erstreben	*(Sekte)*
inquam, inquis *usw.*	ich sage usw. (in die wörtl. Rede eingestellt)	
serēnus	heiter	
cōn-**serere**, -seruī, -sertum	zusammenfügen, zusammenbringen	
proelium cōnserere	*ein Gefecht beginnen, liefern*	
manum, manūs cōnserere	*zum Nahkampf übergehen, Mann gegen Mann kämpfen*	
seriēs, -ēī	Reihe, Reihenfolge	*(Serie)*
sermō, -ōnis *m. (zu* serere?*)*	Gespräch, (Umgangs)sprache	
sermō familiāris	*vertrautes Gespräch, Gespräch mit Vertrauten*	
sors, sortis *f. (7.2)*	Los, Schicksal (urspr. wohl Losreihe)	*(Sorte)*
◦ sortīrī	(er)losen, erlangen	
dēserere	verlassen, im Stich lassen	*(desertieren)*
disserere	erörtern, sprechen über	*(Dissertation)*
◦ disertus	1. wohl geordnet 2. redegewandt	
◦ īnserere	einreihen	*(Inserat)*
praesertim *Adv.*	besonders, zumal	
serere, sēvī, **sat**um *(L 11)*	säen, pflanzen	
satus, sata *(dicht.)*	Sohn, Tochter	
īnsitus	eingepflanzt	
◦ seges, -etis *f. (zu* serere?*)*	Saat, Saatfeld	
sēmen, -inis *n.* (”)	Same	*(Seminar)*
sērius	ernst, ernsthaft	*(seriös)*
◦ **serpere**, -psī	kriechen, sich verbreiten (*Partizip:* Schlange)	
sērus *(Adv.* sērō*)*	spät, zu spät	*(Serenade)*
servāre, cōnservāre	1. bewahren, beobachten 2. retten	*(Konserve)*
observāre	beobachten, beachten	*(Observatorium)*
◦ reservāre	aufbewahren, aufsparen	*(reservieren)*
servus *(etrusk.?)*	Sklave, Knecht	
servīlis, -e	sklavisch, Sklaven betreffend	*(servil)*
servitium	Knechtschaft, Sklaverei, Sklavenschaft	
servitūs, -ūtis *f.*	Knechtschaft	
servīre	dienen, frönen	*(servieren)*

sī *Konj. (19.2)*	1. wenn, falls (Kondizionalsatz)	
	2. ob (abhäng. Fragesatz)	
sīn *(aus* sī-ne*)*	wenn aber	
◦ siquidem	wenn wirklich	
sīve, seu	oder wenn, oder	
sīve – sīve	sei es dass – oder dass	
nisi *(verkürzt:* nī*)*	wenn nicht, außer wenn	
nōn (nihil) – nisi	nur	
nisi forte, nisi vērō	es müsste denn sein dass	
etsī, etiamsī, tametsī	wenn auch, obgleich	
quasi *(aus* quam-sī*)*	1. wie wenn 2. gleichsam	
quodsī, quod sī	wenn aber, wenn nun	
sīc *Adv. (vgl.* hī-c*)*	so	
sīcut	sowie, wie	
siccus	trocken	*(Sekt)*
sīdus, eris *n. (L 11)*	Gestirn, Sternbild	*(siderisch)*
sīdera caelō īnfīxa	*Fixsterne*	
cōnsīderāre	betrachten, überlegen (urspr. Gestirne beobachten)	
dēsīderāre	ersehnen, vermissen (urspr. von den Sternen erwarten)	*(Desiderat)*
dēsīderium	Sehnsucht, Verlangen	
silēre, uī	schweigen	
silentium	Schweigen, Stille	*(Silentium)*
silva	Wald	*(Silvester)*
sine *Präp. mit Abl.*	ohne	
sine causā	*ohne Grund, ohne Ursache*	
sinere, sīvī, situm *(8.4)*	lassen, zulassen	*(situiert)*
situs, -a, -um	gelegen, liegend	
◦ situs, -ūs	1. Lage 2. Moder[1]	*(Situation)*
dēsinere, -siī	ablassen, aufhören	
pōnere[2], posuī, -situm	legen, setzen, stellen	*(Post, positiv, Position)*
aliquid in malīs pōnere	*etwas zu den Übeln rechnen*	
positum esse in aliquā rē	*beruhen auf etwas, liegen in etwas*	
antepōnere	voranstellen, vorziehen	
virtūtem omnibus rēbus antepōn.	*die Tugend allen anderen Dingen vorziehen*	

---

[1] *situs* 'Moder' gehört vielleicht zu einer anderen Wurzel (vgl. *sitis*).
[2] *pōnō* ist verschliffen aus *po-s(i)nō*.

compōnere	zusammenstellen, ordnen, schlichten	*(Komponist)*
dēpōnere	niederlegen, ablegen	*(Depot)*
dispōnere	verteilen, ordnen	*(disponieren)*
expōnere	aussetzen, auseinandersetzen, darlegen	*(Exponent)*
impōnere	hineinlegen, aufbürden	*(imponieren)*
praepōnere	voranstellen	*(Präposition)*
prōpōnere	vorlegen, in Aussicht stellen	
prōpositum	Vorsatz, Plan	
sinister, -tra, -trum	1. link, linkisch 2. unheilkündend	
sinistra	die linke Hand	
sinus, -ūs	1. Biegung, Bucht 2. Gewandbausch, Busen	*(Sinus, Cosinus)*
dis-**sipāre**	zerstreuen, verbreiten	
sitis, -is *f.*	Durst	
◦ sitīre	dürsten	
socer, -erī	Schwiegervater	
sōl, sōlis *m.*	Sonne	*(Solarium)*
sōlārī, cōnsōlārī	trösten, lindern	*(de-solat)*
sōlācium	Trost	
solēre, solitus sum	gewohnt sein, pflegen	
solitus	gewohnt, gebräuchlich	
īnsolēns, -entis	ungewohnt, überheblich	
solum	(Erd)boden, Grund	*(Sohle)*
sōlus	allein, einsam	*(Solo, Solist)*
sōlum *Adv.*	nur	
sōlitūdō, -inis *f.*	Einsamkeit, Einöde	
somnus	Schlaf, Schläfrigkeit	
somnium	Traum	
sonāre, -uī	tönen, erklingen	*(Kon-sonant, Sonate)*
◦ resonāre	widerhallen, erschallen	*(Resonanz)*
sonus	Ton, Laut	*(sonor)*
sonitus, -ūs	Schall, Geräusch	
◦ īn-**sōns**, īnsontis	unschuldig	
sordidus	schmutzig, schäbig, gemein	
soror, -ōris	Schwester	

spargere, sparsī, -sum	ausstreuen	
dispergere, -spersī, -sum *(L 2)*	zerstreuen	*(Dispersion)*
spatium	1. Bahn, (Zwischen)raum 2. Zeit(raum)	*(spazieren)*
speciēs, -ēī	1. Aussehen, Gestalt 2. Schein 3. Art, Idee	*(Spezies, speziell)*
aspicere, -spexī, -spectum *(L 1)*	erblicken, ansehen	
cōnspicere } ◦ cōnspicārī }	erblicken, ansehen	
cōnspicuus	sichtbar, auffallend	
cōnspectus, -ūs	Anblick, Blickfeld	
dēspicere	herabsehen, verachten	*(despektierlich)*
perspicere	durchschauen, erkennen	*(Perspektive)*
◦ perspicuus	ersichtlich, deutlich	
prōspicere	vor sich sehen: 1. voraussehen 2. sorgen für	*(Prospekt)*
prōspicere futūrōs cāsūs	*künftige Schicksalsschläge voraussehen*	
prōspicere salūtī cīvium	*für das Wohl der Bürger (vor)sorgen*	
respicere	berücksichtigen	*(Respekt)*
suspicere	(verehrend) aufblicken	
caelum, virum suspicere	*zum Himmel, zu einem Menschen aufblicken*	
suspectus	verdächtig (eigtl. von unten angesehen)	*(suspekt)*
suspicārī	verdächtigen, vermuten	
suspīciō, -ōnis *f.*	Verdacht, Vermutung	
spectāre	1. schauen 2. anstreben 3. prüfen	*(Spektrum)*
Terra ad orientem spectat.	*Ein Land liegt im Osten.*	
spectāculum	Schauspiel	*(Spektakel)*
ex(s)pectāre	ausschauen, (er)warten	
spernere, sprēvī, -ētum *(7.2)*	verwerfen, verschmähen (eigtl. wegstoßen)	
aspernārī	zurückweisen, verwerfen	
asper, -era, -erum	rauh, schroff (eigtl. abstoßend)	
spēs, speī	Hoffnung	
spērāre *(L 11)*	hoffen, erwarten	
dēspērāre	verzweifeln, aufgeben	*(Desperado)*
prosper(us) *(L 11)*	günstig (eigtl. erwartungsgemäß)	*(Prosperität)*
spīrāre	hauchen, atmen, beseelt sein	*(transpirieren)*
spīritus, -ūs	1. Hauch, Atem 2. Seele 3. Gesinnung	*(Spiritismus)*
splendidus	glänzend, prächtig	*(splendid)*

spolia, -ōrum	erbeutete Rüstung, Beute	
spoliāre	berauben, ausplündern	
spoliāre aliquem armīs	*einen der Waffen berauben, einem die W. nehmen*	
spondēre, spopondī, spōnsum	geloben, versprechen	
spōnsus, spōnsa *(L 10)*	der, die Verlobte	
respondēre	antworten, entsprechen	*(Korrespondenz)*
respōnsum	Antwort, Bescheid	
sponte *(*meā *usw.)*	aus eigenem Antrieb, von selbst	*(spontan)*
◦ **spuere**, spuī, spūtum	spucken	
◦ **spumāre** *(dicht.)*	schäumen	
stāgnum	Gewässer, Teich	*(Stagnation)*
stāre, stetī, stātūrus	stehen	
prōmissīs stāre	*zu seinen Versprechungen stehen, seine V. halten*	
stabilis, -e	fest(stehend), dauerhaft	*(stabil)*
statim *Adv.*	auf der Stelle, sofort	
statiō, -ōnis *f.*	1. Standort 2. Wachposten	*(Station)*
status, -ūs	Stellung, Zustand	*(Staat, Status)*
statua	Standbild	*(Statue)*
statūra	Gestalt, Wuchs	*(Statur)*
cōnstāre, -stitī	1. bestehen 2. kosten	
ex animō et corpore cōnstāre	*aus Leib und Seele bestehen*	
sibī cōnstāre	*konsequent sein (eigtl. zu sich selbst stehen)*	
magnō, parvō (cōn)stāre	*viel, wenig kosten*	
cōnstat *(mit Aci)*	es steht fest, ist bekannt	*(konstatieren)*
cōnstāns, -antis	beständig, standhaft, folgerichtig	*(konstant)*
cōnstantia	Beständigkeit, Standhaftigkeit	
distāre	1. entfernt sein 2. verschieden sein	*(Distanz)*
◦ ex(s)tāre	herausstehen, vorhanden sein	
īnstāre	bevorstehen, bedrängen	*(Instanz)*
◦ īnstar *n. (unveränd.)*	Gewichtsgleichheit[1], gleich viel, wie	
īnstar mūrī	*wie eine Mauer*	
obstāre	im Wege stehen, hindern	
praestāre *(aus* prae-stāre*)*	voranstehen, übertreffen	
praestāre cēterīs ingeniō	*die Übrigen an Begabung übertreffen*	
praestāns, -antis	vortrefflich, außerordentlich	
praestat *(mit Inf.)*	es ist besser	

[1] *īnstar* (aus *īnstāre*) ist urspr. der 'Einstand' des Waagebalkens.

	praestāre *(aus* praes-stāre*)*	leisten, erweisen (urspr. als Bürge einstehen)	
	praestāre aliquid	*etwas leisten, gewährleisten*	
	sē invictum praestāre	*sich als unbesiegbar erweisen*	
	restāre	übrig bleiben	*(Rest)*
	superstes, -stitis *(L 1)*	überlebend	
∘	superstitiō, -ōnis *f.*	Aberglaube (urspr. wohl Überlegenheit durch Magie)	
∘	postis, -is *m.*	Türpfosten	
	vestibulum	Vorhalle, Vorplatz (eigtl. Türplatz)	*(Vestibül)*
	statuere, -uī, -ūtum	aufstellen, feststellen, beschließen	*(Statut)*
	cōnstituere *(L 1)*	festsetzen, beschließen	*(konstituieren)*
	dēstituere	zurücklassen, im Stich lassen	
	īnstituere	1. einrichten 2. unterrichten	
	īnstitūtum	Einrichtung, Grundsatz	*(Institut)*
	restituere	wiederherstellen	
	sistere, stetī (stitī)	stellen, sich hinstellen	*(sistieren)*
∘	assistere, a(d)stitī	hintreten, dabeistehen	
	cōnsistere	1. bestehen aus (in) 2. sich hinstellen	*(Konsistenz)*
	dēsistere	abstehen, aufhören	
	ex(s)istere	auftreten, entstehen	*(Existenz)*
∘	īnsistere	1. hintreten, zusetzen 2. innehalten	*(insistieren)*
	resistere	widerstehen, innehalten	*(resistent)*
∘	subsistere	Halt machen, standhalten	
	dēstināre	festsetzen, bestimmen	*(prä-destiniert)*
	stēlla	Stern	*(Konstellation)*
	stēllae errantēs	*Planeten*	
	stérilis, -e	unfruchtbar	*(steril)*
	sternere, strāvī, strātum *(7.2)*	hinbreiten, hinstrecken	*(Straße)*
	struere, strūxī, strūctum	schichten, bauen	*(kon-struieren)*
	ex(s)truere	aufschichten, errichten	
	īnstruere	1. aufstellen, ausstatten 2. unterrichten	*(Instruktion)*
	aciem, exercitum īnstruere	*das Heer zum Kampf aufstellen*	
	īnstrūmentum	Werkzeug, Hilfsmittel	*(Instrument)*
	industria *(altlat.* indu = in*)*	Betriebsamkeit, Fleiß	*(Industrie)*
∘	**stilus**	Schreibstift, Schreibart	*(Stil)*
	stimulus	Stachel, Ansporn	*(stimulieren)*
	exstinguere, -stīnxī, -ctum *(8.4)*	auslöschen (eigtl. ausstechen)	
	distinguere[1]	unterscheiden	*(Distinktion)*

[1] *distinguere* gehört vielleicht zu *tinguere* 'färben'.

stirps, stirpis *f.*	1. Wurzelstock, Stamm 2. Ursprung
strēnuus	tatkräftig, regsam
strepitus, -ūs	Geräusch, Lärm
stringere, strīnxī, strictum *(8.4)*	1. schnüren, straff anziehen *(stringent, strikt)* 2. streifen, (Schwert) ziehen
◦ cōnstringere	zusammenschnüren, fesseln
obstringere	verstricken, verpflichten
studēre, -uī	Eifer zuwenden, sich bemühen, streben nach
studēre alicui reī	*sich bemühen um etwas, streben nach etwas*
studium	Eifer, Beschäftigung, Interesse *(Studium)*
studiōsus	eifrig, bemüht, interessiert
studiōsus discendī	*ums Lernen bemüht, eifrig im Lernen*
stultus, stolidus	dumm, töricht
stupēre, -uī	stutzen, staunen (eigtl. geschlagen sein) *(stupid)*
stuprum	Schändung, Unzucht
suāvis, -e *(L 15)*	süß, gefällig, angenehm
suādēre, suāsī, -sum	raten, zureden
persuādēre	einreden: überreden, überzeugen
persuādēre alicui, ut ...	*einen überreden, dass ...*
persuādēre alicui mit Aci	*einen überzeugen, dass ...*
sibi persuāsit *eī persuāsum est*	*er ist überzeugt*
sub *Präp. mit Akk.*	1. unter (Frage: wohin?) 2. gegen (zeitlich), nahe
sub iugum mittere	*unter das Joch gehen lassen*
sub lūcem	*gegen Tagesanbruch*
Präp. mit Abl.	unter (Frage: wo?)
sub imperiō alicuius esse	*unter der Herrschaft jemands stehen*
◦ **sūdor**, -ōris *m.*	Schweiß
cōn-**sul**[1], -is	Konsul (eigtl. Versammler des Senats)
cōnsul suffectus	*nachgewählter Konsul (anstelle eines ausgeschiedenen)*
Cn. Pompeiō M. Crassō cōnsulibus	*unter dem Konsulat des Cn. Pompeius und M. Crassus (55 v. Chr.)*
cōnsulāris, -e	konsularisch, *Subst.:* einstiger Konsul
cōnsulātus, -ūs	Amt des Konsuls, Konsulat

[1] Die verlorene Wurzel *sel-* bedeutete 'zusammennehmen' (vgl. L 7).

cōnsulere, -uī, -tum	1. befragen, beraten 2. sorgen (für) 3. Maßnahmen ergreifen (gegen jem.)	
cōnsulere senātum	*den Senat (amtlich) befragen*	
cōnsulere reī pūblicae	*für das Gemeinwesen sorgen*	
cōnsulere sevērē in aliquem	*streng verfahren gegen jem.*	
cōnsultum	Beschluss	
cōnsultō *Adv.*	mit Absicht, überlegt	
cōnsultāre	befragen, beratschlagen	*(konsultieren)*
cōnsilium	1. Ratsversammlung, Beratung 2. Rat, Plan, Beschluss	
∘ **sulcus**	Furche	
super *Adv.*	darüber	*(Superlativ)*
Präp. mit Akk.	über, über – hin	
super collēs	*über die Hügel (hin)*	
Präp. mit Abl.	über (betreffs)	
hāc super rē	*über diese Sache*	
∘ īnsuper *Adv.*	darüber, überdies	
superī, -ōrum	Götter (eigtl. Überirdische)	
superior, -ius	1. der obere, überlegene 2. der frühere	
suprēmus *(L 8)* / summus *(L 12)*	1. der oberste, höchste 2. der letzte	
summa	Hauptsache, Gesamtheit	*(Summe)*
imperiī summam tenēre	*die Gesamtleitung, den Oberbefehl haben*	
suprā *Adv.*	oberhalb, darüber	*(Sopran)*
Präp. mit Akk.	oberhalb, über	
suprā terram	*oberhalb, über der Erde*	
suprā modum	*über das rechte Maß hinaus*	
superāre	1. übertreffen 2. überwinden 3. übrig sein	
superbus	1. hochmütig, stolz 2. erhaben	
superbia	Hochmut, Stolz	
ab-**surdus**	misstönend, sinnlos	*(absurd)*
suus *(14.1)*	sein, ihr (eigtl. zugehörig, eigen)	
sed *(aus Abl.* suēd, sēd*)*	aber, sondern (eigtl. gesondert, eigens)	
∘ assuēscere, -suēvī / cōnsuēscere	sich gewöhnen (eigtl. sich zu eigen machen)	
cōnsuētūdō, -inis *f.*	1. Gewohnheit, Sitte 2. Umgang (mit jem.)	
∘ mānsuētus *(vgl.* manus*)*	zahm, mild (eigtl. an die Hand gewöhnt)	

T

tabula	1. Brett, Tafel 2. Gemälde 3. Urkunde	*(Tablett, Tabelle)*
tacēre, -uī	schweigen, verschweigen	
tacitus	verschwiegen, still	
◦ conticēscere, -uī *(L 1)*	verstummen	
taedium	Ekel, Überdruss	
taeter, -tra, -trum	abscheulich, hässlich	
tangere, tetigī, tāctum *(8.4)*	berühren	*(Tangente, Takt)*
integer, -gra, -grum *(L 2)*	1. unberührt, rein 2. unverletzt 3. unentschieden	*(Integration)*
◦ redintegrāre	wiederherstellen, erneuern	
◦ attingere, attigī *(L 1)*	berühren	
contingere	1. berühren 2. gelingen	*(Kontakt)*
◦ contāgiō, -ōnis *f.*	Berührung, Ansteckung	
tardus *(Adv.* tardē*)*	langsam, spät	
◦ tardāre, retardāre	verzögern, aufhalten	*(retardierend)*
taurus	Stier	
tegere, tēxī, tēctum	decken, bedecken	*(De-tektiv)*
tēctum *(L 13)*	Dach, Obdach, Haus	
toga *(7.2)*	Gewand, Toga	
◦ togātus	mit der Toga bekleidet, römisch	
prōtegere	schützen, schirmen	*(Protektion)*
tellūs, -ūris *f.* *(dicht.)*	Erde, Erdboden	
tēlum	Geschoss, (Wurf)waffe	
temere[1] *Adv.*	blindlings, planlos, unüberlegt	
temeritās, -ātis *f.*	Unüberlegtheit, Unbesonnenheit	
tenebrae, -ārum	Finsternis, Dunkelheit	
con-**temnere**, -tempsī, -ptum	verachten, nicht beachten	
temptāre[2], tentāre	1. befühlen 2. angreifen, versuchen	

---

[1] *temere* ist Lokativ eines verlorenen Substantivs mit der Bedeutung 'Dunkelheit' (17.2).
[2] Die Wurzeln *temp-* und *tend-* sind Varianten der Wurzel *ten-* 'spannen, strecken'.

tempus[1], -oris *n.*	1. Zeit 2. Lage, Verhältnisse (urspr. Zeitspanne)
ex tempore	*1. auf Grund der Zeitlage* *2. auf der Stelle, aus dem Stegreif* *(Extemporale)*
suō tempore	*zur rechten Zeit*
tempestās, -ātis *f.*	1. Gewitter, Ungewitter, Sturm 2. Zeit
temperāre *(L 11)*	1. ordnen, leiten (eigtl. eine Abgrenzung vornehmen) 2. richtig mischen, mäßigen *(Temperament,* 3. schonen *Temperatur)*
temperāre rem pūblicam	*den Staat ordnen, leiten*
temperāre sibī	*sich mäßigen, beherrschen*
temperāre hostibus	*die Feinde schonen*
temperantia	Mäßigung, Selbstbeherrschung
◦ obtemperāre	gehorchen (eigtl. sich hinordnen)
templum	heilige Stätte, Tempel (urspr. abgegrenzter Raum)
extemplō *Adv.*	sofort (eigtl. unmittelbar vom 'templum' aus)
contemplārī	betrachten *(Kontemplation)*
tendere[1], tetendī, tentum	spannen, strecken, zielen *(Tendenz)*
attendere, attendī	Acht geben, merken
contendere	1. anspannen 2. sich anstrengen: kämpfen, eilen, behaupten
contentiō, -ōnis *f.*	Anstrengung, Wettstreit
◦ extendere	ausstrecken, ausdehnen *(extensiv)*
intendere	anspannen, (sein Denken, Tun) richten auf
intentus	(an)gespannt, eifrig *(Intention)*
ostendere *(L 15)*	zeigen (eigtl. entgegenstrecken)
ostentāre	zeigen, prahlen *(ostentativ)*
◦ portentum	(schlimmes) Vorzeichen, Ungeheuer (eigtl. Hingerecktes)
tenēre, -uī, tentum	halten, festhalten (eigtl. gespannt halten)
abstinēre *(L 1)*	fern halten, sich fern halten von *(Abstinenz)*
(sē) abstinēre (ab) iniūriā	*sich des Unrechts enthalten*
continēre	zusammenhalten, behalten, zurückhalten
continērī (in) aliquā rē	*beruhen auf etwas*
continēns, -entis	1. zusammenhängend, ununterbrochen 2. beherrscht, enthaltsam 3. Festland *(Kontinent)*
continuus	zusammenhängend
continuō *Adv.*	sofort

[1] Die Wurzeln *temp-* und *tend-* sind Varianten der Wurzel *ten-* 'spannen, strecken'.

continuāre	aneinander fügen, fortsetzen	*(kontinuierlich)*
contentus	zufrieden	
contentus suō, parvō	*mit dem Seinen, mit wenigem zufrieden*	
obtinēre	1. festhalten 2. behaupten	
pertinēre	sich erstrecken, sich beziehen auf	
pertinēre ad vītam, ad nōs	*sich auf das Leben, auf uns beziehen*	
◦ pertināx, -ācis	beharrlich, hartnäckig	
retinēre	zurückhalten	
sustinēre	aushalten, tragen	
sustentāre	aufrecht(er)halten, aushalten	
tenuis, -e	dünn, schwach, gering (eigtl. gedehnt)	
tenus *Präp. mit Abl. (Gen.)*	bis – hin	
hāctenus, quātenus	*bis hierher, insofern*	
prōtinus *Adv.*	1. vorwärts 2. sogleich	
tener, -era, -erum	zart, jung	
◦ **tepēre**, -uī	lau(warm) sein	
terere, trīvī, trītum *(7.2)*	1. reiben, abnutzen 2. (Zeit) verbringen	
dētrīmentum	Verlust, Schaden (eigtl. Abrieb)	
◦ septentriōnēs, -um *m. (auch Sgl.)*	Norden, der Große Bär (eigtl. die 7 Dreschochsen)	
tergum	1. Rücken 2. Rindsleder	
terga vertere, dare	*fliehen*	
◦ **terminus**	Grenze (urspr. Grenzpfahl)	*(Termin)*
trāns *Präp. mit Akk. (18.3)*	über (hinüber), jenseits	
trāns mare nāvigāre	*über das Meer segeln*	
trāns flūmen incolere	*jenseits des Flusses siedeln*	
terrēre, -uī, -itum	schrecken, erschrecken (trans.)	
terror, -ōris *m.*	Schrecken	*(Terror)*
perterrēre	erschrecken, einschüchtern	
◦ **testa**	Schale, Tonscherbe	
◦ testūdō, -inis *f.*	1. Schildkröte 2. Schilddach	
texere, texuī, textum	weben	*(Text, Textilien)*
subtīlis[1]	fein, genau (eigtl. feingewebt)	*(subtil)*
timēre, -uī	fürchten	
timēre ignōminiam	*Schande fürchten*	
timēre lībertātī	*für die Freiheit fürchten*	
timēre, nē id accidat	*fürchten, dass sich das ereigne*	

[1] *subtīlis* ist aus *sub-tex-lis* entstanden.

timidus	furchtsam	
timor, -ōris *m.*	Furcht	
∘ pertimēscere, -timuī	in Furcht geraten	
∘ **ting(u)ere**, tīnxī, tīnctum	eintauchen, färben	*(Tinte, Tinktur)*
∘ **tīrō**, -ōnis *(griech.?)*	ungeübter Soldat, Neuling	
titulus	Aufschrift, Ehrentitel	*(Titel)*
tollere, sustulī, sublātum	aufheben, beseitigen *(vgl.* ferre*)*	
tolerāre	ertragen, aushalten	*(tolerant)*
∘ **tondēre**, totondī, tōnsum	scheren, abschneiden	
∘ at-**tonitus**	bestürzt (eigtl. angedonnert)	
torpēre, -uī	starr sein, gelähmt sein	
torquēre, torsī, tortum	1. drehen 2. foltern	*(Torte, Tortur)*
tormentum *(L 15)*	1. Wurfgeschütz 2. Folter	
∘ **torrēre**, -uī, tostum *(15.1)*	dörren, versengen	
terra	Erde, Land (urspr. das Trockene)	*(Terrarium)*
terrēnus	irden, aus Erde, auf der Erde	
∘ **torus** *(dicht.)*	Wulst, Bettpolster, Bett	
tōtus	ganz	*(total)*
trahere, trāxī, tractum	ziehen, schleppen	*(Trakt, Traktor)*
abstrahere	wegschleppen, trennen	*(abstrakt)*
∘ contrahere	zusammenziehen, (Geschäfte) abschließen	
dētrahere	herabziehen, wegnehmen	
tractāre	1. behandeln 2. besprechen	*(trachten, trak-*
∘ dētrectāre *(L 2)*	1. herabsetzen 2. ablehnen	*tieren)*
tremere, -uī	zittern	*(Tremolo)*
∘ **trepidus**	unruhig, aufgeregt	
trepidāre	hasten, aufgeregt sein	
trēs, tria	drei	*(Trio)*
∘ ter *Adv.*	dreimal	
tertius	der dritte	*(Terz)*
tertium *adv. Akk.*	zum dritten Mal	
∘ ternī, -ae, -a	je drei	
triplex, -icis	dreifach	

testis, -is *m.*, *f.* *(vgl.* stāre*)*	Zeuge/in (eigtl. der dritte Dabeistehende)	*(Test)*
testimōnium	Zeugnis, Beweis	
testārī	als Zeugen anrufen, bezeugen	*(testieren)*
testāmentum	letztwillige Verfügung, Testament	
obtestārī	beschwören	
tribus, -ūs *f.*	Bezirk (urspr. Volksdrittel, Abteilung)	
tribūnus	Tribun (mit Aufsichts- und Vertretungsfunktionen)	
◦ tribūnal, -ālis *n.*	Richterstuhl, Gerichtshof	*(Tribunal)*
tribuere, -uī, -ūtum	zuteilen, zuweisen	
tribūtum	Abgabe, Steuer	*(Tribut)*
distribuere	verteilen	*(distributiv)*
trīstis, -e	traurig, finster, muffig	*(trist)*
triumphus	Triumphzug (eigtl. Freudenruf)	*(Trumpf)*
◦ **trūdere**, trūsī, trūsum	stoßen	
◦ **truncus**	Stamm, Rumpf	
tū *(14.1)*	du	
tuus *(14.1)*	dein	
tuba	Trompete	*(Tube)*
tuērī	im Auge haben, schützen	*(Tutor)*
tūtus *(Adv. -ō)*	geschützt, sicher	
tūtus ā perīculīs	*vor Gefahren geschützt*	
intuērī	betrachten	*(intuitiv)*
◦ tūtārī	schützen	
tūtēla	Schutz, Vormundschaft	
tum[1], tunc *adv. Akk. (17.3)*	damals, dann, darauf	
tum – tum	bald – bald	
cum – tum	sowohl – als besonders	
tam *adv.Akk. (17.3)*	so, dermaßen	
tamquam	(gleich) wie, (gleich) als ob	
tamen, attamen	doch, dennoch	
tandem *(L 14, vgl.* īdem*)*	1. endlich (in Aussagen) 2. denn eigentlich (in Fragen)	
Quid tandem id est?	*Was ist das (denn) eigentlich?*	

[1] Der Pronominalstamm *to-/ta-* hat sich im Akkusativ des griech. Artikels besonders gut erhalten: τόν, τήν, τό(δ).

tantus *(L 14)*	so groß	
tantum	1. so viel 2. nur, bloß (eigtl. nur so viel)	
tantum operae et temporis	*so viel Mühe und Zeit*	
tantī esse, aestimāre	*so viel wert sein, so hoch einschätzen*	
tantum id dīcam	*ich will nur das sagen*	
tantum-modo	nur, lediglich	
◦ tantulum	so wenig	
tālis, -e	derartig, so beschaffen, solch	
tot *(aus* toti, *unveränd.)*	so viele	
tot rēs et tantae	*so viele bedeutende Dinge*	
◦ tótidem *(unveränd.)*	ebenso viele	
totiēns *Adv.*	so oft	
tumor, -ōris *m.*	1. Geschwulst 2. Gemütswallung	*(Tumor)*
tumulus	Hügel, Grabhügel (eigtl. Bodenschwelle)	
tumultus, -ūs	Aufruhr, Unruhe	*(Tumult)*
contumēlia	Beleidigung, Schmach	
◦ **tundere,** tutudī, tūsum	stoßen, schlagen	
◦ tussis -is *f.*	Husten (eigtl. das Aufstoßen)	
turba	Trubel, Getümmel, Menge	*(Trubel)*
turbāre, perturbāre	verwirren, stören	*(Turbine)*
turbidus	aufgewühlt, stürmisch	
◦ turma	Schar, Reiterabteilung	
turpis, -e	hässlich, schimpflich, (sittlich) schlecht	
turris, -is *f.*	Turm	

U

◦ **ūber**, -eris *n.*	Euter	
ūber, -eris	fruchtbar, reichlich	
ubi *(aus* quubi, *17.3)*	1. wo 2. sobald	
◦ alícubi	irgendwo	
ubīque	überall	
unde *(17.3)*	woher	
úndique *(L 1)*	von überallher, von allen Seiten	
uter[1], utra, utrum	wer (von zweien)	

[1] *uter* entstand aus *quo-ter-os* (vgl. 14.3).

utrum *(Fragepartikel)*	1. unübersetzt (in unabhäng. Doppelfragen)
	2. ob (in abhäng. Doppelfragen)
Utrum ea vestra an nostra culpa est?	*Ist das eure oder unsere Schuld?*
Dissēnsiō est, utrum deī nihil agant an ab iīs omnia facta sint.	*Es ist eine Streitfrage, ob die Götter nichts machen oder ob von ihnen alles geschaffen ist.*
uterque, utraque, utrumque	jeder (von zweien)
utrimque	auf beiden Seiten
néuter, -tra, -trum	keiner (von zweien) *(Neutrum)*
ut, utī *Adv.*	wie
Konj.	1. dass (Subjekt- u. Objektsatz)
	2. dass, damit (Finalsatz)
	3. dass, so dass (Konsekutivsatz)
	4. sobald, sooft (Temporalsatz)
	5. gesetzt dass (Konzessivsatz)
ut . . . itā, sīc	zwar . . . aber
utinam	dass doch, wenn doch (in Wunschsätzen)
◦ útique	jedenfalls
◦ prout	je nachdem (eigtl. im Verhältnis wie)
◦ usquam[1]	irgendwo
nūsquam *(aus* ne-usquam*)*	nirgends
umquam	jemals
numquam	niemals, nie
nōnnumquam	manchmal, bisweilen
ex-**uere**, -uī, -ūtum	1. ausziehen, ablegen 2. berauben
hūmānitātem exuere	*die Menschlichkeit ablegen*
aliquem armīs exuere	*jem. der Waffen berauben*
induere *(altlat.* indu=in*)*	anziehen, anlegen
◦ ad-**ūlārī**	schmeicheln (eigtl. anwedeln)
ulcīscī, ultus sum	(sich) rächen, strafen
ulcīscī inimīcōs	*sich an den Feinden rächen*
ulcīscī iniūriās	*sich rächen für Unrechtshandlungen*
umbra	Schatten
umerus (humerus)	Schulter
ūmor (hūmor), -ōris *m.*	Feuchtigkeit, Flüssigkeit *(Humor)*
unda	Welle, Gewässer
abundāre *od.* redundāre	Überfluss haben, reichlich vorhanden sein
abundāre, redundāre aliquā rē	*reich sein an etwas*

[1] *us-* ist wohl aus *uts* entstanden (vgl. *ab* = *abs*).

◦ **unguere**, ūnxī, ūnctum	salben, einkremen	
ūnus *(altlat.* oinos, *L 4 u. L 5)*	ein, einzig	*(Union)*
ūnā *Adv.*	zusammen (mit), zugleich	
ūllus *(aus* oin-los, *L 12)*	irgendein(er)	
ūnicus	einzig, einzigartig	*(Unikum)*
ūniversus	gesamt, ganz	*(universal)*
ūniversum	Weltall	*(Universum)*
nōn *(aus* ne-oinom, *L 9)*	nicht (eigtl. nicht einen)	
nōn nihil	manches	
nihil nōn	alles	
nūllus *(aus* ne-ūllus*)*	kein	*(Null)*
nōnnūllī, -ae, -a	einige, manche	
nōndum	noch nicht	
urbs, urbis *f.*	Stadt	
urbānus	städtisch, kultiviert	*(urban)*
ūrere, ussī, ustum *(L 11)*	brennen, verbrennen (trans.)	*(Büste)*
urgēre, ursī	drängen, bedrängen	*(urgent)*
urna *(dicht.)*	Krug, Topf	*(Urne)*
ūsque[1] *Adv.*	ununterbrochen, fortwährend	
ūsque ad vesperum	*bis zum Abend*	
ūsque ab hīs temporibus	*seit diesen Zeiten*	
quo-ūsque	wie lange (noch), wie weit	
ūtī, ūsus sum	gebrauchen, benützen	
ūtī exemplō, argumentō	*ein Beispiel, einen Beweis gebrauchen*	
ūtī aliquō teste	*jem. als Zeugen haben, nehmen*	
ūsus, -ūs *(L 10)*	1. Gebrauch, Nutzen 2. (praktische) Erfahrung 3. Bedarf	
ūsurpāre *(vgl.* rapere*)*	sich aneignen, gebrauchen (eigtl. durch Nutzung erwerben)	*(usurpieren)*
ūtilis, -e	brauchbar, nützlich	*(Utilitarist)*
ūtilitās, -ātis *f.*	Nutzen, Vorteil	
abūtī	ausnützen, missbrauchen	*(Abusus)*
◦ **ūva**	Traube	
uxor, -ōris	Gattin	

[1] *ūsque* bezeichnet das ganze Durchlaufen einer Weg- oder Zeitstrecke.

vacāre	leer sein, frei sein	*(vakant)*
vacuus	leer, frei	*(Vakuum)*
vacāre, vacuus dolōribus	*frei sein, frei von Schmerzen*	
vānus	nichtig, eitel, eingebildet	
vādere *(ohne Perf.)*	schreiten, gehen	
ēvādere, ēvāsī, -sum	1. ausgehen, entkommen 2. (etwas) werden	
somnium vērum ēvādit	*ein Traum wird wahr*	
invādere	eindringen, angreifen	*(Invasion)*
invādere (in) hostēs	*die Feinde angreifen*	
vadum	Furt, seichtes Wasser	
∘ **vagus**	(umher)schweifend, unstet	*(vage)*
vagārī	umherschweifen, sich verbreiten	*(Vagabund)*
valēre, -uī	1. gesund sein 2. vermögen, gelten	*(Valenz, Valuta)*
multum (nihil) valēre	*viel (nichts) vermögen, großen (keinen) Einfluss haben*	
validus	gesund, stark	*(In-valide)*
valdē *Adv. (L 8)*	sehr	
valētūdō, -inis *f.*	Gesundheitszustand: Gesundheit, Krankheit	
bonā valētūdine ūtī, esse	*guten Gesundheitszustand haben, gesund sein*	
cōnvalēscere, -valuī	erstarken, genesen	*(Rekonvaleszent)*
vallis, -is *f.*	Tal	
vallum	Verschanzung, Wall	
intervallum	Zwischenraum, Zwischenzeit	*(Intervall)*
varius	1. bunt, mannigfach 2. wankelmütig	*(variieren)*
varietās, -ātis *f.*	Buntheit, Vielfalt	*(Varieté)*
vās, vāsis *n. (Pl.:* vāsa, -ōrum*)*	Gefäß (*Pl.:* Gefäße, Geräte)	*(Vase)*
vastus *(urspr. 2 Stämme?)*	1. öde, wüst 2. riesig	
vastāre	verwüsten	
vātēs, -is *m., f.*	Seher(in), Dichter	
-ve *(enklit.)*	oder (bei mehreren Möglichkeiten)	
ūnus plūrēsve	*einer oder mehrere*	
vehere, vēxī, vectum	fortbewegen, (jem., etw.) fahren	*(Vehikel, Vektor)*
vehī, vectus sum	sich fortbewegen, fahren (auf)	
currū, nāve vehī	*auf einem Wagen, einem Schiff fahren*	
invehī	hineinfahren, losfahren (auf jem.)	*(Invektive)*

vehemēns, -entis	heftig, gewaltig (eigtl. auffahrend)	*(vehement)*
vectīgal, -ālis *n.*	Abgabe, Steuer	
vectīgālia exercēre et exigere	*Steuern erheben und eintreiben*	
vexāre *(zu* vehere?*)*	quälen, heimsuchen	*(Vexier-bild)*
velle, volō, voluī	wollen	
vel	1. oder 2. wohl, sogar	
vel – vel	entweder – oder	
vel maximē	*wohl, sogar am meisten*	
velut, velutī	(gleich) wie, wie zum Beispiel	
voluntās, -ātis *f. (L 7)*	Wille, Absicht	
voluntārius	freiwillig	*(Volontär)*
voluptās, -ātis *f.*	Vergnügen, Lust	
benevolentia	Wohlwollen	
nōlle, nōlō, nōluī *(L 9)*	nicht wollen	*(nolens volens)*
mālle, mālō, māluī *(L 9)*	lieber wollen, vorziehen	
invītus *(vgl.* vīs *du willst)*	ungern (eigtl. gegen den Willen)	
Invītus id fēcī.	*Das habe ich ungern (gegen meinen Willen) getan.*	
Mē invītō id fēcistī.	*Das hast du gegen meinen Willen getan.*	
invītāre	einladen (eigtl. willkommen heißen)	
vellere, vellī, vulsum	ausrupfen, ausreißen	
◦ āvellere	losreißen, entreißen	
vulnus, -eris *n. (zu* vellere?*)*	Wunde, Verletzung	
vulnerāre	verwunden, verletzen	
vēlōx, -ōcis	schnell, behend	*(Veloziped)*
vēlum	Segel, Vorhang	*(Velar)*
vēlāre	verhüllen	
vēna	Ader, Vene	*(Vene)*
vēnārī	jagen	
vendere[1], -didī, -ditum	verkaufen	
parvō pretiō, minōris vendere	*billig, billiger verkaufen*	
vēnīre[1], vēniī	verkauft werden	
venīre, vēnī, ventum	kommen	
adventus, -ūs	Ankunft, Anmarsch	*(Advent)*
circumvenīre	umzingeln, bedrängen	

[1] *vendere* ist zusammengezogen aus *vēnum dare* 'zum Verkauf stellen', *vēnīre* aus *vēnum īre* 'zum Verkauf gehen'.

convenīre	1. zusammenkommen 2. antreffen 3. zusammenpassen	*(Konvention)*
convenīre ad aliquem	*bei jem. zusammenkommen*	
convenīre aliquem	*jem. treffen, besuchen*	
convenīre alicui (alicui reī)	*zu jem. (etw.) passen*	
quī convenit?	*wie passt es zusammen, wie stimmt es?*	
pāx convenit	*Friede kommt zu Stande, man einigt sich über den Frieden*	
conventus, -ūs	Zusammenkunft, Versammlung	*(Konvent)*
cōntiō, -ōnis *f. (L 9)*	Volksversammlung, Heeresversammlung	
ēvenīre	sich ereignen, zustoßen	
ex quō ēvenit, ut . . .	*daher kommt es, dass . . .*	
ēventus, -ūs	Ausgang, Erfolg	*(eventuell)*
invenīre	finden, erfinden	*(Inventar, -tur)*
pervenīre	(ans Ziel) gelangen	
subvenīre	zu Hilfe kommen, abhelfen	*(Subvention)*
venter, -tris *m.*	Bauch	
ventus	Wind	*(Ventil)*
∘ **venustus** (*vgl.* Venus, -eris)	reizend, nett	
venerārī *(L 11)*	verehren	
venēnum *(L 16)*	Gift (eigtl. Liebestrank)	
venia	Nachsicht, Verzeihung, Gnade	
vēr, vēris *n.*	Frühling	
verbera, -um *n.*	Schläge, Hiebe	
∘ verberāre	schlagen, peitschen	
verbum	Wort	*(verbal)*
∘ prōverbium	Sprichwort	
verērī, veritus sum	1. (sich) scheuen, fürchten 2. verehren	
Vereor loquī.	*Ich scheue mich zu sprechen.*	
Vereor, nē reprehendar.	*Ich fürchte, dass man mich tadelt.*	
verēcundia	Scheu, Ehrfurcht, Schamgefühl	
vergere *(ohne Perf.)*	sich neigen, sich erstrecken	*(konvergent)*
vertere[1], vertī, versum	wenden	
versus, -ūs	Reihe, Verszeile (eigtl. Umwenden der Ackerfurche)	
vertex, -icis *m.*	Wirbel, Scheitel, Gipfel	*(vertikal)*
versus *Adv. (L 10)*	gegen – hin (eigtl. hingewendet)	

[1] *vertere* hat oft die altlat. und dicht. Lautform *vortere*.

adversus	entgegengewandt: feindlich, vorn	
vulnera adversa	*Verwundungen vorn am Körper*	
adversus, -um *Präp. mit Akk.*	1. gegenüber 2. gegen (feindlich oder freundlich)	
adversus montem	*gegenüber dem Berg*	
adversus rem pūblicam	*gegen den Staat, gegen das Staatsinteresse*	
dīversus	entgegengesetzt, verschieden	*(divers)*
prōrsus[1] *Adv. (L 9)*	geradezu, völlig (eigtl. vorwärts)	*(Prosa)*
rūrsus[1] *Adv. (L 9)*	wieder (eigtl. rückwärts)	
āvertere	abwenden	*(Aversion)*
animadvertere	1. wahrnehmen 2. vorgehen (gegen jem.)	
convertere	wenden, verwandeln	*(konvertieren)*
ē Graecō in Latīnum (con)vertere	*aus dem Griechischen ins Lateinische übersetzen*	
∘ conversiō, -ōnis *f. (L 10)*	Umlauf, Umwälzung	
contrōversia *(vgl.* contrā*)*	Streit, Widerspruch	*(kontrovers)*
ēvertere	umstürzen, zerstören	
revertī, revertī *(Perf.)*	zurückkehren	*(Revers)*
oportet *(aus* ob-vortet*)*	es gehört sich, es ist dienlich	
Tē id docēre oportet. / *Id doceās oportet.*	*Du sollst das aufzeigen.*	
versāre *(15.2)*	hin und her wenden, erwägen	*(versiert)*
versārī	1. sich befinden 2. sich beschäftigen	
versārī in artibus	*sich künstlerisch betätigen*	
vērus *(Adv.* vērē*)*	wahr, wahrhaft, echt	*(veri-fizieren)*
vērō *Adv.*	1. wirklich 2. aber	
vērum *adv. Akk.*	aber, sondern (vgl. dt. zwar)	
vērum invenīre, dīcere	*die Wahrheit finden, sagen*	
∘ vēritās, -ātis *f.*	Wahrheit, Wirklichkeit	
sevērus[2]	ernst, streng (eigtl. unfreundlich)	
∘ persevērāre	beharren, fortfahren (eigtl. streng festhalten)	
vesper, -erī	Abend, Westen	*(Vesper)*
vestīgium	Fußstapfe, Spur, Stelle	
ē (in) vestīgiō	*auf der Stelle, sofort*	
investīgāre	aufspüren, erkunden	
vestis, -is *f.*	Kleid, Gewand	*(Weste)*
vestīre	bekleiden	*(in-vestieren)*
∘ vestītus, -ūs	Kleidung	

[1] *prōrsus* entstand aus *prō-vorsus*, *rūrsus* aus *re-vorsus*.
[2] *sevērus* ist wohl aus *sē vērō* gebildet.

vetāre, -uī, -itum	verbieten	*(Veto)*
vetus, -eris	alt, ehemalig (eigtl. bejahrt)	
vetustus	alt, altertümlich	
veterānus *(L 11)*	altgedient, bewährt	*(Veteran)*
via	1. Weg, Straße 2. Verfahren	
obvius	begegnend	
obviam *Adv.*	entgegen	
obviam īre, mittere	*entgegengehen, -schicken*	
∘ **vibrāre**	schwingen	
vicis *(Gen.)*, -em, -e *und Pl.*	Wechsel, Stelle	*(Vize-)*
in vicem, invicem *Adv.*	wechselweise	
victima	Opfertier, Opfer	
vīcus	1. Wohngebiet, Dorf 2. Gasse	*(Weich-bild)*
vīcīnus	benachbart, nahe, *Subst.:* Nachbar	
vīlla[1]	Landhaus, Landgut	*(Weiler)*
vidēre, vīdī, vīsum	sehen	*(e-vident)*
vidērī	scheinen	*(Vision, visuell)*
mihi videor (mit Inf.)	*ich bilde mir ein, ich glaube*	
sī (tibi) vidētur	*wenn es (dir) gut, richtig scheint*	
∘ vīsus, -ūs	Blick, Erscheinung	
invidēre	missgönnen, beneiden (eigtl. einen bösen Blick zuwerfen)	
invidēre alicui (alicui reī)	*einem (auf etwas) neidisch sein*	
∘ invidus	neidisch, *Subst.:* Neider	
invidia	Neid, Missgunst, Unbeliebtheit	
invīsus *(L 10)*	verhasst	
prōvidēre	vorhersehen, vorsorgen	*(Provision)*
prōvidēre futūra	*Künftiges vorhersehen*	
prōvidēre salūtī	*für sein Wohl (vor)sorgen*	
prūdēns, -entis *(L 9)*	klug, erfahren	*(Juris-prudenz)*
prūdentia	Klugheit	
imprōvīsus	unvorhergesehen, unvermutet	*(Improvisation)*
(dē, ex) imprōvīsō	*unversehens, unvermutet*	
vīsere, vīsī	besichtigen	*(visitieren)*
dī-**videre**, -vīsī, -vīsum	trennen, teilen	*(dividieren, In-dividuum)*
∘ vidua	Witwe	

[1] *vīlla* entstand wohl aus *vīc-sl-a* (11.3).

vigēre, -uī	frisch sein, kräftig sein	*(Vegetation)*
vigilāre	wachen, wachsam sein	
vigilia	(Nacht)wache, Wachtposten	*(Vigil)*
vīlis, -e	billig, wertlos (eigtl. feil)	
vincere, vīcī, victum *(8.4)*	siegen, besiegen	*(Vinzenz)*
◦ invictus	unbesiegt, unbesieglich	
victor, -ōris (*f.* victrīx, -īcis)	siegreich, *Subst.:* Sieger(in)	*(Viktor)*
victōria	Sieg	
victōriam parere, reportāre	*einen Sieg erringen, davontragen*	
convincere	widerlegen, (gerichtlich) überführen	
◦ dēvincere	(völlig) besiegen	
vincīre, vinxī, vinctum	fesseln, binden	
vinculum	Band, *Pl.:* Fesseln, Gewahrsam	
vīnum *(Fremdwort?)*	Wein	
◦ vīnea	1. Weinberg, Weinlaube 2. Schutzdach	
vir, virī	Mann	
virīlis, -e	männlich, mannhaft	
◦ virītim *Adv.*	Mann für Mann, einzeln	
virtūs, -ūtis *f.*	Tüchtigkeit, Tugend, Tapferkeit	*(virtuos)*
cūria[1]	Ratsversammlung, Rathaus	*(Kurie)*
◦ **virga**	Zweig, Rute	
virgō, -inis	Mädchen, Jungfrau	
viridis, -e	grün	
vīs, vim, vī *f.* (*Pl.:* vīrēs, -ium)	1. Kraft, Gewalt 2. Menge	
violāre	misshandeln, verletzen	
◦ violēns, -entis	gewaltsam, ungestüm	
◦ vindex, -dicis *(zu* vīs?*)*	Schützer, Rächer	
vindicāre	1. beanspruchen 2. befreien 3. bestrafen	
aliquid sibi vindicāre	*etwas für sich beanspruchen*	
aliquem (in lībertātem) vindicāre	*jem. in Freiheit setzen, befreien*	
dolum malum vindicāre	*arglistige Täuschung bestrafen*	
viscera, -um *n.*	Eingeweide, Inneres	
vītāre	(ver)meiden, ausweichen	

---

[1] *cūria* entstand wohl aus *co-viria* (L 9); *Quirītēs*, eine offizielle Bezeichnung für die Römer, vielleicht aus *co-virītēs* 'Mitglieder der Wehrgemeinschaft' oder ist sabinischen Ursprungs.

∘ **vītis**, -is *f.*	Rebe, Weinstock	
vitium	Fehler, Laster, Verstoß	
alicui aliquid vitiō dare	*einem etwas als Fehler anrechnen*	
vīvere, vīxī, vīctūrus	leben	
ita vīvam	*so wahr ich lebe! (Beteuerung)*	
vīctus, -ūs *(L 13)*	Lebensunterhalt, Lebensweise	*(Viktualien)*
vīctus cultusque	*Lebenshaltung: Aufwand für Nahrung, Kleidung und Wohnung*	
vīvus	lebend, lebendig	*(Vivi-sektion)*
vīta *(L 9)*	Leben	*(vital)*
convīva	Gast	
convīvium	Gastmahl, Gelage	
vix *Adv.*	kaum, mit Mühe	
volāre	fliegen, eilen	
∘ volucer, -cris, -cre	geflügelt, fliegend, *Subst.:* Vogel	
volvere, -vī, -ūtum	1. wälzen, rollen 2. (hin und her) überlegen	
∘ volūtāre	herumwälzen, überlegen	*(Evolution, Revol.)*
volūmen, -inis *n.*	1. Buchrolle 2. Windung	*(Volumen)*
vōs *(14.1)*	ihr, euch	
vester, -tra, -trum *(14.3)*	euer	
vovēre, vōvī, vōtum	geloben, wünschen	
vōtum *(L 9)*	Gelübde, Wunsch	*(Votiv-bild)*
∘ dēvovēre	1. (als Opfer) weihen 2. verwünschen	*(devot)*
vōx, vōcis *f.*	Stimme, Wort	*(Vokal)*
vocāre	rufen, nennen	*(Vokativ)*
vocābulum	Benennung	*(Vokabel)*
advocāre	herbeirufen, anrufen	
advocātus	Rechtsbeistand, Anwalt	*(Advokat)*
convocāre	zusammenrufen	
prōvocāre	1. herausfordern 2. Berufung einlegen	*(provozieren)*
convīcium	Gezänk, Vorwurf (eigtl. das Zusammenschreien)	
vulgus, -ī *n.*	die (breite) Masse, Menge, Volk	*(vulgär)*
vulgō *Adv.*	massenhaft, allgemein	
∘ vulgāre	bekannt machen, verbreiten	
vultus, -ūs	Miene, Gesichtsausdruck	

21 Lehn- und Fremdwörter im Lateinischen

In Berührungsgebieten verschiedener Kulturen übernehmen die Sprachgemeinschaften voneinander gerne neue Errungenschaften zusammen mit deren Bezeichnungen. So haben auch die Römer Wörter aus anderen Sprachen ins Lateinische aufgenommen.
Die schon in früher Zeit aus dem Griechischen entlehnten Wörter, insbesondere des Handels- und des Seewesens, passten sie dabei ihren eigenen Sprachgewohnheiten an (sog. Lehnwörter). Dagegen behielten die seit der Mitte des zweiten Jahrhunderts eingedrungenen Wörter, vor allem aus dem Bereich der Zivilisationsgüter sowie der Wissenschaft und der Dichtung, ihre griechische Lautung (sog. Fremdwörter). Sie werden von den Dichtern bevorzugt verwendet.
Auch aus dem Etruskischen wurden mehrere Wörter entlehnt. Andere Sprachen dagegen (Keltisch, Germanisch, Persisch) haben nur wenige Wörter ins Lateinische abgegeben.

1. Aus dem Griechischen stammen:

āēr, āĕris *m.*	(ὁ ἀήρ)	Luft, Nebel
aethēr, -ĕris *m.*	(ὁ αἰθήρ)	obere Luftschicht, Himmel
ancora	(ἡ ἄγκυρα)	Anker
antrum	(τὸ ἄντρον)	Höhle, Grotte
architectus	(ὁ ἀρχιτέκτων)	Baumeister, Urheber
astrum	(τὸ ἄστρον)	Gestirn
astrologia	(ἡ ἀστρολογία)	Sternkunde, Astronomie
āthlēta	(ὁ ἀθλητής)	Wettkämpfer, Athlet
atomus *f.*	(ἡ ἄτομος)	Atom (eigtl. Unteilbares)
aula	(ἡ αὐλή)	Hof, Hofstaat
aura	(ἡ αὔρα)	1. Luft, Hauch, 2. Gunst
balneum	(τὸ βαλανεῖον)	Bad
barbarus	(βάρβαρος)	ausländisch, unzivilisiert, wild
basilica	(ἡ βασιλικὴ sc. στοά)	Halle, Gerichtshalle
bibliothēca	(ἡ βιβλιοθήκη)	Bücherei, Bibliothek
boreās, -ae	(ὁ βορέας)	Nordwind
bracchium	(ὁ βραχίων)	Arm
camera	(ἡ καμάρα)	Gewölbe
cēra	(ὁ κηρός)	Wachs
charta (carta)	(ὁ χάρτης)	Papyros, beschriebenes Blatt
chorus	(ὁ χορός)	Chor, Schar
cithara	(ἡ κιθάρα)	Leier, Kithara
coma	(ἡ κόμη)	Haar; Laub
cōmoedia	(ἡ κωμῳδία)	Lustspiel, Komödie
corōna	(ἡ κορώνη Ring)	Kranz, Krone
crātēr, -ēris	(ὁ κρατήρ)	Mischkrug
dialogus	(ὁ διάλογος)	Gespräch, Dialog

ēlectrum	(τὸ ἤλεκτρον)	1. Goldlegierung 2. Bernstein
elephantus	(ὁ ἐλέφας, -αντος)	Elefant, Elfenbein
ēn	(ἤν *oder aus* estne)	sieh! wohlan!
epigramma, -atis *n.*	(τὸ ἐπίγραμμα)	Aufschrift, Sinngedicht
epistula	(ἡ ἐπιστολή)	Brief
eurus	(ὁ εὖρος)	Südostwind
fūcus	(τὸ φῦκος)	1. (rote) Schminke 2. Verstellung
galea	(ἡ γαλέη Wieselfell)	Lederhelm
geōmetria	(ἡ γεωμετρία)	Geometrie, Mathematik
gubernāre	(κυβερνᾶν)	steuern, lenken, leiten
gubernāculum		Steuer, Ruder
gymnasium	(τὸ γυμνάσιον)	Ringschule, Gymnasium
gȳrus	(ὁ γῦρος)	Kreis, Kreislauf
hērōs, -ōis	(ὁ ἥρως)	Heros
hilaris, -e	(ἱλαρός)	heiter, froh
historia	(ἡ ἱστορία)	Forschung, Geschichte
latrō, -ōnis	(zu λατρεύειν im Sold stehen)	Räuber (eigtl. Söldner)
latrōcinium		Raub(zug), Räuberbande
leō, -ōnis	(ὁ λέων)	Löwe
lympha	(ἡ νύμφη)	(klare) Flüssigkeit
lyra	(ἡ λύρα)	Laute, Lyra, Lyrik
māchina	(dor. ἡ μᾱχανά)	Maschine
māchinārī	(vgl. μηχανᾶσθαι)	ersinnen, bewerkstelligen
marmor, -oris *n.*	(ὁ μάρμαρος)	Marmor
māssa	(ἡ μᾶζα Teigmasse)	Masse, Klumpen
metallum	(τὸ μέταλλον)	Metall, Bergwerk
metrum	(τὸ μέτρον)	Maß, Versmaß
mīmus	(ὁ μῖμος)	1. Schauspieler 2. Posse
mystērium	(τὸ μυστήριον)	Geheimkult, Geheimnis
notus	(ὁ νότος)	Südwind
olīva	(ἡ ἐλαία < ἐλαίϝα)	Ölbaum, Ölbaumfrucht
oleum (olīvum)	(τὸ ἔλαιον)	(Oliven-)Öl
palaestra	(ἡ παλαίστρα)	Ringschule
pelagus, -ī *n.*	(τὸ πέλαγος)	Meer
phalanx, -ngis *f.*	(ἡ φάλαγξ)	Kampflinie
pharetra	(ἡ φαρέτρα)	Köcher
philosophia	(ἡ φιλοσοφία)	Philosophie
philosophārī	(vgl. φιλοσοφεῖν)	philosophieren, nachdenken
physica, -ōrum	(τὰ φυσικά)	Naturwissenschaft, Physik
pīrāta	(ὁ πειρατής)	Seeräuber
poēta	(ὁ ποιητής)	Dichter
polus	(ὁ πόλος)	Drehpunkt (der Erdachse), Pol

pompa	(ἡ πομπή)	Festzug, Pracht
pontus	(ὁ πόντος)	Meer
porrō *Adv.*	(πόρρω)	weiter(hin), ferner
prōra	(ἡ πρῷρα)	Vorderdeck, Schiff
purpura	(ἡ πορφύρα)	Purpurfarbe, Purpurkleid
rhētor, -ŏris	(ὁ ῥήτωρ)	Redelehrer
scēna (scaena)	(ἡ σκηνή)	Bühne, Szene
scēptrum	(τὸ σκῆπτρον)	Herrscherstab, Herrschaft
schola	(ἡ σχολή)	1. Schule 2. Vortrag
spēlunca	(ἡ σπῆλυγξ)	Höhle, Grotte
sphaera	(ἡ σφαῖρα)	Kugel, Kreisbahn
stadium	(τὸ στάδιον)	Rennbahn, Stadium
stomachus	(ὁ στόμαχος)	1. Schlund, Magen 2. das 'Kotzen'
talentum	(τὸ τάλαντον)	Talent (etwa 25 kg gemünztes Metall)
thalamus	(ὁ θάλαμος)	1. Kammer, Elternzimmer 2. Ehe
theātrum	(τὸ θέατρον)	Theater
amphitheātrum	(ἀμφιθέατρον)	Amphitheater
thēsaurus	(ὁ θησαυρός)	Schatz, Schatzkammer
tragoedia	(ἡ τραγῳδία)	Tragödie, Trauerspiel
tyrannus	(ὁ τύραννος)	Alleinherrscher, Gewaltherrscher
tūs, tūris *n.*	(ὁ θύος, zu θύειν)	Weihrauch
zephyrus	(ὁ ζέφυρος)	Westwind
zōna	(ἡ ζώνη)	Gürtel, Zone

2. Aus dem Etruskischen wurden übernommen:

ātrium	Atrium, Halle
fenestra	Fenster
histriō, -ōnis	Schauspieler
persōna	Maske, Rolle, Person
satelles, -itis	Leibwächter, Begleiter, Trabant

3. Aus dem Keltischen stammen:

carrus	(vierrädriger) Karren
rēda, raeda	(vierrädriger) Reisewagen
lancea	Lanze, Wurfspeer
sagum, sagulum	Mantel (des Soldaten)

4. Semitisch-punischen Ursprung haben:

avē	sei gegrüßt!
tunica	Unterkleid

5. Aus dem Persischen wurden übernommen:

gaza	Schatz, Schatzkammer
magus	Priester, Weiser

22 Übungen

Abgeleitete Substantiva

1. *Nenne jeweils das Grundwort und die Bedeutung der Ableitung:* puerulus, servulus; avunculus, osculum; libellus, ocellus, puella. **-ulus, a, um**

   Erschließe: adulescentulus, foculus, regulus, viculus, animula, ancillula, formula, bestiola, solaciolum; masculus (*zu* mas 'Männchen'), homunculus, muliercula, navicula, particula, corpusculum; agellus, gemelli, tabella, sacellum. **-culus, a, um**

2. *Nenne das Grundwort und die Bedeutung der Ableitung:*
   angustiae, audacia, concordia, custodia, familia, gratia, ignominia, inertia, infamia, iniuria, inopia, materia, memoria, miseria, modestia, perfidia, superbia, verecundia, vigilia; adulescentia, constantia, diligentia, licentia, potentia, prudentia, sapientia, scientia, sententia, temperantia. **-ia**

   amicitia, avaritia, divitiae, iustitia, laetitia, militia, notitia, stultitia, pueritia. **-itia**

   Erschließe: ferocia, ineptiae, insania, insomnia, iracundia, vicinia; abstinentia, abundantia, beneficentia, dementia, convenientia, despicientia, eloquentia, indulgentia, infantia, insolentia, intelligentia, magnificentia, neglegentia, opulentia, providentia.

   blanditiae, duritia, malitia, mollitia, pudicitia, saevitia, tristitia.

3. *Stelle Bedeutungsgruppen zusammen:*
   aequitas, auctoritas, civitas, societas, caritas, celeritas, cupiditas, dignitas, egestas, facultas, felicitas, gravitas, honestas, humanitas, libertas, liberalitas, maiestas, necessitas, nobilitas, paupertas, pietas, posteritas, potestas, securitas, temeritas, utilitas, varietas. **-tās**

   iuventus, senectus, servitus, virtus. **-tūs**

   Erschließe: aequabilitas, iniquitas, aeternitas, alacritas, amoenitas, antiquitas, asperitas, assiduitas, benignitas, bonitas, brevitas, celebritas, claritas, comitas, crudelitas, diuturnitas, ebrietas, facilitas, familiaritas, imbecillitas, immanitas, impunitas, incolumitas, infirmitas, integritas, iucunditas, levitas, longinquitas, maturitas, mediocritas, mortalitas, orbitas, perpetuitas, pravitas, probitas, propinquitas, pubertas, sanctitas, sanitas, severitas, simplicitas, soliditas, subtilitas, tarditas, tranquillitas, ubertas, vastitas, velocitas, venustas, vetustas, vicinitas.

4. *Erkläre:*
   altitudo, amplitudo, magnitudo, multitudo, consuetudo, fortitudo, necessitudo, pulchritudo, similitudo, solitudo, valetudo. **-tūdō**

Erschließe: aegritudo, firmitudo, longitudo, mansuetudo, sollicitudo, turpitudo, vicissitudo (*vgl.* in-vicem).

5. *Suche das gemeinsame Bedeutungsfeld:*
equitatus, peditatus, comitatus, consulatus, magistratus, senatus, tribunatus, principatus, dominatus. **-ātus**

6. *Nenne das der Ableitung zu Grunde liegende Verbum:*
auctor, censor, dictator, imperator, lictor, praetor (*aus* prae-itor), quaestor, orator, scriptor, victor, genitor, mercator, pastor, praeceptor. **-tor** (*f.*-trīx)

Erschließe die Bedeutung: accusator, adiutor, aedificator, assentator, auditor, cónditor, conservator, convictor (*vgl.* convictus), creditor, cultor, deprecator, doctor, ductor, (red)emptor, explorator, fautor, gladiator, gubernator, interfector, laudator, lector, liberator, moderator, portitor, procurator, proditor, raptor, recitator, sator, sector, tutor, vector, venator; lusor (*aus* lud-tor), professor (*vgl.* fassus sum); inventor (inventrix), ultor (ultrix).

7. *Erkläre die Ableitungen:*
condicio, contagio, legio, oblivio, opinio, regio, religio, suspicio. **-iō**

actio, admiratio, ambitio, seditio, cogitatio, cognitio, contentio, deditio, delectatio, disputatio, dominatio, eruptio, exercitatio, factio, legatio, munitio, mutatio, natio, occupatio, oppugnatio, oratio, petitio, quaestio, ratio, statio, superstitio; confessio, defensio, dissensio, occasio, possessio. **-tiō** (-siō)

Erschließe die Bedeutungen: aestimatio, agitatio, cautio, celebratio, cunctatio, curatio, damnatio, dignatio, divisio, dubitatio, emptio, gratulatio, iactatio, ignoratio, largitio, lectio, meditatio, migratio, miseratio, notio, populatio, postulatio, potio, significatio, simulatio, solutio, temperatio, trepidatio, ultio, vacatio, venatio, veneratio, vexatio.

Erschließe die Bedeutungen folgender Zusammensetzungen und gib jeweils den Sinn der Präposition an: administratio, affirmatio, assensio; communio, comparatio, compensatio, compositio, conformatio, confusio, congregatio, coniunctio, consensio, constitutio, consultatio, contemplatio, contemptio, continuatio, conversatio, collatio, cognatio; deliberatio, descriptio; dispositio, distinctio, dimensio, dimicatio; excursio, excusatio, eruditio, elatio; indagatio, informatio, inquisitio, institutio, intentio, inventio, investigatio, irruptio; interrogatio, internecio; obsidio, obtrectatio, occidio, offensio, ostentatio; peregrinatio, persuasio, perturbatio, pollicitatio; praefatio, praeparatio, praesensio; profectio, propagatio, proscriptio; rebellio, recordatio, remissio; subvectio, supplicatio.

8. *Erkläre die Bedeutungen des Suffixes:* **-tus** *(4.Dekl.)*
aditus (*vgl.* amb-, ex-, trans-, reditus, coetus), adventus, aspectus, cantus, cultus, delectus, fletus, fluctus, fructus, fremitus, gemitus, habitus, ictus, impetus, luctus, motus, nutus, ortus, partus, quaestus, sonitus, spiritus, strepitus, sumptus, victus; apparatus, comitatus, commeatus, cruciatus, ornatus, status.

Erkläre -sus (*statt* -tus): casus, discessus, lusus, passus, sensus, usus, versus; complexus, cursus.

Erschließe: actus, affectus, effectus, appetitus, ascensus, assensus, conatus, congressus, contactus, contemptus, convictus, ductus, excessus, secessus, flatus, flexus, gestus, hortatus, intellectus, lapsus, mercatus, monitus, morsus, nexus, pastus, (im)pulsus, proventus, questus, raptus, receptus, respectus, risus, tractatus, visus, volatus.

9. *Führe auf das Grundwort zurück:* **-(t)ūra**
cultura, figura, pictura, iactura, natura, praetura, statura.

Erschließe die Bedeutungen: armatura, coniectura, dictatura, praefectura, quaestura, scriptura, sepultura, censura, mensura, usura.

10. *Übersetze und achte auf den Sinn des Suffixes:* **-ium**
arbitrium, augurium, auxilium, flagitium, gaudium, ministerium, (neg)otium, odium, praedium, pretium, servitium, silentium, studium, taedium, vitium; vestigium, colloquium, consilium, conubium, convivium, desiderium, exilium, imperium, incendium, indicium, ingenium, initium, exitium, comitium, perfugium, praesidium, subsidium, suffragium, supplicium, remedium; beneficium, sacrificium, iudicium, municipium, naufragium, principium.

Deute die verdunkelten Zusammensetzungen nach ihren Bestandteilen: auspicium, concilium, convicium, domicilium, excidium, hospitium, officium, praemium, prodigium, stipendium.

Erschließe die Wortbedeutungen: collegium, coniugium, exordium, impendium, obsequium, pervigilium; homicidium, parricidium, primordium, sacerdotium.

11. *Nenne gemeinsame Bedeutungsfelder:* **-bulum** **-culum** (-crum)
vocabulum, pabulum; cubiculum, gubernaculum, oraculum, miraculum, spectaculum, poculum, vinculum; sepulcrum, simulacrum.

Erschließe: latibulum, venabulum; curriculum, vehiculum, propugnaculum, receptaculum, retinaculum.

12. *Übersetze und nenne jeweils das zu Grunde liegende Verbum:* **-men**
agmen, carmen (*aus* canmen), certamen, discrimen, flumen, fulmen, lumen, numen, semen, volumen;

alimentum, argumentum, detrimentum, documentum, frumentum, fundamentum, impedimentum, instrumentum, iumentum, momentum, monumentum, munimentum, ornamentum, sacramentum, testamentum, tormentum. **-mentum**

Erschließe die Wortbedeutungen: fragmen, hortamen, stramen, teg(i)men, velamen;
adiumentum, blandimentum, caementum (*aus* caed-mentum), experimentum, fragmentum, firmamentum, incitamentum, placamentum, supplementum, vestimentum.

Abgeleitete Adjektiva

1. *Nenne das Grundwort und erkläre den Sinn des Ableitungssuffixes:*
   aureus, ferreus. **-eus**

   Erschließe: aeneus (*zu* aes), argenteus, eburneus (ebur 'Elfenbein'), igneus, lacteus, lineus (*vgl.* linea), lapideus, marmoreus, niveus, plumbeus, sanguineus.

2. *Deute den Sinn des Ableitungssuffixes:*
   patrius, plebeius, regius, egregius; nefarius, contrarius; necessarius, voluntarius. **-ius** (-ārius)

   Erschließe: oratorius, praetorius, senatorius, uxorius; frumentarius, gregarius, ordinarius, secundarius, temerarius, voluptarius.

   Begründe den substantivischen Gebrauch: adversarius, alarius, legionarius, mercennarius (*zu* merces), sagittarius, stipendiarius, notarius.

3. *Deute den Sinn des Suffixes:*
   bellicus, medicus, modicus; domesticus, rusticus. **-icus** (-ticus)

   Erschließe: classicus, hosticus, dominicus.

4. *Erkläre:*
   paternus, externus, alienus, terrenus; Romanus, arcanus, cottidianus, humanus, montanus, oppidanus, urbanus, veteranus; divinus, peregrinus, vicinus, repentinus. **-nus** **-ānus** **-īnus**

   Erschließe: fraternus, internus; meridianus; marinus, matutinus (*vgl.* mane *und* matu-rus), vespertinus.

5. *Deute das Suffix:*
   fortunatus, iratus, togatus, iustus, libertus, honestus, modestus, molestus, robustus, scelestus, venustus, vetustus. **-tus**

   Erschließe: barbatus, litteratus, stellatus, funestus, onustus.

6. *Erkläre die Ableitungen:* **-ōsus**
copiosus, formosus, generosus, otiosus, periculosus, perniciosus, studiosus, formidulosus.

Gib das Grundwort an und erschließe die Bedeutung: aestuosus, ambitiosus, animosus, bellicosus, caliginosus, contumeliosus, curiosus, damnosus, fabulosus, facinerosus, factiosus, fastidiosus, flagitiosus, fructuosus, gratiosus, iniuriosus, invidiosus, iocosus, laboriosus, lacrimosus, libidinosus, luctuosus, luxuriosus, nebulosus, nervosus, numerosus, odiosus, officiosus, operosus, pretiosus, seditiosus, speciosus, sumptuosus, tumultuosus, umbrosus, ventosus, vitiosus.

7. *Deute den Sinn des Suffixes:* **-ālis** **-īlis** **-ēlis**
naturalis, natalis, aequalis, capitalis, fatalis, mortalis, liberalis, regalis; civilis, hostilis, servilis, virilis; fidelis, crudelis.

Erkläre den Laut r (*statt* l): familiaris, militaris, popularis, salutaris, singularis.

Erschließe: coniugalis, iuvenalis, hospitalis, legalis, letalis, muralis, navalis, nivalis, rationalis, venalis (*vgl.* vēn-ire), vitalis, auxiliaris; anilis, puerilis, senilis.

8. *Suche das zu Grunde liegende Verbum (bzw. Substantiv):*
avidus, calidus, candidus, frigidus, horridus, liquidus, pavidus, placidus, splendidus, timidus, validus, cupidus, rapidus, turbidus.

Erschließe: lucidus, nitidus, umidus.

9. *Erkläre die Bedeutungen:* **-uus**
assiduus, continuus, exiguus, ingenuus, perpetuus, perspicuus, praecipuus, promiscuus, mutuus, vacuus.

Erschließe: contiguus, individuus, residuus.

10. *Deute den Sinn des Suffixes:* **-ilis** **-bilis**
facilis, difficilis, fertilis, fragilis, utilis; mirabilis, miserabilis, (in)numerabilis, stabilis, (in)credibilis, mobilis, nobilis.

Erschließe: agilis, habilis, indocilis, textilis; aequabilis, amabilis, habitabilis, laudabilis, memorabilis, probabilis, spirabilis, tolerabilis, immutabilis, inexorabilis, inexplicabilis, insatiabilis, inexplebilis, inflexibilis, horribilis, terribilis.

11. *Gib die Bedeutung des Suffixes an:* **-āx**
audax, capax, fallax, fugax.

Erschließe: edax, efficax, ferax, loquax, minax, rapax, tenax.

12. *Schließe von* secundus, iucundus (*zu* iuvare) *und* fecundus, facundus *auf:* iracundus, verecundus *und* furibundus, moribundus, tremebundus, venerabundus. **-cundus** **-bundus**

Abgeleitete Verba

1. *Nenne die zu Grunde liegenden Nomina:*
curare, accusare, locare, nuntiare, donare, regnare, firmare, nudare, probare, liberare, laborare, pacare, vocare, salutare, laudare, nominare, onerare, verberare, iurare, levare, memorare, vigilare, vulgare, sperare; dominari, gloriari, miserari, recordari, mercari; punire, servire, saevire, custodire, munire; moliri, sortiri.
Erschließe: animare, humare, alienare, variare, hiemare, pernoctare, ponderare, assimilare; osculari, peregrinari, praedari; fastidire, insanire, stabilire.

-ā-, -ī- *(Stammbildungsvokale)*

2. *Erkläre die Bedeutung des Suffixes* -sc- *(und beachte die Präposition):*
adolescere, concupiscere, consciscere, consenescere, convalescere, conticescere, erubescere, pertimescere; proficisci, reminisci.
Erschließe: coalescere, cohaerescere, exardescere, expavescere, efflorescere, ingemiscere, ingravescere, insolescere; hebescere, pubescere, torpescere.

-sc-

3. *Nenne das Grundwort und deute das Suffix:*
cantare, captare, concitare, consultare, dictare, iactare, delectare, saltare, spectare, ostentare, tractare, consectari; habitare, agitare, sciscitari.
Erkläre den Laut s (*statt* t): cessare (*vgl.* cedere), pensare, versare, pulsare (*vgl.* pellere).
Erschließe: adventare, afflictare, ductare, gestare, nutare, volutare; clamitare, imperitare, noscitare, rogitare, visitare.

tāre (-sāre) **itāre**

WEITERLEBEN LATEINISCHER WÖRTER

23 Schriftlatein und Sprechlatein

Der in der Wortkunde (S. 29–140) aufgeführte lateinische Wortschatz wurde vor allem in den klassischen Schriftwerken des ersten Jahrhunderts vor und nach Chr. verwendet.

Die einfachen, nicht literarisch gebildeten Bauern, Händler, Soldaten und Sklaven sprachen nicht das stilistisch geformte Latein der Reden, Geschichtswerke und philosophischen Abhandlungen, sondern ein sog. Sprechlatein, das man meist Volkslatein (Abkürzung: vl.) oder Vulgärlatein (plebeius sermo, vulgaris sermo) nennt. Es wurde mit der Ausdehnung des Imperiums immer mehr zur allgemeinen Umgangssprache, bei der sich natürlich viele regional, ethnisch, sozial und kulturell bedingte Unterschiede herausbildeten.

Hieronymus konnte um 400 sagen: „Latinitas et regionibus cottidie mutatur et tempore."

In der folgenden Übersicht sind einige wichtige Erscheinungen zusammengestellt, durch die sich das Volkslatein vom klassischen Schriftlatein abhebt. Manche Änderungsvorgänge ziehen sich teilweise über mehrere Jahrhunderte hin und setzen in den einzelnen Gegenden zu verschiedenen Zeiten ein.

1 Der **Wortschatz** wird umgeschichtet; gewisse Wörter werden immer b e l i e b t e r und verdrängen andere, z. B. verwendet man meist

campus	statt	ager	bellus	statt	pulcher
focus	,,	ignis	grandis	,,	magnus
iumentum	,,	equus	totus	,,	omnis

Insbesondere verdrängen Wörter und Ausdrücke von größerer Schallfülle solche von geringerer, z. B. gebraucht man lieber

causa	statt	res	ambulare, vadere	statt	ire
bucca 'Backe'	,,	os	portare	,,	ferre
auricula	,,	auris	manducare 'kauen'	,,	edere
genuc(u)lum	,,	genu	plorare, plangere	,,	flere
vetulus	,,	vetus	(de)subtus	,,	sub

Viele Wörter werden auch wegen ihres klangvollen Suffixes (z. B. -arius, -ellus, -antia, -entia, -osus) gern verwendet.

2 Viele Wörter erfahren mit der Zeit eine Bedeutungsveränderung, z. B.

civitas	→Stadt	mittere	→setzen, legen, stellen
sera	→Abend	laxare	→lassen
pullus 'Jungtier'	→Hahn	necare	→ertränken
captivus	→schlecht, schlimm	minari	→(drohend) antreiben, führen

Mehrere Wörter erhalten eine christliche Bedeutung, z. B.
deus, dominus, fidelis, paganus, saeculum, sacramentum, confessio, vigilia, orare.

3 Zahlreiche Wörter (von denen durchaus nicht alle belegt sind) werden neu gebildet, z. B.

cappa	Mantel	altiare	erheben
mansio 'Bleibe'	Haus	passare	durchgehen
grossus	dick	usare	gebrauchen

4 Zu den schon lange gebräuchlichen Fremdwörtern treten manche neue, z. B.

byrsa (βύρσα)	Lederbeutel	petra (πέτρα)	Stein
gamba (καμπή)	Bein (eigtl. Sprunggelenk des Pferdes)	ballare (βαλλίζειν)	tanzen

Vor allem bringt das Christentum viele Fremdwörter, z. B.

ecclesia (ἐκκλησία)	Kirche	apostolus (ἀπόστολος)	Abgesandter
evangelium (εὐαγγέλιον)	Frohbotschaft	episcopus (ἐπίσκοπος)	Aufseher, Bischof
parabola (παραβολή)	Gleichnis	presbyter (πρεσβύτερος)	Älterer
propheta (προφήτης)	Verkünder	baptizare (βαπτίζειν)	eintauchen, taufen

5 **Phonologisch** erfahren sehr viele Wörter Änderungen:

Die Betonung der einzelnen Wörter wird druckstärker (sog. dynamischer Akzent). Dies führt zu weiteren Synkopierungen, z. B.

oculus	>	oclus	calidus	>	caldus
solidus	>	soldus	vetulus 'alt'	>	vetlus, veclus

Der Platz des Akzents bleibt (mit wenigen Ausnahmen, z. B. filiólus, intéger) im Allgemeinen erhalten, doch wird er bei zusammengesetzten Verben gerne auf die Stammsilbe gelegt, z. B.

recípit	statt	récipit	renégat	statt	rénegat

Als Folge dringt dann oft der Vokal des Grundverbums wieder durch (sog. Rekomposition), z. B.

consácrat	statt	cónsecrat	displácet	statt	dísplicet
conténet	,,	cóntinet	conquaérit	,,	conquírit

6 Die Unterschiede der Quantität (Sprechdauer) der Vokale schwinden vom 3.–5. Jahrhundert immer mehr; schließlich kennt man nur noch Unterschiede in der Qualität (Klangfarbe) der Vokale. Dieser Wandel vom Quantitätensystem zu einem Qualitätensystem ist folgenreich: Fast im ganzen westlichen Reichsgebiet wird dadurch in tontragenden Silben die klassische Vokalreihe umgebaut zur spätlateinischen Reihe, in der alle Vokale annähernd gleichlang gesprochen werden und in der auch noch **ĭ** und **ē** sowie **ŭ** und **ō** zu den geschlossenen Vokalen **e** und **o** zusammenfallen:

klass. Vokale	ī	ĭ	ē	ĕ	ā	ă	ŏ	ō	u	ū
	|	\/		|	\/		|	\/		|
spätlat. Vokale[1]	i	e [e][2]		e [ɛ]	a		o [ɔ]	o [o]		u

Man findet also weiterhin:

filia, femina, decem, mater, pater, novem, vox, unus (mit etwa halblangen Stammsilbenvokalen), jedoch wird

littera	>	lettera	turma	>	torma
nivem *Akk.*	>	nevem	columna	>	colomna
videre	>	vedere	dulce	>	dolce

▷ Vokale in unbetonten Silben werden meist geschwächt oder in der Klangfarbe verändert, z.B.

vinea	>	vinia	solea 'Sandale'	>	solia

7 Die Umwandlung der Diphthonge **ae**, **oe** und auch **au** zu Monophthongen setzt sich verstärkt fort; z.B. spricht und schreibt man statt caelum, poena, causa meist celum, pena, cosa.

Vgl. in der klass. Sprache: aestimare — existimare, poenas — punire, claudere — excludere.

8 Einfache Konsonanten (außer h, c, g) bleiben im Wortanlaut und im Wortinlaut meist erhalten[3].

h wurde schon in der frühen Kaiserzeit vielfach nicht mehr gesprochen; deshalb steht arena neben (richtigem) harena und nil neben nihil.

c und **g** werden im Laufe des 4. und 5. Jahrhunderts vor den hellen Vokalen i und e immer weiter vorn artikuliert und schließlich fast überall als [ts, tʃ][4] und [dz, dʒ][4] gesprochen[5]; die Schreibung wird aber beibehalten, z.B. circus, centum und gemma, regina.

---

[1] Die Wandlungen erfolgen nicht einheitlich. Hier ist die sogenannte 'italische' Reihe angegeben; sie herrscht in Mittel- und Norditalien, Gallien und Hispanien.

[2] [e] bedeutet geschlossenes e, [ɛ] offenes e, [ɔ] offenes o, [o] geschlossenes o.

[3] n schwindet vor s, z.B. mensa > mesa, pensare > pesare.

[4] [ʃ] entspricht dem deutschen sch, [z] ist stimmhaftes s, [ʒ] ist stimmhaftes sch.

[5] Die Entwicklung verlief über die Lautungen kj > tj > tsj bzw. gj > dj > dzj.

(Weil **ti** vor Vokalen wie [tsi] gesprochen wurde, entstanden unrichtige Schreibungen, z. B. conditio statt condicio.)

m und manchmal auch **n** schwinden im Auslaut mehrsilbiger Wörter z. B.

unum	>	unu	passim	>	passi
dentem *Akk.*	>	dente	nomen	>	nome

9 Die Entwicklung von Konsonantengruppen verläuft meist recht verwickelt (durch Schwund, Assimilation und Dissimilation von Lauten).

10 **Morphologisch** zielt die Entwicklung zumeist auf Vereinfachung des Formenbestandes oder Verdeutlichung des syntaktischen Bezugs:

Von den Kasus bleiben nur Nominativ als sog. Rectus und Akkusativ als sog. Obliquus erhalten, während die anderen durch Präpositionalausdrücke ersetzt werden, z. B.
dicere ad amicum, dimidium de praeda.

Bei den Deklinationen geht die vierte und fünfte allmählich in der zweiten und ersten oder auch dritten auf, z. B.
fructus → 2. Dekl., facia (statt -es) → 1. Dekl., fides → 3. Dekl.

Innerhalb der Konjungationsklassen ergeben sich Verschiebungen, z. B.
ridēre statt ridĕre, sapēre statt sapĕre, essere statt esse.

Das Passiv des Präsensstammes tritt zurück, das Deponens wird aufgegeben, z. B.
morire statt mori, sequire statt sequi.

Verschiedene Tempora werden durch Zusammenrückung gebildet, z. B.
scriptum habeo statt scripsi, dare habes (> daras) statt dabis.

Von den Pronomina verschwinden die kurzen Demonstrativa is und hic sowie die meisten Indefinita immer mehr; die gebräuchlichen Demonstrativa werden iste und ipse; ille wird schließlich als Artikel verwendet.

24 Von der lateinischen Sprache zu den romanischen Sprachen

1 Die in Italien heimische lateinische Sprache drang schon im 3. Jhdt. vor Chr. langsam in die Pyrenäenhalbinsel, im 2. Jhdt. ziemlich rasch ins südliche Gallien und im 1. Jhdt. nach Mittel- und Nordgallien sowie in die Grenzgebiete Germaniens vor; im 2. Jhdt. nach Chr. setzte sie sich in Dakien (heute Rumänien) durch.

[4] In der Schrift erscheint **m** meist weiterhin.

2 Weil das Lateinische in so viele weit auseinander liegende Teile des Imperiums getragen wurde, bildeten sich regionale Unterschiede heraus, die schließlich zur Ausbildung neuer Idiome führten.

Gründe für die starke Aufsplitterung waren u. a.

a) die verschiedenen sprachlichen Substrate der eingesessenen Bevölkerung (Iberisch-keltisch in Hispanien, Keltisch in Gallien, Getisch in Dakien),
b) die verschiedenen soziokulturellen Gegebenheiten in den einzelnen Gebieten (Gallien z. B. wurde durch den Aufbau eines blühenden Schulwesens das Herz der sog. Romania),
c) die verschiedenen sprachlichen Superstrate späterer Zuwanderer (Mauren in Spanien, Germanen in Gallien, Slawen in Dakien).

3 Nach dem Verlust der Reichseinheit (395) und dem Untergang des Westreiches (476) gab es noch viel Gemeinsames. In Norditalien und Gallien z. B. bildeten sich wiederum Vokalquantitäten heraus: alle betonten Vokale in freier Stellung (d. h. in offenen Silben), wurden dort lang; die spätlateinischen Formen videt, credit, mare, novem, crucem lauteten dort etwa vēdet, crēdet, māre, nōve(m), crōce(m). Andererseits wurden z. B. südlich vom Apennin die stimmlosen Verschlusslaute p, t, c [k] wie im Lateinischen weiter gesprochen, während sie im Westen zu stimmhaften Lauten wurden. So stehen neben den italienischen Wörtern sa**p**ere, ma**t**uro, si**c**uro die entsprechenden spanischen sa**b**er, ma**d**uro, si**g**uro.

4 Bis zum 8. Jhdt. hatte sich das gesprochene Latein (Sprech- oder Volkslatein) in den verschiedenen Gebieten so weit auseinander entwickelt, dass man von einer Ausgliederung neuer Idiome sprechen darf, die man romanische Sprachen nennt.

Daneben blieb das geschriebene Latein als 'Hochsprache' der literarisch Gebildeten unverändert erhalten.

Heute zählt man gewöhnlich neun romanische Sprachen:

Französisch		
Provenzalisch (Okzitanisch)	Sardisch	
Katalanisch	Italienisch (Toskanisch)	Rumänisch
Spanisch	Rätoromanisch	
Portugiesisch		

5 Das Italienische hat sich in vieler Hinsicht am wenigsten vom Lateinischen entfernt: fast die Hälfte der gebräuchlichsten Verba werden noch ebenso geschrieben wie zur Zeit Ciceros. Auch das Spanische steht dem Lateinischen noch recht nahe. Die stärkste Eigenentwicklung zeigt das Rumänische.

Letztlich sind die romanischen Sprachen nur das in großen Teilen Europas weiter gesprochene und weiter entwickelte umgangssprachliche Latein.

25 Vom lateinischen zum französischen Wortschatz

1 Entwicklung des französischen Wortschatzes

Im Raum Galliens, der sich der römischen Kultur sehr rasch aufschloss, leben so viele lateinische Wörter fort, dass das heutige Französisch als weiter gesprochenes, freilich stark verändertes Latein gelten kann.

Drei große Schichten liegen (neben Sub- und Superstraten) im französischen Wortschatz übereinander:

Die Grundschicht bilden diejenigen Wörter, die vom Volkslatein der römischen Kaiserzeit her in ungebrochener Folge fortbestehen (sog. 'Erbwörter' oder 'volkstümliche Wörter', mots populaires). Etwa um 800 haben sie sich von der ursprünglichen lateinischen Lautgestalt oft schon so weit entfernt, dass man sie als Wörter einer 'neuen' Sprache ansehen darf[1].

Als zweite Schicht kommen Wörter hinzu, die zumeist im Hochmittelalter von den Schriftkundigen aus lateinischen Büchern hergeholt und in die gesprochene Sprache aufgenommen wurden (sog. 'Buchwörter' oder 'gelehrte Wörter', mots savants). Diese Wörter behalten gewöhnlich ihre ursprüngliche lateinische Lautgestalt, passen sich aber in den Endungen den Erbwörtern an.

Eine dritte Schicht bildet sich heraus durch die seit Beginn der Neuzeit massenhaft übernommenen oder neu gebildeten Fremdwörter.

In den folgenden Abschnitten sind meist Wörter der ersten Schicht, die auch dem heutigen Grundwortschatz noch angehören, in ihren lautlichen Entwicklungen[2] und Bedeutungswandlungen[3] zusammengestellt.

2 Entwicklung der Vokale

Die lateinischen Vokale haben sich je nach ihrer Tonstärke (unbetont, haupttonig, nebentonig) und ihrer Umgebung in verschiedener Weise zum Französischen hin entwickelt.

2.1 Unbetonte Vokale

Nicht betonte lateinische Endsilbenvokale schwinden meist (bis zum 8. Jhdt.); **a** jedoch wird zu **e**, das immer mehr verstummt (sog. e muet):

---

[1] Weil das Schriftlatein vom Volk nicht mehr verstanden wurde, empfahl die Synode von Tours 813 den Geistlichen den Gebrauch der *rustica lingua Romana* (erste Bezeugung des Französischen als romanische Sprache).

[2] Die Kenntnis der phonetischen Zeichen wird hier vorausgesetzt.

[3] Die Bedeutung eines im Wortschatz (S. 29–140) nicht aufgeführten lateinischen Wortes wird nur dann angegeben, wenn sie von der (immer angegebenen) Bedeutung des französischen Wortes stark abweicht.

male	mal 'schlecht'	mortem[2]	mort 'Tod'
malu(m)[1]	mal 'Schlechtes'	venire	venir 'kommen'
ferru(m)	fer 'Eisen'	terra	terre 'Erde'

Auch in der Wortmitte schwinden unbetonte Vokale oft (Synkope):

anima	âme 'Seele'	ambulare (23.1)	aller 'gehen'
domina	dame 'Frau'	nominare	nommer 'nennen'
femina	femme 'Frau'	seminare	semer 'säen'

2.2 **Betonte Vokale**

Betonte lateinische Vokale entwickeln sich verschieden, je nachdem sie durch einen nachfolgenden Konsonanten gedeckt sind, d.h. in einer geschlossenen Silbe stehen (z.B. par-tem), oder von einem nachfolgenden Konsonanten frei sind, d.h. in einer offenen Silbe stehen (z.B. pa-ro)[3].

Betonte Vokale in gedeckter Stellung bleiben in ähnlicher Färbung erhalten:

barba	barbe 'Bart'	mortuus	mort 'tot'
arbor	arbre 'Baum'	fortem	fort 'stark'
vastus	vaste 'weit'	ordinem	ordre 'Anordnung'
nullus	nul [ü] 'nichtig'	gurges	gorge 'Schlucht, Kehle'

Alle voll betonten Vokale in freier Stellung sind (bis zum 7. Jahrhundert) zu Längen geworden (24.3);
es gab damals **ī**, geschlossenes und offenes **ē**, **ā**, offenes und geschlossenes **ō**, **ū**.

Diese neuen Längen entwickelten sich zu recht verschiedenen Lauten. Weil die Lautwandlung teilweise über Diphthonge führte, spricht man von Diphthongierung:

spätlat. Vokal	französ. Vokal		spätlat. Vokal	französ. Vokal	
	Schrift	Aussprache		Schrift	Aussprache
ī	i	[i]	offen. **ē**	ie	[jɛ]
ū	u	[ü]	geschl. **ē**	oi, ai	[wa], [ɛ]
ā[4]	e, é, è, ai	[e], [ɛ]	offen. **ō** / geschl. **ō**	eu, œu	[ø], [œ]

---

[1] Zum Schwund des **m** vgl. 23.8.
[2] Bei den Nomina der 3. Deklination ist der Akkusativ angegeben, wenn sich dieser Kasus im französischen Wort fortsetzt (was meist der Fall ist).
[3] Als frei gelten im Französischen auch Vokale vor Verschlusslaut mit r/l (z. B. *pa-trem, sae-clum*).
[4] Die Lautgruppen **cā-**, **gā-** und **iā-** entwickeln sich anders (24.3.7).

filius	fils 'Sohn'	pedem	pied 'Fuß'
luna	lune 'Mond'	saec(u)lum	siècle 'Jahrhundert'
murus	mur 'Mauer'	rem *Akk.*	rien 'etwas, nichts'
durus	dur 'hart'	bene	bien 'gut'
mare	mer 'Meer'	tres	trois 'drei'
talem	tel 'solch'	tela (*zu* texere)	toile 'Leinwand'
clavem	clef, clé 'Schlüssel'	sero (23.1)	soir 'Abend'
nasus	nez 'Nase'	me(n)sem	mois 'Monat'
trans	très 'sehr'	via (*vl.* vea)	voie 'Weg'
ala	aile 'Flügel'	solus	seul 'allein'
lana	laine 'Wolle'	colorem	couleur 'Farbe'
amare	aimer 'lieben'	cor	cœur 'Herz'

Die betonten lateinischen Diphthonge **ae** und **oe** sind schon sehr früh zu Monophthongen geworden. Der Diphthong **au** aber wurde erst nach dem 6. Jahrhundert zum Monophthong **o** (und entwickelte sich nicht zu eu weiter):

aurum	or 'Gold'	auricula (23.1)	oreille 'Ohr'
ausare (*vl. statt* audere)	oser 'wagen'	pausare (*zu* pausa 'Rast')	poser 'setzen, stellen, legen'

2.3 Nebentonige Vokale (meist Stammsilbenvokale) blieben gewöhnlich erhalten, jedoch wurde **u** zu [ü] und **o** oft zu [u]:

respirare	respirer 'atmen'	durare	durer 'dauern'
levare	lever 'aufheben	fumare	fumer 'rauchen'
lavare	laver 'waschen'	iurare[1]	jurer 'schwören'
amarus	amer 'bitter'	dolorem	douleur 'Schmerz'

2.4 Unter besonderen Bedingungen (z. B. bei Ausfall von Konsonanten) konnten Vokale miteinander verschmelzen:

aqua	eau 'Wasser'	iudicare[1]	juger '(be)urteilen'
pavorem	peur 'Furcht'	adiutare	aider 'helfen'
soror	sœur 'Schwester'	collocare	coucher 'hinlegen'
iuvenis	jeune 'jung'	medius dies	midi 'Mittag'
di-medius *vl.*	demi 'halb'	dies dominicus	dimanche 'Sonntag'

[1] **i** vor Vokal wurde schon im Spätlatein zu einem palatalen Reibelaut und im Französischen zu [ʒ].

3 Entwicklung der Konsonanten

Die lateinischen Konsonanten haben sich je nach ihrer Stellung und Umgebung im Wort sowie ihrer Art (wie die Vokale) in verschiedener Weise zum Französischen hin entwickelt.

3.1 Am Wortanfang blieben die meisten Konsonanten erhalten:

passus	pas 'Schritt'	non	ne, non 'nicht, nein'
filum	fil 'Faden'	longus	long 'lang'
deus	dieu 'Gott'	rarus	rare 'selten'
dorsum	dos 'Rücken'	sal	sel 'Salz'
tarde *Adv.*	tard 'spät'	versus	vers 'gegen – hin'

▷ **h** verstummte sehr früh, ist aber in der Schreibung oft wiederhergestellt.
qu verlor das labiale Element und wurde [k] gesprochen:

heri	hier 'gestern'	qui(s), quid	qui, que 'wer, was'
herba	herbe 'Gras'	qualem	quel 'welch'
hominem	homme 'Mensch'	quare	car 'denn'
habitus	habit 'Anzug'	quadratus	carré 'quadratisch'
prehendere	prendre 'nehmen'	quassare	casser 'zerbrechen'

→ c und g sind in Abschnitt 3.7 behandelt.

3.2 Am Wortende verstummten lat. Konsonanten (außer l und r)[1] gewöhnlich:

aut	ou 'oder'	sic	si 'so'
ad	à 'zu, an'	plus	pluṣ 'mehr'

Konsonanten, die nach Verstummen einer Endung ans Wortende gelangt waren, verstummten meist ebenfalls (hier mit darunter gesetztem Punkt bezeichnet):

amicus	ami 'Freund'	digitus	doigṭ 'Finger'
maritus	mari 'Ehemann'	diversus	diverṣ 'verschieden'
portus	porṭ 'Hafen'	surdus	sourḍ 'taub'
pastus	repaṣ 'Mahlzeit'	quando	quanḍ 'als, wenn'
pe(n)sum	poidṣ[2] 'Gewicht'	tantum	tanṭ 'so (viel)'

---

[1] s am Wortende verstummte erst im 13. Jahrhundert und blieb in der sog. liaison erhalten, z. B. *vos estis > vous‿êtes.*

[2] *poids* wurde fälschlich von *pondus* hergeleitet.

▷ **v** verstummte nicht, sondern wurde stimmlos:

novus	neuf 'neu'	vivus	vif 'lebendig'
(nova wird jedoch neuve)		ovum	œuf 'Ei'

3.3 Der erste Konsonant von zweien schwand häufig (vgl. jedoch 25.3.5 und 3.8):

lacrima	larme 'Träne'	patrem	père 'Vater'
septimana	semaine 'Woche'	matrem	mère 'Mutter'
nigrum *Akk.*	noir 'schwarz'	fratrem	frère 'Bruder'

3.4 Nach Ausfall eines unbetonten Vokals bildete sich vor **l** und **r** ein Gleitlaut:

simulare	sembler 'scheinen'	crescere	croître 'wachsen'
tremulare	trembler 'zittern'	ess(e)re (*vl.*)	être 'sein'
(*zu* tremere)		numerus	nombre 'Zahl'

3.5 Die lat. Labiale **p** und **b** wurden (im 9. Jahrhundert) zwischen Vokalen und vor r meist zu **v**:

opera	œuvre 'Werk'	libra 'Waage'	livre 'Pfund'
pauper	pauvre 'arm'	librum *Akk.*	livre 'Buch'
aperire (*vl.* op-)	ouvrir 'öffnen'	febris	fièvre 'Fieber'
habere	avoir 'haben'	labra *Pl.*	lèvre 'Lippe'
debere	devoir 'schulden, Pflicht'	*aber:* super	sur 'auf'
recipere	recevoir 'empfangen'	ubi	où 'wo'

3.6 Die lat. Dentale **t** und **d** wurden zwischen Vokalen immer weicher gesprochen und verstummten schließlich (im 13. Jahrhundert):

vita	vie 'Leben'	invidia	envie 'Neid'
rota	roue 'Rad'	cauda (*vl.* coda)	queue 'Schweif'
natus, nata	né, née 'geboren'	nudus, nuda	nu, nue 'nackt'
maturus	mûr 'reif'	laudare	louer 'loben'
salutare	saluer 'grüßen'	ridere	rire 'lachen'

3.7 Die lat. Palatale **c** und **g** verlagerten schon gegen Ende der Kaiserzeit ihre Artikulationsstelle zum vorderen Gaumen (sog. Palatalisierung).

Vor den hellen Vokalen **i** und **e** wurden sie im Silbenanlaut bald wie [ts] und [dʒ] gesprochen (23.8) und später zu [s] und [ʒ] vereinfacht, aber **c** und **g** (oder auch **j**) weiter geschrieben:

caelum (23.7)	ciel 'Himmel'	mercedem	merci 'danke'
centum	cent 'hundert'	gestus	geste 'Gebärde'
cessare	cesser 'aufhören'	argentum	argent 'Silber, Geld'

Vor dem Vokal **a** wurden sie im Silbenanlaut schließlich zu [ʃ] bzw. [ʒ] und **ch** bzw. **ge**, **j** geschrieben:

calorem	chaleur 'Hitze'	canis	chien 'Hund'
campus (23.1)	champ 'Feld'	capra	chèvre 'Ziege'
carbonem	charbon 'Kohle'	vacca	vache 'Kuh'
caballus (*vl.*)	cheval 'Pferd'	siccus, sicca	sec, sèche 'trocken'
carus	cher 'lieb'	gamba (23.4)	jambe 'Bein'

Zwischen den Vokalen **i**, **e** und **a** wurden sie zu einer Lautverbindung mit **i**:

vicinus (*vl.* ve-)	voisin 'Nachbar'	regina	reine 'Königin'
crucem	croix 'Kreuz'	regem	roi 'König'
placere	plaisir 'Gefallen'	legem	loi 'Gesetz'
plicare	plier 'falten'	frigidus	froid 'kalt'
facere	faire[1] 'tun, machen'	vigilare	veiller 'wachen'
dicere	dire 'sagen'	ligare	lier 'binden'
magis	mais 'aber, vielmehr'	legere	lire 'lesen'

Bei den dunklen Vokalen **o** und **u** wurden sie erweicht und verstummten:

focus (23.1)	feu 'Feuer'	oculus	œil 'Auge'
iocus	jeu 'Spiel'	augustus	août 'August'
locus	lieu 'Ort'	augurium	-heur 'Zufall'
locare	louer '(ver)mieten'	*in:*	bonheur 'Glück'
paucus	peu 'wenig'		malheur 'Unglück'

c vor t wurde (etwa im 9. Jahrhundert) zu **i**:

tractus	trait 'Strich'	lectus	lit 'Bett'
factum	fait 'Tat, Sache'	noctem	nuit 'Nacht'
tectum	toit 'Dach'	lac (*vl.* lact-)	lait 'Milch'

3.8 Velares (d.h. am Hintergaumen artikuliertes) **l** vor einem Konsonanten wurde (etwa im 11. Jahrhundert) zu **u** vokalisiert:

cal(i)dus (23.5)	chaud 'warm'	capillus	cheveu 'Haar'
sol(i)dus (23.5)	sou 'geprägte Münze'	pellem	peau ,Haut, Fell'
falsus	faux 'falsch'	collum	cou 'Hals'
alter	autre 'ein anderer'	bellus, bella	beau, belle 'schön'
saltare	sauter 'springen'	mollis	mou, *f.* molle 'weich'
a(u)scultare	écouter 'zuhören'	dulcis (23.6)	doux, *f.* douce 'süß'
cal(e)fa(ce)re	chauffer 'heizen'	ultra	(en) outre 'außerdem'

---

[1] An *faire* wurden angeglichen: *plaire* (aus *placere*) 'gefallen' und *taire* (aus *tacere*) 'verschweigen'.

3.9 Die Nasale **m, n** bewirkten Nasalierung des vorausgehenden Vokals; **e, i, u** erhielten dabei eine andere Klangfarbe:

annus	an 'Jahr'	nomen	nom 'Name'
sanguis	sang 'Blut'	homo	on 'man'
quantum	quant à 'was... betrifft'	pontem	pont 'Brücke'
cantare	chanter 'singen'	bonus, bona	bon, bonne[1] 'gut'
fames	faim 'Hunger'	contra	contre 'gegen'
panis	pain 'Brot'	umbra	ombre 'Schatten'
manus	main 'Hand'	ungula	ongle 'Nagel, Kralle'
sanctus	saint 'heilig'	fundus	fond 'Grund'
tempus	temps 'Zeit, Wetter'	fundere	fondre 'schmelzen'
ventus	vent 'Wind'	unus, una	un, une[1] 'ein(e)'
ventrem	ventre 'Bauch'	punctum	point 'Punkt'
dentem	dent 'Zahn'	longe *Adv.*	loin 'fern'
gentem	gens 'Leute'	vinum	vin 'Wein'
genus (*vl.* -erem)	genre 'Gattung'	finem	fin 'Ende'
lentus	lent 'langsam'	minus	moins 'weniger'
plenus	plein 'voll'	lingua	langue 'Zunge, Sprache'
temptare	tenter 'versuchen'	infantem	enfant 'Kind'
tendere	tendre 'hinstrecken'	inter	entre 'zwischen'
vendere	vendre 'verkaufen'	inde	en 'davon'

3.10 Am Wortanfang erhielt **s** vor einem Konsonanten schon früh einen Vokalvorschlag, der sich zu **e** entwickelte:

status	état 'Zustand'	spissus	épais 'dicht'
stella	étoile 'Stern'	strictus	étroit 'eng'
scalae (*vl.* -a)	échelle 'Leiter'	scribere	écrire 'schreiben'
spatula 'Schulterblatt'	épaule 'Schulter'	sponsare (*zu* sponsus)	épouser 'ehelichen'

In der Wortmitte verstummte **s** vor einem Konsonanten (etwa im 12. Jahrhundert)[2]:

festa (dies)	fête 'Festtag'	noster	notre 'unser'
fenestra	fenêtre 'Fenster'	praestare	prêter 'leihen'
magister	maître 'Meister'	monstrare	montrer 'zeigen'
castellum	château 'Schloss'	co(g)noscere	connaître 'kennen'
aestatem	été 'Sommer'	parescere (*zu* parēre)	paraître 'erscheinen'
gustus	goût 'Geschmack'		

---

[1] Falls **m, n** Silbenanlaut eines französ. Wortes war, wurde die Nasalierung (im 17. Jahrhundert) wieder zurückgenommen, z.B. *bon – bonne*, *un – une*.

[2] Der im 16. Jahrhundert eingeführte Accent circonflex erinnert meist noch an ein solches s.

3.11 In der Lautgruppe 'Konsonant + i/e + Vokal' wurde **i/e** schon im Spätlatein gewöhnlich als Gleitlaut und später als palataler Reibelaut gesprochen. Zusammen mit dem Konsonanten entwickelte sich dieser recht verschieden (meist zu [ʒ], [ʃ], [z], [s] und zur sog. Mouillierung hinter **in-** und **il-**):

rubens (*vl.* -eus)	rouge 'rot'	rabies (*vl.* -ia)	rage 'Wut'
sapiens (*vl.* -ius)	sage 'weise'	filia	fille 'Tochter'
propeanus (*vl.*)	prochain 'nächster'	consilium	conseil 'Rat'
rationem	raison 'Vernunft'	linea	ligne 'Zeile'
annuntiare	annoncer 'ankündigen'	vinea (23.6)	vigne 'Weinrebe'

4 Lautverschmelzungen

Sehr starke Verschmelzungen und Lautänderungen traten meist schon früh bei der Entwicklung neuer schallstarker Pronomina, Adverbien und Präpositionen ein:

ecce hoc	ce 'das, es'	ab ante	avant 'vor'
ecce istum	cet } 'diese(r)'	de ab ante	devant 'vor(n)'
ecce istam	cette } 'diese(r)'	ab retro	arrière 'rückwärts'
ecce ille	celui 'derjenige'	de retro	derrière 'hinten'
ecce hic	ici 'hier'	ad pressum	après 'nach'
κατὰ unum }	chacun 'jeder'	de foris	dehors 'draußen'
quisque unus }	chacun 'jeder'	de intus	dans 'in'
(se)met ipsum[1]	même 'selbst'	de subtus	dessous 'unten'
		de sursum	dessus 'oben'
hoc ille[2]	oui 'ja'	(in) casa	chez 'bei (daheim)'
de ipso	dès 'von–an'	apud hoc	avec 'mit'
de ipso iam	déjà 'schon'	absentiā	sans 'ohne'
illā horā	lors (de) 'zur Zeit (von)'	per medium	parmi '(mitten) unter'
hāc horā	or 'nun aber'	sub longum	selon 'gemäß'
in hanc horam	encore '(immer) noch'	ad satis	assez 'genug'
quo modo	comme 'wie, da'	in simul	ensemble 'zusammen'
de unde	dont 'wovon, dessen'	sub inde	souvent 'oft'

5 Nomina-Ableitungen

Bei den Nomina wurde die Unterscheidung von Deklinationen und Kasusformen unnötig, weil fast nur die Obliquusform überlebte und weil Wortstellung und Präpositionalausdrücke die Kasusfunktionen übernahmen.

Das Neutrum wurde aufgegeben und meist durch das Maskulinum ersetzt.

---

[1] *semet-ipsum* wurde falsch zerlegt zu *se-metipsum* und dieses sogar gesteigert zu '*metipsimum*'.

[2] Man bejahte eine Frage je nach der Person verschieden: *hoc ego*, *hoc tu*, *hoc ille*; als häufigste Antwort wurde *hoc ille* (altfrz. *oil*) verallgemeinert.

5.1 Der Plural eines Neutrums wurde manchmal als Singular des Femininums aufgefasst:

folia	feuille 'Blatt'	mirabilia	merveille 'Wunder'
poma	pomme 'Apfel'	cadentia	chance 'Zufall, Glück'

5.2 Verschiedene Adjektive wurden substantiviert, z.B.

rupta (via)	route 'Weg'	diurnum	jour 'Tag'
terrenum	terrain 'Gelände'	matutinum (tempus)	matin 'Morgen'
*pectorina	poitrine 'Brust'	hibernum (tempus)	hiver 'Winter'

5.3 Die meisten lat. Ableitungssuffixe (vgl. 11 und 12) setzen sich mit ihren Bedeutungen ins Französische hinein fort (und werden zu neuen Wortbildungen benutzt), z.B.

-itia	tristitia	tristesse 'Trauer'	iustitia	justice 'Gerechtigkeit'
-(t)ura	cinctura	ceinture 'Gürtel'	vectura 'Fuhre'	voiture 'Wagen'
-tas	sanitatem	santé 'Gesundheit'	medietatem	moitié 'Hälfte'
-(t)io	cantionem	chanson 'Lied'	bibitionem (*vl.*)	boisson 'Getränk'
-(c)ulus	somniculus (23.1)	sommeil 'Schlaf'	soliculus (23.1)	soleil 'Sonne'
-ellus	cultellus 'Messerchen'	couteau 'Messer'	vitellus 'Kälbchen'	veau 'Kalb'
-arius	primarius	premier 'erster'	leviarius (*vl.*)	léger 'leicht'
	operarius	ouvrier 'Arbeiter'	focarium	foyer 'Herd'
-arium	armarium	armoire 'Schrank'	panarium	panier '(Brot)korb'
-osus	furiosus	furieux 'wütend'	religiosus	religieux 'fromm'
-alis	aequalis	égal 'gleich'	regalis	royal 'königlich'
-bilis	terribilis	terrible 'schrecklich'	mobilis	meuble 'bewegliches Möbelstück'

6 Verba und Zusammensetzungen

Bei den Verben setzen sich die lat. Beugungsklassen ins Französische hinein fort:

-āre	donare	donner 'geben'	portare	porter 'tragen'
-ēre	valere	valoir 'wert sein'	videre (23.6)	voir 'sehen'
-īre	dormire	dormir 'schlafen'	sentire	sentir 'fühlen'
-ere	mittere	mettre 'setzen, stellen, legen'	perdere	perdre 'verlieren'

6.1 Die Präsensstammformen der 1. oder 3. Person wurden oft verallgemeinert:

ille plorat	il pleure,	dazu der Inf. pleurer '(be)weinen'
ego colligo	je cueille,	dazu der Inf. cueillir 'pflücken'
ille credit	il croit,	dazu der Inf. croire 'glauben'

6.2 Mehrere Verba sind durch die Auswirkung von Analogien in eine andere Beugeklasse übergetreten, z. B.

mordēre	mordre 'beißen'	currere	courir 'laufen'
pendēre	pendre 'hängen'	fugere	fuir 'fliehen'
respondēre	répondre 'antworten'	sapere	savoir 'wissen'
gaudēre	jouir 'genießen'	assīdere	asseoir 'hinsetzen'
tenēre	tenir 'halten'	offerre	offrir '(an)bieten'
complēre	ac-complir 'erfüllen'	velle (*vl.* volēre)	vouloir 'wollen'

6.3 Die lat. Deponentia, die schon im Spätlatein schwanden, sind zu aktiven Verben geworden:

luctari	lutter 'ringen'	dominari	dominer '(be)herrschen'
de-morari	demeurer 'bleiben'	mentiri	mentir 'lügen'
piscari	pêcher 'fischen'	mori	mourir 'sterben'
oblivisci	oublier 'vergessen'	nasci	naître 'geboren werden'
(*vl.* oblitare)		sequi	suivre 'folgen'

6.4 Die meisten lat. Verbalpräfixe (vgl. 16.1 u. 2) setzen sich mit ihren Bedeutungen ins Französische hinein fort und werden vielfach zu neuen Wortbildungen benutzt, z. B.

admittere	admettre 'zulassen'	appellare	appeler 'rufen'
appre(he)ndere	apprendre 'lernen'	attangere (*vl.*)	atteindre 'erreichen'
compre(he)ndere	comprendre 'begreifen'	consentire	consentir 'zustimmen'
conservare	conserver 'bewahren'	convenire	convenir 'übereinkommen'
descendere	descendre 'absteigen'	devenire	devenir 'werden'
demandare	demander 'bitten, fragen'	demoliri	démolir 'abreißen'
extendere	étendre 'ausstrecken'	elevare	élever 'erheben'
ex(s)tinguere	éteindre 'auslöschen'	exprimere	exprimer 'ausdrücken'
intendere	entendre 'hören'	re-implere	remplir 'erfüllen'
impedire (*vl.* impedicare)	empêcher '(ver)hindern'	inspirare	inspirer 'einatmen, beeinflussen'
percurrere	parcourir 'durchlaufen'	pervenire	parvenir 'gelangen'
praevidere	prévoir 'vorhersehen'	praesentare	présenter 'vorzeigen'
producere	produire 'hervorbringen'	protegere	protéger '(be)schützen'
revidere	revoir 'wieder sehen'	repausare	reposer 'ruhen'
reclamare	réclamer 'beanspruchen'	re-apportare	rapporter 'zurückbringen'
submittere	soumettre 'unterwerfen'	sufflare	souffler 'blasen'
subvenire	se souvenir 'sich erinnern'	supplicare	supplier 'anflehen'

7 Mots populaires – Mots savants

7.1 Einige Wörter, die in klassischen lat. Texten häufig sind (z.B. vir, vis, omnis, is, dare, ferre, sed) leben im Französischen nicht (oder nur in Zusammensetzungen) fort.

Dagegen gelangte so manches Wort, das nicht der gepflegten Schriftsprache angehörte, aber bei den schreibunkundigen Leuten beliebt war, zu häufiger Verwendung in der einen oder anderen romanischen Sprache.

Viele dieser lat. Wörter sind nicht belegt und können nur erschlossen werden (hier mit einem Sternchen versehen):

dominicella	ma-demoiselle 'Fräulein'	circare (*zu* circus)	chercher '(ver)suchen'
avicellus	oiseau 'Vogel'	frictare (*zu* fricare)	frotter 'reiben'
genuc(u)lum (23.1)	genou 'Knie'	iectare (*zu* iactare)	jeter 'werfen'
cammīnus	chemin ‚Weg'	lanceare (vgl. 21.2)	lancer 'schleudern'
exagium 'Wägung'	essai 'Versuch'	*montare (*zu* mons)	monter 'besteigen'
formaticum (*zu* forma)	fromage 'Käse'	*captiare	chasser 'jagen'
*piscionem (*zu* piscis)	poisson 'Fisch'	*fortiare	forcer 'zwingen'
bassus, -a	bas, -se 'niedrig'	*minaciare	menacer 'drohen'
curtus 'abgeschnitten'	court 'kurz'	misculare	mêler 'mischen'
grossus, -a (23.2)	gros, -se 'dick'	taliare 'spalten'	tailler 'schneiden'
nit(i)dus, -a	net, -te 'sauber'	*ab-antiare	avancer 'vorrücken'
pariculus (*zu* par)	pareil 'gleich'	*directiare	a-dresser 'senden' (an)
totus (*vl.* tottus)	tout 'ganz'	ad *u.* luminare	al-lumer 'anzünden'
vetulus, -a (23.5)	vieux, vieille 'alt'	com-initiare	commencer 'anfangen'
vacuus (*vl.* *vocitus)	vide 'leer'	*co-acticare 'zusammendrängen'	cacher 'verstecken'
f(l)ebilis (*zu* flere)	faible 'schwach'	e-radicare	arracher 'ausreißen'
malifatius (*zu* fatum)	mauvais 'schlecht'	in-viare	envoyer 'schicken'
male habitus	malade 'krank'	reddere *und* pre(he)ndere	rendre 'zurückgeben, machen'
de mane	demain 'morgen'		
subtus (*vgl.* intus)	sous 'unten'	praesto (*vl.* -tus)	prêt 'bereit'

7.2 Bei vielen lat. Wörtern brach die lebendige Weitergabe irgendwann einmal ab. Sie wurden erst im Mittelalter von den Lateinkundigen aus dem Umgang mit der Literatur wieder belebt und von den Sprechern übernommen. Solche 'Buchwörter' sind der ursprünglichen lat. Lautform meist recht ähnlich, z. B.[1]

essentia	essence 'Wesen'	dignus	digne 'würdig'
mundus	monde 'Welt'	humanus	humain 'menschlich'
universum	univers 'Weltall'	obscurus	obscur 'dunkel'
elementum	élément 'Bestandteil'	profundus	profond 'tief'
exemplum	exemple 'Beispiel'	aeternalis	éternel 'ewig'
dominium	domaine 'Herrschaftsgebiet'	materialis	matériel 'stofflich'
meritum	mérite 'Verdienst'	singularis	singulier 'einzigartig'
patronus	patron 'Arbeitgeber'	utilis	utile 'nützlich'
gratia	grâce 'Gnade'	superior	supérieur 'höher'
regula	règle 'Richtschnur'	creare	créer '(er)schaffen'
regularis	régulier 'regelmäßig'	habitare	habiter '(be)wohnen'
regio	région 'Gegend'	condemnare	condamner 'verurteilen'
regimen	régime 'Staatsform'	convincere	convaincre 'überzeugen'
volumen	volume 'Band, Inhalt'	disputare	disputer 'streiten'
humor	humeur 'Stimmung'	explicare	expliquer 'erklären'
passio	passion 'Leidenschaft'	exercere	exercer 'ausüben'
veritas	vérité 'Wahrheit'	obligare	obliger 'verpflichten'
spiritus	esprit 'Geist'	restare	rester 'bleiben'

7.3 Manches Wort ist auf diese Weise zweimal in die französische Sprache gekommen, einmal als Erbwort und einmal als Fremdwort. Dem Unterschied in der Form entspricht gelegentlich ein Unterschied in der Bedeutung.
Man nennt solche Wörter Dubletten:

causa (23.1 u. 7)	chose 'Ding, Sache'	cause 'Grund, Ursache'
mi(ni)sterium	métier 'Handwerk'	ministère 'Ministerium'
directus	droit 'recht, gerade'	direct 'unmittelbar'
pensare (*vl.* pesare)	peser 'abwägen'	penser 'denken'
sollicitare	se soucier 'sich sorgen'	solliciter 'beunruhigen'
fabricari	forger 'schmieden'	fabriquer 'verfertigen'

[1] Die Buchwörter machen einen großen Teil des französischen Wortschatzes aus; hier sind nur einige früh übernommene aufgeführt.

8 Bedeutungsveränderungen

Bedingt durch unterschiedliche Ursachen zeigen viele Wörter einen mehr oder weniger starken Bedeutungswandel, z. B.

bucca (23.1)	bouche ‘Mund’
testa	tête ‘Kopf’
ruga ‘Falte’	rue ‘Straße’
villa	ville ‘Stadt’
ma(n)sionem (23.3)	maison ‘Haus’
page(n)ses (*zu* pagus)	pays ‘Land’
follis ‘Balg’	fou, folle ‘Narr’
angustiae	angoisse ‘Angst’
luminaria ‘Licht-einlässe’	lumière ‘Licht’
vivenda ‘Lebensmittel’	viande ‘Fleisch’
vices ‘Wechsel’	fois ‘mal’
ferus	fier ‘stolz’
lur(i)dus ‘bleich’	lourd ‘schwer’
tortum ‘verdreht’	tort ‘Unrecht’
tostum ‘gedörrt’	tôt ‘bald’ (‘fertig’)
presse ‘gedrückt’	près ‘nahe bei’
ad-vocare	avouer ‘gestehen’
colare ‘seihen’	couler ‘fließen’
firmare	fermer ‘schließen’

laxare (23.2)	laisser ‘lassen’
liberare	livrer ‘liefern’
manducare (23.1)	manger ‘essen’
minari (23.2)	mener ‘führen’
re-mutare	remuer ‘sich bewegen’
navigare	nager ‘schwimmen’
obstare	ôter ‘wegnehmen’
partiri ‘teilen’	partir ‘abreisen’
quietare (*vl.*)	quitter ‘verlassen’
secare	scier ‘sägen’
somniare ‘träumen’	songer ‘denken’
sortiri ‘durch das Los herauskommen’	sortir ‘ausgehen’
*tri-paliare ‘quälen’ (tripalium ‘Dreipfahl’ als Folterstrafe)	travailler ’arbeiten’
tutari ‘abwehren, löschen’ (z. B. Durst)	tuer ‘töten’ (eigtl. ‘auslöschen’)
versare	verser ‘(aus)gießen’
volare	voler ‘fliegen, stehlen’

9 Griechische Wörter im Französischen

Viele Wörter des französischen Wortschatzes leben wohl vom Lateinischen her weiter, sind aber griechischen Ursprungs, z. B.

aer (21.1)	air ‘Luft, Aussehen’
bracchium (21.1)	bras ‘Arm’
camera (21.1)	chambre ‘Zimmer’
cathedra (καθέδρα ‘Sessel’)	chaire ‘Lehrstuhl’ chaise ‘Stuhl’
chorda (χορδή ‘Saite’)	corde ‘Seil, Saite’
colaphus (κόλαφος ‘Ohrfeige)	coup ‘Schlag’
lampas (λαμπάς ‘Leuchte’)	lampe ‘Lampe’
massa (21.1)	masse ‘Masse’

parabola (23.4)	parole ‘Wort’ parler ‘sprechen’
petra (23.3)	pierre ‘Stein’
platea (πλατεῖα ‘breite Straße’)	place ‘Platz’
poeta (21.1)	poète ‘Dichter’
pyxis, -idis (πύξις ‘Büchse’)	boîte ‘Schachtel’
schola (21.1)	école ‘Schule’
tornus (τόρνος ‘Drehscheibe’)	tour ‘Drehung’ tourner ‘drehen’

Zu den übernommenen Wörtern aus dem christlichen Bereich (z. B. *église* ‘Kirche’ *évêque* ‘Bischof’, *prêtre* ‘Priester’) vgl. 23.4.

26 Lateinische Wörter im Englischen

1 Entwicklung des englischen Wortschatzes

Zur Zeit des römischen Imperiums war die Insel Britannien von keltischen Stämmen besiedelt; die Römer konnten dort ihre Herrschaft in der Mitte des ersten Jahrhunderts n. Chr. festigen und bis gegen 400 n. Chr. halten.

Aus dieser langen Besatzungszeit sind viele Überreste der römischen Zivilisation bekannt; doch leben nur sehr wenige lateinische Wörter in Ortsnamen seit damals weiter, z. B. castra, colonia, vicus (in -caster, -chester, -coln, -wich).

Das in der heutigen englischen Sprache gebrauchte lateinische Wortgut gelangte erst später in mehreren Wellen nach Britannien:

a) durch die um 450 vom Festland kommenden germanischen Angeln und Sachsen,
b) durch die 597 einsetzende christliche Missionierung und Klosterkultur,
c) infolge der Eroberung durch die nordfranzösischen Normannen im Jahre 1066,
d) bei der Entfaltung der philosophisch-theologischen Wissenschaften in der Zeit des Hochmittelalters,
e) nach der Wiedererweckung der klassischen Bildung in der Renaissancezeit,
f) durch sehr viele übernommene oder neu geschaffene Fremdwörter in der neueren Zeit.

Der gegenwärtige englische Wortschatz gehört etwa zur Hälfte dem westgermanischen Sprachzweig an, der andere Teil aber ist meist lateinischen Ursprungs.

2 Früh übernommene lateinische Wörter

2.1 Die Angeln und Sachsen haben schon in der Zeit, als sie noch auf dem Festland siedelten, rund fünfzig lateinische, meist volkslateinische Wörter aufgenommen, die sie natürlich bei der Einwanderung auf die Insel mitbrachten (einige andere fanden unmittelbar Eingang).

Es sind dies vor allem Wörter aus dem Bauwesen, der Landwirtschaft, dem Handel und der Soldatensprache, z. B.

vallum	wall 'Wand, Mauer'	pirum	pear 'Birne'
pilum	pile 'Pfahl'	vinum	wine 'Wein'
calx 'Kalk'	chalk 'Kreide'	caseus	cheese 'Käse'
furca	fork 'Gabel'	strata (via)	street 'Straße'
coquina	kitchen 'Küche'	milia (passuum)	mile 'Meile'
coquus	cook 'Koch'	portus	port 'Hafen'
molinae	mill 'Mühle'	cista (κίστη)	chest 'Kasten, Brust'
planta	plant 'Pflanze'	cup(p)a	cup 'Becher'

cappa 'Mantel'	cap 'Mütze'	caupo 'Krämer'	cheap 'billig'
balteus	belt 'Gürtel'	expendere	spend 'ausgeben'
pondo 'an Gewicht'	pound 'Pfund'		

2.2 Bei der Missionierung durch römische Mönche im Süden der Insel und durch irisch-schottische Mönche im Norden drang fast ein halbes Tausend lateinischer Wörter aus dem Bereich des kirchlich-klösterlichen Lebens und der schulischen Bildung ein, z. B.

offerre	offer '(an)bieten'	schola	school 'Schule'
crux	cross 'Kreuz'	magister	master 'Meister'
missa (est)	mass 'Messe'	linea	line 'Leine, Linie'
nona (hora)	noon 'Mittagszeit'	versus	verse 'Vers'

Bis um die Jahrtausendwende verlief die Aufnahme solcher lateinischer Wörter in die englische Sprache ähnlich wie bei der deutschen Sprache (vgl. 27.4 u. 5).

3 Nach 1066 ins Englische entlehnte lateinische Wörter

Die folgenreichste Veränderung erfuhr der angelsächsische Wortschatz nach der Eroberung der Insel durch die Normannen. Diese Nordmänner waren im 9. Jahrhundert in Frankreich eingedrungen, an der unteren Seine sesshaft geworden und hatten die dortige Kultur und die aus dem Lateinischen herausgewachsene Sprache rasch übernommen.
Durch ihre Landnahme gelangte nicht nur das eine oder andere Wort lateinischen Ursprungs auf die Insel, sondern ihre ganze Sprache französischer Prägung selbst. Aus der Sprache der neuen Herren übernahm die angelsächsische Bevölkerung nach und nach eine Fülle von Wörtern (sog. anglonormannische Wörter).

In den folgenden Verzeichnissen solcher Wörter ist in der Mitte jeweils das (aus dem Obliquus stammende) französische Wort in der heutigen Lautform angegeben[1]. Eine deutsche Bedeutungsangabe ist nur dann dazugesetzt, wenn die Bedeutung des französischen Wortes sehr von der des englischen abweicht.

3.1 Wahrscheinlich fanden zuerst vor allem Wörter aus Hof, Krieg, Verwaltung, Recht und Kirche Eingang.

castellum	castle (*norm.*)	castle 'Schloss'
co(ho)rtem	cour (*frz.*)	court 'Hof'
turris	tour	tower 'Turm'
corona	couronne	crown 'Krone'
posse (vgl. 25.6.2)	pouvoir	power 'Macht'
senior	seigneur 'Gutsherr'	sir 'Herr'

[1] Kleindruck, falls das Wort nicht zum frz. Grundwortschatz zählt.

principem	prince	prince 'Prinz'
nobilem	noble	noble 'adelig, edel'
gubernare	gouverner	govern 'regieren'
populus	peuple	people 'Volk'
civitatem	cité 'Altstadt'	city 'Stadt'
arma *Pl.*	armes *Pl.*	arms 'Waffen'
inimicus	ennemi	enemy 'Feind'
battualia (*vl.*)	bataille	battle 'Schlacht'
victoria	victoire	victory 'Sieg'
gloria	gloire	glory 'Ruhm'
favorem	faveur	favour 'Gunst'
honorem	honneur	honour 'Ehre'
pacem	paix	peace 'Friede'
casus	cas	case 'Fall, Sache'
iudicem	juge	judge 'Richter'
probare	prouver	prove 'beweisen'
		proof 'Beweis'
emendare	amender	amend 'verbessern'
fidem	foi (*aus* feith)	faith 'Glaube'
servitium	service	service '(Gottes)dienst'
praedicare	prêcher	preach 'predigen'
precari	prier	pray 'beten'

3.2 Seit der Mitte des 13. Jahrhunderts wirkte Zentralfrankreich als Vorbild auf die britische Insel stark ein. In dieser Zeit wurden wohl die meisten aus dem Lateinischen hervorgegangenen französischen Wörter (insbesondere auch die sog. Buchwörter) übernommen, z. B.

zu lingua	langage	language 'Sprache'
lectionem	leçon	lesson 'Lehrstunde'
factionem	façon	fashion 'Machart, Mode'
sortem	sorte	sort 'Art, Gattung'
vocem	voix	voice 'Stimme'
silentium	silence	silence 'Schweigen'
exercitium	exercice	exercise 'Übung'
autumnus	automne	autumn 'Herbst'
nepotem	neveu	nephew 'Neffe'
neptis	nièce	niece 'Nichte'
delicatus	délicat	delicate 'zart'
rudem	rude	rude 'roh, grob'
denegare	dénier 'ableugnen'	deny 'verneinen'
oboedire	obéir	obey 'gehorchen'

In der Mitte des 14. Jahrhunderts trat die Vorherrschaft des Französischen immer mehr zurück.

In den folgenden Abschnitten sind Entwicklungen angegeben, durch die die Lautform der übernommenen französischen Wörter vielfach recht stark verändert wurde.

4 Betonung der übernommenen Wörter

Bei der Übernahme altfranzösischer Wörter wurde die Endbetonung zu Gunsten der germanischen Anfangsbetonung aufgegeben, z. B.

memoria	mémoire	memory 'Gedächtnis'
desertus	désert	desert 'wüst, Wüste'
communis	commun	common 'allgemein'
curiosus	curieux	curious 'neugierig'
necessarius	nécessaire	necessary 'notwendig'
secundus	second	second' zweiter'
subitan(e)us	soudain	sudden 'plötzlich'
occupare	occuper	occupy 'besetzen'
sufferre	souffrir	suffer 'leiden (an)'
continuare	continuer	continue 'fortsetzen'

5 Entwicklung der Vokale

Die aus dem Lateinischen stammenden französischen Wörter wurden natürlich mit dem Lautstand des 11. bis 14. Jahrhundert übernommen.
In der Neuzeit, vor allem zwischen dem 15. und 18. Jahrhundert, fanden aber ausgedehnte Lautverschiebungen im Bereich der Vokale statt, so dass die lateinischen Tonvokale im heutigen Englisch meist in ganz anderer Lautung erscheinen.

5.1 Kurze Tonvokale

Mehrere kurze Tonvokale blieben erhalten:

penna	penne	pen 'Feder'
pressare	presser	press 'pressen, drängen'
prehe(n)sionem	prison	prison 'Gefängnis'
visitare	visiter	visit 'besuchen'
opinionem	opinion	opinion 'Meinung'
officium	office	office 'Amt'

Die kurzen frz. Tonvokale [u] und [ü] wurden im 17./18. Jahrhundert zu engl. [ʌ], [a] wurde meist zu [æ]:

colorem	couleur	colour 'Farbe'
duplex (*vl.* duplus)	double	double 'doppelt'

summa	somme (*altfrz.* su-)	sum 'Betrag'
iustus	juste	just 'gerecht, genau'
actus	acte	act 'Tat'
accidentem *Part.*	accident	accident 'Unfall'
absentem	absent	absent 'abwesend'
maritare	marier 'verheiraten'	marry 'heiraten'

5.2 **Lange Tonvokale**

Frz. langes ē (das sich bald nach der Eroberung aus dem Diphthong ai entwickelt hatte) wurde zu engl. [iː] verschoben:

rationem	raison	reason 'Grund'
sationem 'Saatzeit'	saison	season 'Jahreszeit'
acer (*vl.* acrus)	aigre 'scharf'	eager 'eifrig'
tractare	traiter	treat 'behandeln'
placere	plaisir 'Vergnügen'	please 'gefallen'
	plaire 'gefallen'	
zu gradus	degré	degree 'Grad, Stufe'

Frz. langes [üː] wurde zu engl. [juː]:

cura	cure	cure 'Heilung'
pupillus 'Bübchen'	pupille 'Mündel'	pupil 'Schüler'
purus	pur	pure 'rein'
excusare	excuser	excuse 'entschuldigen'

Die frz. langen Vokale [iː], [uː], [ɔː] wurden zu den engl. Diphthongen [ai], [au], [ou] und zuletzt auch [aː] zu [ei]:

crimen	crime	crime 'Verbrechen'
signum	signe	sign 'Zeichen'
quiritare	crier	cry 'schreien'
dubitare	douter	doubt 'zweifeln'
pulverem	poudre	powder 'Staub'
bulla 'Kapsel'	boule	bowl 'Kugel, Schüssel'
costa	côte	coast 'Küste'
clausus,-a	clos, e	close 'nahe, geschlossen'
tabula	table	table 'Tisch'
facies	face	face 'Gesicht'
spatium	espace	space 'Raum'
masculus	mâle	male 'männlich'
pallidus	pâle	pale 'blass'

5.3 **Diphthonge**

Diphthonge altfranzösischer Wörter werden im Englischen meist zu ähnlichen Diphthongen, teilweise aber auch zu Monophthongen umgebaut:

gaudia *Pl.*	joie	joy 'Freude'
solum	seuil 'Türschwelle'	soil 'Erdboden'
bullire (*vl.*)	bouillir	boil 'sieden'
fallere	faillir (*altfrz.*) 'verfehlen'	fail 'fehlschlagen'
salvus	sauf 'wohlbehalten'	safe 'sicher'
salvare	sauver	save 'retten, sparen'
fructus	fruit	fruit [uː] 'Obst'

5.4 **Vokale vor r** entwickeln sich in der englischen Aussprache meist nicht so wie vor anderen Konsonanten:

artem	art	art 'Kunst'
partem	part	part 'Teil'
largus	large	large 'weit, groß'
paria *Pl.*	paire	pair 'Paar'
clarus	clair	clear 'klar, hell'
declarare	déclarer	declare 'erklären'
terminus	terme 'Ende'	term 'Termin(us)'
servire	servir	serve '(be)dienen'
circulus	cercle	circle 'Kreis'
firmus	ferme	firm 'fest'
desiderare	désirer	desire 'wünschen'
forma	forme	form 'Form'
cornu	corne 'Horn'	corner 'Ecke'
hora	heure	hour 'Stunde'
cursus	cours(e)	course 'Lauf, Strecke'
securus	sûr	sure 'sicher'

5.5 Die frz. **Nasalvokale** werden ohne Nasalierung übernommen:

grandis	grand	grand 'groß(artig)'
membrum	membre	member 'Mitglied'
sensus	sens	sense 'Sinn'
defendere	défendre	defend 'verteidigen'
violentus	violent	violent 'heftig'
contentus	content	content 'zufrieden'
granum	grain	grain 'Getreide'
vanus	vain 'vergeblich'	vain 'eitel, leer'
simplex	simple	simple 'einfach'

frontem	front	front 'Vorderseite'
sonus	son	sound 'Klang'
rotundus	rond	round 'rund(herum)'
computare	conter, com(p)ter	count 'zählen'
numerus	nombre	number 'Zahl'
puncta *Pl.*	pointe	point 'Spitze'
humilis	humble	humble 'bescheiden'

5.6 **Endsilbenvokale**

Unbetonte frz. Endsilbenvokale wurden in der engl. Aussprache gekürzt:

figura	figure 'Aussehen, Gesicht'	figure 'Gestalt, Zahl'
materia	matière	matter 'Stoff, Sache'
moneta	monnaie 'Geldsorte'	money 'Geld'
imaginem	image	image 'Bild'
libertatem	liberté	liberty 'Freiheit'
zu vallis	vallée	valley 'Tal'
verax	vrai 'wahr'	very 'wirklich, sehr'

Am Wortende konnte sich ein Gleitvokal herausbilden:

littera	lettre	letter 'Brief'
florem	fleur	flower 'Blume'
proprius	propre 'eigen, sauber'	proper 'eigen, richtig'
tener	tendre	tender 'zart'
intrare	entrer	enter 'eintreten'

6 Entwicklung der Konsonanten

6.1 Konsonanten, die sich auf dem Wege vom Lateinischen zum Altfranzösischen teilweise gewandelt hatten, blieben auf dem Wege vom Altfranzösischen zum Englischen meist erhalten:

s	bestia	bête	beast 'Tier'
vor	honestus	honnête	honest 'ehrlich'
Kons.	*zu* co(n)suetudinem	coutume	custom 'Gewohnheit'
	studium	étude	study 'Studie, Studierzimmer'
	extraneus 'auswärtig'	étrange	strange 'sonderbar, fremd'
	zu stare	étage 'Stockwerk'	stage 'Bühne'
	co(n)stare	coûter	cost 'kosten'
	destruere	détruire	destroy 'zerstören'
h	habitus	habit 'Anzug'	habit 'Gewohnheit'
	hospitale 'Gastwohnung'	hôpital 'Krankenhaus'	hospital 'Krankenhaus'
		hôtel 'Gasthaus'	hotel 'Hotel'

c	catena	chaîne	chain 'Kette'
	caput	chef	chief 'Anführer, Chef'
	carmen	charme	charm 'Zauber'
g	generalis	général	general 'allgemein'
	originem	origine	origin 'Ursprung'
	pagina	page	page 'Buchseite'
qu	qualitatem	qualité	quality 'Eigenschaft'
	quantitatem	quantité	quantity 'Menge'
	querela	querelle	quarrel 'Streit'
	zu quartus	quartier	quarter 'Viertel'

6.2 Ein **t**- oder **s**-Laut mit **i** oder **u** entwickelte sich im Englischen zu [ʃə]:

mentionem	mention	to mention 'erwähnen'
quaestionem	question	question 'Frage'
condicionem	condition	condition 'Bedingung, Lage'
specialis	spécial	special 'besonders'
fortuna	fortune	fortune 'Schicksal, Glück'
virtutem	vertu	virtue 'Tugend'
me(n)sura	mesure	measure 'Maß'
natura	nature	nature 'Natur'

6.3 Im Wortauslaut stehende Konsonanten, die im Französischen verstummt sind[1], hat das Englische meist bewahrt:

mercatus	marché	market 'Markt'
pretium	prix̣	price 'Preis'
truncus	tronc̣	trunk 'Rumpf, Stamm'
profectus	profiṭ	profit 'Gewinn'
respectus	respec̣ṭ	respect 'Achtung'
parentes	parenṭṣ	parents 'Eltern'
completus	compleṭ	complete 'vollständig'
expressus	exprèṣ	express 'ausdrücklich'

7 Besondere Formen und Bildungsweisen

Aus dem Lateinischen stammende französische Verba wurden meist in der am häufigsten verwendeten Form übernommen.

7.1 Auf die 3. oder 1. Person Singular des Präsens gehen zurück z.B.

pulsare	pousser:	il pousse	to push 'stoßen'
celare	celer:	il cèle	to con-ceal 'verbergen'

[1] Verstummte Konsonanten sind mit einem darunter gesetzten Punkt gekennzeichnet.

relevare	relever:	il relève	to relieve 'erleichtern'
repetere	répéter:	il répète	to repeat 'wiederholen'
iungere	joindre:	il joint	to join 'verbinden'
contenere (*vl.*)	contenir:	il contient	to contain 'enthalten'
conquaerere	conquérir:	il conquiert	to conquer 'erobern'
cooperire	couvrir:	il couvre	to cover 'bedecken'
praeferre	préférer:	il préfère	to prefer 'vorziehen'

7.2 Auf die 3. Person Plural des Präsens (altfrz. mit dem Suffix -iss- aus lat. -isc-) gehen zurück z. B.

finire	finir:	ils finissent	to finish 'beendigen'
polire	polir:	ils polissent	to polish 'glätten'
punire	punir:	ils punissent	to punish 'bestrafen'
stabilire	établir:	ils établissent	to establish 'einrichten'

7.3 Viele lat. oder frz. Partizipien des Perfekts wurden als Verbalstämme aufgefasst (vielleicht mit Anlehnung an Intensivbildungen wie trahere – tractare) und als Verba verwendet:

educare:	to educate 'erziehen'	deserere:	to desert 'verlassen'
unire:	to unite 'vereinigen'	possidēre:	possess 'besitzen'
pingere:	to paint 'malen'	confiteri:	to confess 'bekennen'
attrahere:	to attract 'anziehen'	discutere:	to discuss 'erörtern'
eligere:	to elect 'wählen'	transferre:	to translate 'übersetzen'

8 Präfixe und Suffixe

8.1 Die meisten lateinischen **Präfixe** setzen sich mit ihren Bedeutungen (im Allgemeinen über das Französische) in das Englische hinein fort (und werden auch für neue Wortbildungen verwendet), z. B.

advertere	advertise 'anzeigen, werben'	approbare	approve 'billigen'
concipere	conceive 'begreifen'	considerare	consider 'überlegen'
decipere	deceive 'täuschen'	deliberare	deliver 'befreien, liefern'
excitare	excite 'erregen'	explanare	explain 'erklären'
intendere	intend 'beabsichtigen'	invenire	invent 'erfinden'
observare	observe 'beobachten'	offendere	offend 'beleidigen'
praetendere	pretend 'vorgeben'	praeparare	prepare 'vorbereiten'
promittere	promise 'versprechen'	pronuntiare	pronounce 'aussprechen'
reportare	report 'berichten'	reparare	repair 'ausbessern'
supplere	supply 'versorgen'	succedere	succeed 'nachfolgen'

8.2 Die meisten lat. nominalen Ableitungs**suffixe** (vgl. 11 u. 12) setzen sich mit ihren Bedeutungen (über das Französische) ins Englische hinein fort (und werden zu vielen Neubildungen verwendet), z. B.

iustitia	justice 'Gerechtigkeit'	contrarius	contrary 'entgegen'
scientia	science 'Wissenschaft'	famosus	famous (*frz.* -eux) 'berühmt'
sententia	sentence 'Urteil, Satz'	pretiosus	precious 'wertvoll'
experientia	experience 'Erfahrung'	capitalis	capital 'Hauptstadt'
sacrificium	sacrifice 'Opfer'	possibilis	possible 'möglich'
momentum	moment 'Augenblick'	crudelis	cruel 'grausam'
difficultas	difficulty 'Schwierigkeit'	probabilis	probable 'wahrscheinlich'
avunculus	uncle (*frz.* oncle) 'Onkel'	civilis	civil 'bürgerlich, höflich'

9 Mittelbare oder unmittelbare Übernahmen aus dem Lateinischen

9.1 Bei einer größeren Zahl von Wörtern (zumeist Buchwörtern) lässt sich kaum entscheiden, ob sie, wie es scheint, auf dem Weg über das Französische ins Englische gekommen sind oder direkt aus dem Lateinischen entlehnt wurden, z. B.

natio	nation	nation 'Volk'
occasio	occasion	occasion 'Gelegenheit'
minister	ministre	minister 'Minister'
extremus	extrême	extreme 'äußerst'
publicus	public	public 'öffentlich'
secretus	secret	secret 'geheim'
presentem	présent	present 'anwesend'
decidere	décider	decide 'entscheiden'
acceptare	accepter	accept 'annehmen'
resistere	résister	resist 'widerstehen'

9.2 Aus dem Lateinischen unmittelbar übernommen oder dem Lateinischen wieder angeglichen (relatinisiert) sind wohl Wörter wie:

animal	animal 'Tier'	perfectus	perfect 'vollendet'
effectus	effect 'Wirkung'	quietus	quiet 'ruhig'
labor	labour 'Arbeit'	popularis	popular 'volkstümlich'
lacus	lake 'der See'	regularis	regular 'regelmäßig'
limes, -item	limit 'Grenze'	excellens	excellent 'ausgezeichnet'
pictura	picture 'Bild'	differens	different 'verschieden'
religio	religion 'Religion'	patiens	patient 'geduldig'
spiritus	spirit 'Geist'	acquirere	acquire 'erwerben'
status	state 'Zustand, Staat'	addere	add 'hinzufügen'
aequalis	equal 'gleich'	admittere	admit 'zugeben'
futura *Pl.*	future 'Zukunft'	extendere	extend 'ausdehnen'

liquidus	liquid ‘flüssig’
humanus	human ‘menschlich’
moderatus	moderate ‘mäßig’
privatus	private ‘persönlich’
solidus	solid ‘fest’

dividere	divide ‘teilen’
providere	provide ‘(ver)sorgen’
reducere	reduce ‘herabsetzen’
temperare	temper ‘mäßigen, mildern’
urgere	urge ‘drängen’

▷ Viele Wörter wurden erst verhältnismäßig spät direkt aus dem Lateinischen übernommen, z. B.

factum	fact ‘Tatsache’
iocus	joke ‘Spaß’
strictus	strict ‘streng’
solvere	solve ‘lösen’
persuadere	persuade ‘überreden, überzeugen’

10 Bewahrung altfranzösischer (oder anglonormannischer) Wörter

Mehrere übernommene Wörter kommen im Englischen recht häufig vor, während das lautlich genau entsprechende französische Wort veraltet (und hier nicht aufgeführt) oder ausgestorben ist, z. B.

libella ‘Wasserwaage’	level ‘Niveau’ (*frz.* niveau)
miseria	misery ‘Elend’
regula	rule ‘Herrschaft’ / rail ‘Schiene’
reddita *Pl.*	rent ‘Miete’
carrus	car ‘Wagen’
titulus	title ‘Titel’
usus	use ‘Gebrauch’
propositum	purpose ‘Zweck’
cellarium	cellar ‘Keller’
vascellum (*zu* vas)	vessel ‘Gefäß, Schiff’
heredem	heir ‘Erbe’
plenitatem	plenty ‘Fülle’
capitale ‘Besitz’	cattle ‘(Rind)vieh’ (eigtl. Viehbesitz)
merus	mere ‘bloß, nur’
planus	plain ‘flach, einfach’
foranus (*zu* foris)	foreign ‘ausländisch’
qui(e)tus ‘ruhig’	quite ‘ganz’ (*Adv.*)
singulus	single ‘einzeln’
strictus	stress ‘Nachdruck, Belastung’
excarptus (*vl.* -sus)	scarce ‘knapp’
habilis ‘handlich’	able ‘fähig’

zu solidus ‘Geldstück’	soldier ‘Soldat’
carricare (*vl. zu* carrus)	carry ‘tragen’
clamare	claim ‘beanspruchen’
aestimare	aim ‘zielen auf’
spoliare	spoil ‘verderben’
movere	move ‘bewegen’
applicare	apply ‘anwenden’
desperare	despair ‘verzweifeln’
disturbare	disturb ‘stören’
recordari	record ‘aufzeichnen’
recuperare	recover ‘wiedererlangen’
rememorare	remember ‘sich erinnern’
replicare	reply ‘antworten’
zu displicare ‘entfalten’	display ‘Auslage, Ausstellung’
remanere	remain ‘bleiben’
apparere	appear ‘(er)scheinen’
increscere	increase ‘anwachsen’
complangere	complain ‘(be)klagen’
inquirere	inquire ‘fragen (nach)’
zu delectare	delight ‘Vergnügen’
zu exquadrare	square ‘Viereck, Platz’
zu taxare ‘abschätzen’	task ‘Aufgabe’

zu valere	value 'Wert'	*zu* exire	issue 'Ausgabe, Streitfrage'
zu ad-valere	avail 'nützen' available 'verfügbar'	*zu* separ 'getrennt'	several 'mehrere'

11 Spät- und volkslateinische Wörter im Englischen

Viele englische Wörter gehen auf typisch spät- und volkslateinische (oder schon frühromanische) Prägungen[1] zurück:

bilancia 'Zweischalenwaage' (*zu* bis *u.* lanx)	balance	balance 'Waage, Gleichgewicht'
butticula (*zu* buttis 'Fass')	bouteille	bottle 'Flasche'
*contrata 'Gegenüberliegendes'	contrée 'Gegend'	country 'Land'
*fállita (*zu* fallere)	faute	fault 'Fehler'
*viduta (*zu* videre)	vue	view 'Aussicht, Ansicht'
*pettia	pièce	piece 'Stück'
fortia *Pl.*	force	force 'Stärke'
montan(e)a *Pl.*	montagne	mountain 'Berg'
riparia (*zu* ripa)	rivière	river 'Fluss'
aetatem (*aetaticum)	âge	age 'Lebensalter'
*bellitatem (*zu* bellus)	beauté	beauty 'Schönheit'
adiacens 'Umgebung'	aise	ease 'Bequemlichkeit' easy 'leicht'
zu *mercatare (*von* mercatus)	marchand	merchant 'Kaufmann'
zu cum *u.* panis	compagnon 'Kamerad'	companion 'Begleiter'
*anteanus (*zu* ante)	ancien	ancient 'alt'
capitaneus	capitaine	captain 'Hauptmann'
*certanus (*zu* certus)	certain	certain 'sicher'
medianum (*zu* medius)	moyen	means 'Mittel'
debitus (*vl.* debutus)	dû	due 'gebührend, fällig'
aber: debita	dette	debt 'Schuld'
turbulus (*zu* turba)	trouble 'Störung'	trouble 'Unruhe, Mühe'
finitus (*vl.* *finus)	fin	fine 'fein, schön'
carricare (*zu* carrus)	charger 'beladen'	charge 'belasten'
circare (*zu* circus)	chercher	search 'suchen'
*passare (*zu* passus)	passer	pass 'vorbeigehen'
pretiare (*zu* pretium)	priser 'schätzen'	praise 'loben'
*toccare (lautmalend!)	toucher	touch 'berühren'
*tractiare (*zu* trahere)	tracer 'ziehen, zeichnen'	trace 'nachspüren'
*traginare (*zu* trahere)	traîner 'ziehen'	train 'üben'
usare (*zu* uti)	user	use 'gebrauchen'

[1] Erschlossene Wörter sind mit einem Sternchen gekennzeichnet.

*accordare (*zu* chorda)	accorder 'in Einklang bringen'	accord 'übereinstimmen'
appropiare (*zu* prope)	s'approcher	approach 'sich nähern'
arrestare (*zu* restare)	arrêter 'anhalten'	arrest 'festnehmen'
*arripare (*zu* ripa)	arriver	arrive 'ankommen'
zu ad *u.* gratum	agréer 'genehmigen'	agree 'übereinstimmen'
combinare (*zu* bini 'zwei')	combiner	combine 'verbinden'
directiare (*zu* rectus)	dresser 'aufrichten'	dress 'herrichten, anziehen'
*disieiunare (*zu* ieiunus 'nüchtern')	déjeuner *u.* dîner	dinner 'Essen' (Hauptmahlzeit)
excappare (*zu* cappa 'Mantel')	échapper	escape 'entweichen'
refutare (*vl.* *refusare)	refuser	refuse 'verweigern'

12 Bedeutungsveränderungen

Viele Wörter haben auf ihrem Weg vom Lateinischen über das Französische zum heutigen Englisch einen stärkeren Bedeutungswandel erfahren, z. B.

copia	copie 'Vervielfältigung'	copy ‚Abschrift, Exemplar'
poena	peine 'Strafe, Mühe'	pain 'Schmerz'
rotulus 'Walze'	rôle 'Rolle, Liste'	role 'Rolle'
articulus 'Glied'	article 'Gegenstand'	article 'Gegenstand,
cuneus	coin 'Ecke, Prägeblock'	coin 'Münze'
penicillus 'Pinsel'	pinceau 'Pinsel'	pencil 'Bleistift'
ingenium	engin' Findigkeit, Werkzeug'	engine 'Maschine'
salarium 'Salzgeld'	salaire 'Sold, Lohn'	salary 'Gehalt'
viaticum 'Reisegeld'	voyage 'Reise'	voyage 'Seereise'
pietatem	pitié 'Mitleid'	pity 'Mitleid'
potionem 'Trank'	poison 'Gifttrank, Gift'	poison 'Gift'
stationem 'Standort'	station 'Halteplatz'	station 'Bahnhof'
zu manus	manière 'Art und Weise'	manner 'Art und Weise'
zu diurnus	journée 'Tagesablauf'	journey 'Reise'
zu firmus	ferme 'feste Pacht, Hof'	farm 'Bauernhof'
integrum *Akk.*	entier 'ganz'	entire 'ganz'
nescius	*altfrz.* nice 'dumm, sonderbar'	nice 'nett, fein'
gentilis 'sippenzugehörig'	gentil 'artig, nett'	gentle 'sanft, vornehm'
pacare (*zu* pax)	payer 'bezahlen'	pay 'bezahlen'
attendere	attendre 'erwarten'	attend 'behandeln, besuchen'
implicare 'verknüpfen'	employer 'verwenden'	employ 'beschäftigen'
zu importare	important 'bedeutend'	important 'bedeutend'
zu manere '(im Haus) bleiben'	ménage 'Haushalt'	manage 'handhaben, leiten'
zu sequi	suite 'Folge'	suit 'Anzug, Prozess'

[1] Erschlossene Wörter sind mit einem Sternchen gekennzeichnet.

13 Griechische Wörter im Englischen

Manche englischen Wörter wurden zwar vom Lateinischen übernommen (meist schon früh über das Französische), sind aber letztlich griechischen Ursprungs, z. B.

basis (βάσις)	base 'Grundlage'
blasphemare (βλασφημεῖν) 'lästern')	blame 'tadeln'
butyrum (βούτυρον 'Kuhquark')	butter 'Butter'
cathedra (25.9)	chair 'Stuhl'
clericus (κληρικός 'Geistlicher')	clerk 'Angestellter'
discus (δίσκος 'Wurfscheibe')	dish 'Schüssel'
encaustum (ἔγκαυστον 'eingebrannte Farbe')	ink 'Tinte'
historia (ἱστορία 'Geschichtsforschung')	history 'Geschichte'
myxa (μύξα 'Lampendocht')	match 'Zündholz'
nausea (ναυσία 'Seekrankheit')	noise 'Lärm'
papyrus (πάπυρος 'Papyrusstaude')	paper 'Papier'
pausa (παῦσις 'Rast')	pause 'Pause'
phantasia (φαντασία 'Vorstellung')	fancy 'Einbildung'
problema (πρόβλημα 'vorgelegte Aufgabe')	problem 'Aufgabe'
pyxis (πύξις 'Büchse')	box 'Schachtel, Kasten'
stomachus (στόμαχος 'Schlund, Magen')	stomach 'Magen'
thesaurus (*vl.* tre-) (θησαυρός 'Schatz')	treasure 'Schatz'
tonus (τόνος 'Spannung, Ton')	tune 'Melodie'
zelosus (*zu* ζῆλος 'Eifersucht')	jealous 'eifersüchtig'

Zu den übernommenen Wörtern aus dem christlichen Bereich (z. B. church 'Kirche', devil 'Teufel', priest 'Priester') vgl. 23.4.
Die auf das Griechische zurückgehenden neueren Fremdwörter in Wissenschaft und Technik sind sehr zahlreich.

27 Lateinische Wörter in der deutschen Sprache

1 Schon in den ersten Jahrhunderten der Kaiserzeit wirkte die römische Kultur an der Rhein- und Donaugrenze tief greifend auf das Leben und die Sprache der benachbarten Germanenstämme ein. Sie lernten viele neuen Dinge eines gehobenen Lebensstandards kennen und übernahmen mit ihnen oft aus der lateinischen Umgangssprache (*vl.*) auch die fremden Bezeichnungen, und zwar meist in der Form des Akkusativs, da dieser Kasus am häufigsten gebraucht wurde. (In den folgenden Beispielen sind die lateinischen Wörter jedoch im Nominativ aufgeführt.)
Waren lateinische Wörter erst einmal entlehnt, so wurden sie den phonetischen und morphologischen Gegebenheiten der eigenen Sprache (*ahd.* = althochdeutsch, *nhd.* = neuhochdeutsch) angepasst.

2 Die ältesten Lehnwörter erkennt man vielfach an zwei Erscheinungen im Bereich der Konsonanten.

2.1 Sie weisen die (noch im 4. Jahrhundert vorhandene) k-Aussprache des Konsonanten **c** vor e (ai) und i auf, so dass z. B. *lat.* **C**aesar zu *nhd.* **K**aiser, *lat.* **c**ar**c**er zu *nhd.* **K**er**k**er (später aber **c**ensus zu **Z**ins) wird.

2.2 Sie machen die (im 6. Jahrhundert einsetzende) hochdeutsche Lautverschiebung mit. Dadurch wurden die stimmlosen Verschlusslaute **p, t, k** im Anlaut sowie im Inlaut nach Konsonanten zu den Affrikaten **pf**, **ts** (in der Schrift z), **kh** (in der Schrift ch und k), zwischen Vokalen sowie im Auslaut aber zu den Doppelkonsonanten **ff, ss, hh** (in der Schrift meist ch) verschoben[1], so dass z. B. *lat.* **p**i**p**er zu *nhd.* **Pf**e**ff**er, **p**lanta zu **Pf**lanze, **c**a**t**illus zu **K**e**ss**el und bi**c**arium zu Be**ch**er wurde.

3 Ältere Lehnwörter zeigen darüber hinaus folgende Lautänderungen im Bereich der Vokale:

3.1 Die Vokale **a**, **o**, **u** wurden vor einem folgenden i oder j umgelautet, z. B. wurde *lat.* caseus zu *ahd.* kâsi und *nhd.* Käse, *lat.* oleum zu *ahd.* ôli und *nhd.* Öl.

3.2 Durch eine weitere Lautverschiebung im späten Mittelalter wurden auch noch die langen Vokale **î** und **û** zu den Diphthongen **ei** und **au**, z. B. *ahd.* wîn zu *nhd.* Wein, *ahd.* mûr zu *nhd.* Mauer. Bei manchem Lehnwort ist dadurch erst nach einer fast tausendjährigen Geschichte der heutige Lautstand erreicht.

4 Bis zum Untergang des weströmischen Reiches fand eine erste Schicht von ca. 500 lat. Wörtern Aufnahme, vor allem aus den Bereichen: Kriegswesen, Siedlung, Hausbau und Einrichtungsgegenstände, Tierhaltung, Landwirtschaft, Weinbau, Verkehrswesen und Handel, Verwaltung und Recht.

---

[1] In Verbindung mit s blieben p, t, k sowie tr unverschoben.

4.1 Kriegswesen:

campus	Kampf(platz)	pilum	Pfeil
castellum	Kástel (Ortsname)	palus	Pfahl
draco (δράκων)	Drache (Feldzeichen)	vallum	Wall

4.2 Recht und Verwaltung:

census	Zins	telonium (τελώνιον)	Zoll-Stätte
pactum *u. Pl.*	Pacht	securus	sicher

4.3 Siedlung, Hausbau, Einrichtungsgegenstände:

vicus	Weich-bild (Ortsbild)	cellarium (*zu* cella)	Keller
villa(*vl.* villare)	Weiler	solarium (*zu* sol)	Söller
murus	Mauer	spicarium (*zu* spica 'Ähre')	Speicher
tegula (*zu* tegere)	Ziegel	discus (δίσκος)	Tisch
calx	Kalk	catillus 'Napf'	Kessel
tunica (21.4)	Tünche	scutella	Schüssel
pila (*vl.* pilare)	Pfeiler	corbis 'Tragkorb'	Korb
postis	Pfosten	mulctra 'Melktrog'	Mulde
porta	Pforte	puteus 'Brunnen'	Pfütze
fénestra (21.2)	Fenster	carta (21.1)	Kerze
coquina (*vl.* cucina)	Küche	facula (*zu* fax)	Fackel
camera (21.1)	Kammer	speculum (*zu* spectare)	Spiegel

4.4 Tierhaltung, Landwirtschaft, Weinbau:

vivarium 'Behältnis für lebende Tiere'	Weiher	prunum	Pflaume (*ahd.* pf**r**uma)
asinus	Esel (vgl. Ig-el)	caulis 'Stengel'	Kohl
mulus	Maul-tier	radix	Rettich
paraverédus 'Postpferd' (eigtl. 'beim Wagen')	Pferd	propagare 'fortpflanzen'	propfen
		imputare 'einschneiden'	impfen
strigilis	Striegel	secula (*zu* secare)	Sichel
pavo	Pfau	flagellum 'Peitsche'	(Dresch-)Flegel
pluma 'Feder'	Flaum (*ahd.* **p**fluma)	vannus 'Getreideschwinge'	Wanne
planta	Pflanze		
fructus	Frucht	molinae (*zu* mola)	Mühle
cérasum (*vl.* cerasia)	Kirsche	vinum	Wein
persicum (mālum) 'Perser-Apfel'	Pfirsich	vínitor	Winzer
		mustum	Most

calc(a)tura (*zu* calcare)	Kelter	traiectorium (*zu* traicere)	Trichter
calix (*Akk.* -cem)	Kelch	miscere	mischen
cupa (*u.* cuppa)	Kufe		

4.5 Verkehrswesen und Handel:

ancora (21.1)	Anker	saccus (σάκκος)	Sack
catena	Kette (*ahd.* ketina)	cista (κίστη)	Kiste
carrus (21.3)	Karren	scrinium 'Schachtel'	Schrein
strata (via)	Straße	cuprum (aes Cyprium)	Kupfer
milia (passuum)	Meile	monéta (*vl.* móneta)	Münze
caupo 'Krämer'	Kauf-mann	pondo 'an Gewicht'	Pfund
mercatus (*vl.* marcatus)	Markt	aequare	eichen

5 Eine zweite Schicht lateinischer Wörter wurde mit und nach der Annahme des Christentums ins Deutsche entlehnt. Wegen der späteren Zeit der Übernahme machten viele Wörter dieser Schicht die schon abgeschlossene hochdeutsche Lautverschiebung nicht mehr mit.
Zuerst fanden griechische (meist auch im Lateinischen vorhandene) Wörter Aufnahme, die wohl durch die gotische Missionierung vermittelt wurden. Dann folgten lateinische Wörter (teilweise griechischen Ursprungs), die im Gottesdienst der römischen Kirche verwendet wurden, schließlich kamen noch Wörter, die in den Bereich des klösterlichen Lebens und des Bildungswesens gehören.

5.1 Früh übernommene griechische Wörter:

ἐπίσκοπος 'Aufseher'	Bischof	ἄγγελος 'Bote'	Engel
πεντηκοστή '50. Tag'	Pfingsten	διάβολος 'Verleumder'	Teufel
κυρι(α)κόν 'dem Herrn gehörend'	Kirche	ἐλεημοσύνη 'Mitleid'	Almosen

5.2 Wörter der gottesdienstlichen Praxis:

praedicare	predigen	crucem *Akk.*	Kreuz
operari 'ein (gutes) Werk tun'	opfern	calicem *Akk.*	Kelch
		cancelli 'Chor-schranken'	Kanzel
signare 'ein (Kreuz)zeichen machen'	segnen	organum (ὄργανον 'Werkzeug')	Orgel
damnare	ver-dammen	paroicia (παροικία 'Gemeinde')	Pfarre, Pfarrei
poena (*vl.* pena)	Pein (der Hölle)		
feriae (*vl.* feria)	Feier	presbyter (πρεσβύτερος)	Priester

5.3 Wörter des Klosterlebens:

cella	Zelle	peregrinus	Pilgrim
claustrum (*zu* claudere)	Kloster	propos(i)tus	Propst
monachus	Mönch	mat(u)tina 'Morgengebet'	Mette
(μόναχος 'Einsiedler')		vespera 'Abendgebet'	Vesper
monasterium	Münster	praebenda 'Vergütung'	Pfründe
(μοναστήριον 'Einsiedelei')		sobrius 'nüchtern'	sauber
regula	Regel		(eigtl. rein)

5.4 Schulwesen und Heilkunde in den Klöstern:

schola (21.1)	Schule	tincta (aqua)	Tinte
magister	Meister	breve 'kurzer Text'	Brief
versus	Vers	scribere	schreiben

febris	Fieber	plastrum	Pflaster
archiater	Arzt	(*zu* πλάσσειν 'formen')	
(ἀρχιατρός 'Chefarzt')			

6 Für neue Begriffe (besonders der Religion) wurden oft keine lateinischen Wörter entlehnt, sondern nach deren Vorbild aus dem heimischen Sprachgut neue Wörter geprägt (sog. Lehnprägungen). Frühe deutsche Lehnprägungen sind z.B.

sapientia	Weisheit	misericors	barmherzig
conscientia	Gewissen	convertere	bekehren
oboedientia	Gehorsam	educare	erziehen
salvator	Heiland	vulgaris (lingua)	deutsch
			(*aus* diutisc 'völkisch')

7 Im 12. und 13. Jahrhundert (Ritterzeit) wurden viele lateinische Wörter über das Französische in das Deutsche entlehnt, z.B.

lancea	lance	Lanze	adventura	aventure	Abenteuer
populus	peuple	Pöbel	copula	couple	Koppel
princeps	prince	Prinz	probare	prouver	prüfen
pretium	prix	Preis	finitus (26.11)	fin	fein
turrim *Akk.*	*torn *Akk.*	Turm (<Turn)	fallere	faillir	fehlen

Das lat. Wort **lex** lebt über altfrz. lei (neufrz. loi) fort in 'aller-lei' u.a.
Das lat. Suffix **-ia** lebt über frz. -ie fort in Bildungen wie 'Partei'; die lat. Endung **-are** über frz. -(i)er in Wörtern wie 'regieren'.

8 In die Tausende gehen die vielen aus dem Lateinischen stammenden Fremdwörter, die in der Neuzeit vor allem von der Wissenschaft und Technik geschaffen wurden und immer noch geschaffen werden.

Suchliste zum Wortschatz

Die Suchliste enthält nur solche Wörter aus Abschnitt 20, die nicht auf derjenigen Seite stehen, auf der man sie gemäß der alphabetischen Folge erwartet, sowie alle Fremdwörter aus Abschnitt 21.

Wörter, deren Sippenzugehörigkeit unschwer erkennbar ist, sind in die Liste nicht aufgenommen. So fehlen hier:

1. viele abgeleitete Nomina (vgl. S. 19–21),
   z. B. miseria (*zu* miser), cogitatio (*zu* cogitare), hodiernus (*zu* hodie),
2. zahlreiche mit Präpositionen zusammengesetzte Nomina (vgl. S. 22),
   z. B. profundus (*zu* fundus), dementia (*zu* mens), affinis (*zu* finis),
3. die meisten Komposita der Verben (vgl. S. 25–26),
   z. B. accedere (*zu* cedere), accidere (*zu* cadere), descendere (*zu* scandere),
4. die üblichen Verneinungen mit in/im- (vgl. S. 22),
   z. B. infamia (*zu* fama), ineptus (*zu* aptus), impar (*zu* par).

Verzeichnis der französischen Wörter

Das Verzeichnis enthält die S. 152–177 behandelten französischen Wörter.

Verzeichnis der englischen Wörter

Das Verzeichnis enthält die S. 165–178 behandelten englischen Wörter.

Ableitung von Substantiven durch Suffixe

Suffixe, die zumeist an **Nominal**stämme gefügt werden:

Suffix	Hauptbedeutung	Wortbeispiele
-ulus, -a, -um[1] **-culus, -a, -um**	Verkleinerung	puerulus, ancillula, sagulum homunculus, particula, corpusculum
-ia **-itia**	Zustand oder Verhalten	miseria, inopia, concordia amīcitia, iūstitia, laetitia
-tās (*Gen.* -ātis) **-tūs** (*Gen.* -ūtis) **-tūdō** (*Gen.* -inis)	Eigenschaft oder Zustand	aequitās, libertās, gravitās iuventūs, senectūs, servitūs magnitūdō, sōlitūdō, similitūdō
-ātus (*Gen.* -ūs)	Amt, Tätigkeitsbereich	cōnsulātus, magistrātus, equitātus

Suffixe, die gewöhnlich an **Verbal**stämme gefügt werden:

Suffix	Hauptbedeutung	Wortbeispiele
-tor[2] (*fem.* **-trīx**)	tätige Person	ōrātor, scrīptor, genitor (-trīx)
-iō **-tiō**[2]	Handlung, Handlungsweise	condiciō, religiō, suspiciō cognitiō, quaestiō, ōrātiō
-tus[2] (*Gen.* -tūs) **-(t)ūra**	Handlung oder Ergebnis	mōtus, adventus, reditus figūra, cultūra, nātūra
-ium	,, ,,	imperium, iūdicium, studium
-bulum **-culum**[3]	Mittel (Gerät), auch: Ort	vocābulum, pābulum, latibulum cubiculum, gubernāculum, pōculum
-men (*Gen.* -minis) **-mentum**	Mittel, Vorgang	certāmen, lūmen, agmen argūmentum, testāmentum, frūmentum

---

[1] **-olus** *nach* i: fīliolus, bēstiola, sōlāciolum
-ellus *nach* r-*Stämmen:* libellus, puella, castellum.

[2] **-sor, -siō, -sus** *nach* d/t-*Stämmen:* dēfēnsor (*aus* dēfend-tor), dēfēnsiō (*aus* dēfend-tiō), cāsus (*aus* cad-tus).

[3] **-crum** *nach* l: simulācrum, sepulcrum.